ASTROLOGICAL PREDICTION

A HANDBOOK OF TECHNIQUES

預測占星學

從星盤預視幸福的你

Öner Döşer
奧內爾・多塞

著

巫利 Moli、陳萌

譯

鳴謝

首次接觸預測技法，是在哈坎．克勒克奧盧（Hakan Kırkoğlu）的占星課堂上。隨後，透過跟隨羅伯特．左拉（Robert Zoller）學習，我對古典預測技法更為熟悉，並有機會在此領域發展出自己的一套技巧。非常感謝這兩位老師的指導，使我能理解這些預測技法。我也要感謝親愛的好友班傑明．戴克（Benjamin Dykes），他為本書作編輯，且貢獻良多；能夠獲得他的支持，我深感高興及榮幸。

將本書由土耳其文翻譯成英文，經歷了莫大而漫長的努力。AstroArts（我們的占星學院）之畢業生——西貝爾．奧爾圖盧（Sibel Oltulu）很熟悉這些技法，出色地完成了這份工作。我對她致以萬分感激。

我還要感謝土耳其文版的編輯——穆斯塔法．科努爾（Mustafa Konur），在本書的排版及藝術設計上提供了協助。

最後，我要對親愛的妻子——蓋伊（Gaye）奉上無限的謝意，當我為本書的土耳其文版及英文版努力工作時，她從未間斷地給予我支持、耐心及包容。

奧內爾．多塞

伊斯坦堡，二〇一四年冬

目錄

圖表目錄

		♈	♉	♊	♋	♌	♍	♎	♏	♐	♑	♒	♓	
必然無力	弱	♄		☋	♂		♀	☉	☽		♃		☿	(-4)
	陷	♀	♂	♃	♄	♄	♃	♂	♀	☿	☽	☉	☿	(-5)
必然尊貴	廟	♂	♀	☿	☽	☉	☿	♀	♂	♃	♄	♄	♃	(+5)
	旺	☉	☽		♃		☿	♄		☋	♂		♀	(+4)
		19	3	3	15		15	21		3	28		27	
	三分性主星（都勒斯） 日間	☉	♀	♄	♀	☉	♀	♄	♀	☉	♀	♄	♀	(+3)
	夜間	♃	☽	☿	♂	♃	☽	☿	♂	♃	☽	☿	♂	
	伴星	♄	♂	♃	☽	♄	♂	♃	☽	♄	♂	♃	☽	
	界（埃及）	♃	♀	☿	♂	♃	☿	♄	♂	♃	☿	☿	♀	(+2)
		(0°-5°59')	(0°-7°59')	(0°-5°59')	(0°-6°59')	(0°-5°59')	(0°-6°59')	(0°-5°59')	(0°-6°59')	(0°-11°59')	(0°-6°59')	(0°-6°59')	(0°-11°59')	
		♀	☿	♃	♀	♀	♀	☿	♀	♀	♃	♀	♃	
		(6°-11°59')	(8°-13°59')	(6°-11°59')	(7°-12°59')	(6°-10°59')	(7°-16°59')	(6°-13°59')	(7°-10°59')	(12°-16°59')	(7°-13°59')	(7°-12°59')	(12°-15°59')	
		☿	♃	♀	☿	♄	♃	♃	☿	☿	♀	♃	☿	
		(12°-19°59')	(14°-21°59')	(12°-16°59')	(13°-18°59')	(11°-17°59')	(17°-20°59')	(14°-20°59')	(11°-18°59')	(17°-20°59')	(14°-21°59')	(13°-19°59')	(16°-18°59')	
		♂	♄	♂	♃	☿	♂	♀	♃	♄	♄	♂	♂	
		(20°-24°59')	(22°-26°59')	(17°-23°59')	(19°-25°59')	(18°-23°59')	(21°-27°59')	(21°-27°59')	(19°-23°59')	(21°-25°59')	(22°-25°59')	(20°-24°59')	(19°-27°59')	
		♄	♂	♄	♄	♂	♄	♂	♄	♂	♂	♄	♄	
		(25°-29°59')	(27°-29°59')	(24°-29°59')	(26°-29°59')	(24°-29°59')	(28°-29°59')	(28°-29°59')	(24°-29°59')	(26°-29°59')	(26°-29°59')	(25°-29°59')	(28°-29°59')	
	外觀（迦勒底） 1. 外觀 (00°00'-9°59')	♂	☿	♃	♀	♄	☉	☽	♂	☿	♃	♀	♄	(+1)
	2. 外觀 (10°00'-19°59')	☉	☽	♂	☿	♃	♀	♄	☉	☽	♂	☿	♃	
	3. 外觀 (20°00'-29°59')	♀	♄	☉	☽	♂	☿	♃	♀	♄	☉	☽	♂	

中文版
作者序

奧內爾．多塞

預測存在於生活的所有領域當中，因人類邁向未知時總會步步為營。毋庸置疑，預測在占星學裡是個極為重要的領域；事實上，它正正就是占星學的核心。為作出精確預測，便需要像藝術家對待其作品般進行詳盡精巧的研究。因此，古代占星師經常稱占星學為「神聖的藝術」。只有將技法與藝術融合為一，才能做出準確的預測。

現代占星師雖然廣泛使用預測方法，古典占星學裡的一些預測方法卻尚未普及至為人熟悉。事實上，古典占星學的預測方法憑藉高度準確性，為占星學作出巨大貢獻。在現代占星學及心理學概念的新趨勢中，這些預測方法應被結合使用。

書中除了涵蓋古典預測方法，還詳細介紹了其他方法，如過運法、次限推運法、太陽弧向運法、太陽回歸法、月亮回歸法，以及其他回歸圖和蝕相。本書旨在為所有古典及現代預測方法提供一個寬廣視角，附以案例星盤及解說，以幫助占星工作者作出準確預測。希望我們能夠藉本書實現此一目標。

本書乃華文界首本專門介紹預測方法的占星學書籍。特別鳴謝 SATA 占星學院簽下本書之翻譯版權，它將幫助華文讀者學習及使用古典預測方法，並將其融合於現代的技巧當中。

英文版
出版序

班傑明．戴克 博士

很高興能為我的土耳其同僚——奧內爾．多塞所寫的預測技巧手冊進行英文翻譯，並將它呈獻給大家。在伊斯坦堡歷史最悠久、享負盛名的市集裡經歷了漫長的職業生涯後，奧內爾遵循自己的心念，全心投入占星學，很快便成為土耳其占星師之中的領導人物，在眾多電視節目上露面，並出版多本著作。他在伊斯坦堡設立的占星學院——AstroArt[1]，是一所大受歡迎的學院，那裡充滿著學生活動，猶如一個忙碌的蜂巢。其占星學院的出版社已發行了十四本大受好評的書籍，當中尚未包括他本人在國際占星刊物上發表的文章。自二〇一二年起，他就開始於伊斯坦堡籌劃非常成功的「國際占星日」。

奧內爾．多塞的作品展現了當代占星學的一個重要趨勢：古典與現代占星學技巧及觀點的融合。例如在大多數情況下，他使用普拉西德宮位制，但當運用某些技巧時則主要採用整宮制。行星方面，他會使用三顆世代行星及凱龍星。他會使用跨星座相位，以及十二個先天宮位原型的一些特質（例如：將天蠍座、冥王星和第八宮的某些含義聯繫起來）。另外，讀者會看到本書將大量使用傳統術語「當事人」（native）及「本命盤」（nativity），這些術語分別代表出生者，以及他或她出生時的星盤。至於對占星學的取態，他將現代心理及精神層

1 www.astrolojiokulu.com/eng/。

面，與講求現實層面的命定論或命運互相結合。也就是說，占星預測之所以有效，是源於宇宙中神聖的創造性和因果法則，使事件反映在本命盤之中。從多塞的角度來看，自由意志運作於這些法則裡，展現出我們可以控制和回應的事物，例如我們可以在畫布上隨心繪畫，但仍受一定的邊界與限制所約束。當他偶爾提到命運時，當代的讀者應該要理解箇中精神。

本書（以及古典占星學）的一個核心概念，就是對時間主星的詮釋。基於一些現代占星學的讀者並不熟悉此術語，就讓我在這裡先下定義。時間主星（希臘文：chronokratōr）通常是一個於特定時間內，在你的生命（或生命的某些層面）擔當管理責任的行星：它是一種讓人理解生命裡較長的一段時期的方式，而非用作尋找事件的「觸發點」，或指定的幾天、幾周內發生的特定事情。行星的排序，以及每顆行星所主管的時期將按所用技巧而定。此外，時間主星在實際上對某人的意義，很大程度取決於它在本命盤中所代表的事情。比如說，金星對每個人來說都象徵著某些特定事物，但作為某人的時間主星時，它可能象徵朋友（如果金星落在本命盤的第十一宮）或是死亡及恐懼（如落在第八宮），如此類推。本書所提到的預測技巧，涵蓋的時期大約為一年至二十五年。時間主星系統是非常有價值的，我深信你會發現它們準確而引人入勝之處。

在編輯方面，我會附上一些註解作解釋。但是在大部分的內容上，我會讓多塞的風格和詞彙自然流露，那麼讀者便能欣賞到，在古典和現代占星學迅速發展的活力國度裡油然而生的前衛聲音。此外，我還要感謝穆斯塔法・科努爾（Mustafa Konur）和瑪麗亞・馬特烏斯（Maria Mateus）的幫助。

最後，我於下方附上十三世紀義大利占星師古德·波那提（Guido Bonatti）拉丁文著作《天文書》（*Book of Astronomy*）中的一部分禱文，此段禱文亦出現在本書的土耳其文版本中。

「以主耶穌基督之名，憐憫與聖潔，真神與真人，無法與之相比（並〔以〕終身光榮童貞的聖母瑪利亞〔之名〕，〔以〕帶領、主管、守護弗利群眾的殉道者聖瓦勒良〔之名〕），祂受信徒所祈求及讚美（與天父和聖靈，在本質上與三個位格合一，三位一體）；除祂以外並無其他神，祂創造、保衛和造就了天堂與大地（一切是為了人類的可用之處），與當中的一切，〔祂〕以星星裝飾天空——可說是帶來亮光的明燈——這樣它們便可以憑藉自身的美德去處置〔所有〕劣等的東西，猶如它們被授予去支配著人類（同時它們將展示出來）；並將理性之事加諸所有生物以使他們能夠侍奉，祂使他們具有感知和理解的特權；祂甚至向他們展示了高等天體的運動，以及它們的象徵，祂還將天空延展，像帳篷般遮蓋其上，讓他們在天空中和透過天空（並以揭示和宣告它的神聖智慧），不僅理解過去與當下之事，更可以提防、預知，以及預視未來的事物。」

作者序

藉占星學院出版社出版我們第三本書的機會，很榮幸能為占星學習者提供又一本富有價值的資料。本書的原著是用土耳其文所寫的，但我們的目標之一，是用各地占星學子的當地語言書籍來進行教學，因此我們希望由日核出版社（The Cazimi Press）所發行的英文版本能獲得廣泛的認可。

《預測占星學：從星盤預視幸福的你》可能是目前最全面的指南，其中包含了古典和現代的預測技法。它是我們自二〇〇八年以來在學院使用的教科書——《進階占星學》（*Advanced Astrology*）的擴增版本，並提供了多種技法的詳盡概述，附以大量星盤案例和解釋，以幫助從業者作出準確的預測。

除了多種為人熟悉的現代技法外，本書還向當代占星師介紹不可或缺且準確的古典預測方法，例如：主限向運法、法達運程法、配置法或界行向運法、三分性主星向運法及生命歷程法。這些寶貴的古典技法是由早期的占星大師們所發展、運用及解釋而來的，如：托勒密（Claudius Ptolemy）、維替斯．瓦倫斯（Vettius Valens）、卡畢希（al-Qabīsī）、馬謝阿拉（Māshā'allāh）、阿布．馬謝（Abū Ma'shar）、烏瑪．塔巴里（'Umar al-Tabarī）、古德．波那提（Guido Bonatti）及尚．巴普提斯特．莫林（Jean-Baptiste Morin）。這些技法在占星實踐的暗影中停留了一段時期，一部分由於占星學概念的差異，某些則是因為計算太複雜，還有就是心理占星學在二十世紀獲得高度讚譽。自八十年代開始，古典占星學文獻陸續被羅伯特．左拉（Robert Zoller）、羅伯特．漢（Robert Hand）、羅伯特．修密特（Robert Schmidt）、詹姆斯．霍登（James H. Holden）及較近期的班傑明．戴克博士（Dr. Benjamin Dykes）等當代占星師翻譯及編撰成參考書目。

除了古典技術外，我們還會介紹及解釋更為人熟悉的現代方法：過運法、次限推運法、太陽弧向運法、太陽與月亮回歸法及蝕相。在最後一章還會說明如何運用這些方法到生時校正中。

我在此感謝占星學院的導師們——巴里斯．奧茲基里斯博士（Dr. Barış Özkırış）、埃布魯．卡特（Ebru Kart）、葉恩．卡拉卡（Yeşne Karaca）及穆斯塔法．科努爾（Mustafa Konur）在校對及編撰學院現存課本時所作出的貢獻。感謝科努爾在封面籌劃、頁面設計，以及土耳其文版的編輯工作上作出的貢獻。

本書是占星學院團隊送給占星學讀者們的一份禮物。

奧內爾．多塞
二〇一三年四月三十日
上午 10 時 53 分
伊斯坦堡，占星學院

譯者序

巫利 Moli

多年前在高雄的誠品店內搜羅占星讀物時，在云云占星書中，被其中一本，也是唯一一本寫有「古典」二字的占星書所吸引，剛巧是戴克博士的經典著作，亦是希斯莉老師譯著的。沒想到當日在書店索書的經歷，也默默為我的占星路途播下種子。

如果本命盤告訴我們自己是一顆甚麼樣的種子——只要剝開這顆種子，就會看見自己的本質、內在潛能、人格面向和生命重心，那麼預測方法就如同告訴我們，生命軌跡如何跟外界互相聯結，而這些聯結正是專屬每個人的人生課題。

宇宙萬物存活於大自然中，依照特定的生命軌跡展露自我。眾生看似獨立存在，事實上卻環環相扣，正如種子萌芽後開花結果，毛毛蟲破蠶後蛻變成蝶，而花朵和蝴蝶在大自然定律下，於生命的不同階段互相影響。我們的人生亦然。預測方法揭露出我們的人生軌跡在不同時間點上的演化及成長，揭示我們如何跟世界連結互動，如何透過因果定律實現生命百態，體現出生命的種種意義。

預測讓我們知悉外面何時風光明媚，何時烏雲蓋頂，但並非要我們聽天由命。人類面對壞事經常哀嘆天意弄人，對好事卻心存僥倖，只因人們沒法以宏觀角度看待生命，沒去探究每件事的脈絡及意義。試想像若我們從不播種，無論陽光有多燦爛，雨水有多滋養，果實絕不會在某一天神奇地冒出來。預測的意義，就是讓我們認清命運與自由意志的交替運作，為當下做出有意義的行動，在特定的生命藍圖中創造無限。正如我因緣際會認識了希斯莉老師，有幸翻譯這本由戴克博士譯成英文的預測著作，細心回想，也多得當年播下的種子。

此書乃市面上首本以古典預測方法為題的占星學書籍，希望此書能在更多華文讀者的心中埋下一顆智慧的種子，生根發芽，共同打開古典占星的大門，同時令更多華人理解占星的真義。在此感激希斯莉老師在占星學習路上給我無限啟蒙，同時亦感謝 SATA 占星學院讓我有機會擔任本書譯者，並在編審過程中提供大量支援。最後，也要多謝我的伴侶在翻譯此書期間一路相伴。

所有譯稿交妥之時，剛好是我太陽回歸的日子。

既是一個有意義的結束，亦是新一輪意義的開始。

譯者序

陳萌

Mortal through I be, yea ephemeral, if but a moment
I gaze up at the night's starry domain of heaven,
Then no longer on earth I stand; I touch the Creator,
And my lively spirit drinketh immortality.
凡人如我，生命短暫，哪怕在一個時刻
我凝視夜空中群星主管的天際，
我即不再站於大地；我觸及到了造物主，
我生動的精神飲下不朽。

——Ptolemy
托勒密

很多時候，當我回頭看自己過往的種種經歷時，常會有一種模糊的疑慮——某件事為何會在那個時間發生？它們是隨機出現的？還是註定會在那裡？如果我在當時做了不同的回應，是不是後來的很多事情都會改變？我想要理清頭腦中的種種迷思，因此一頭扎進了占星學。有趣的是，當我多年之後再用各種占星預測技法追溯自己人生中的事件時，發現在正式開始學習占星學時，太陽弧的海王星正精準通過我的本命上升點，太陽弧的月亮剛剛進入雙子座，而太陽回歸盤的上升點也恰好剛跨入雙子座。對於學習這樣一門讓我與星空、宇宙、Heaven 連結的學科來說，不得不說是一種完美契合的開始。

人們自古以來運用占星學的一個重要目的就是預測生老病死，福禍旦夕。預測是在無窮極裡尋找一個精確的答案，為了找到答案，通常有兩種途徑——頓悟感知和科學計算。占星學就是後者，學習占星也更像是一個科學求真的過程。人類的知識大部分來自於對世界的觀察，當我們著眼微觀細節，可能更容易研究世界的表象的規律；而占星學的研究則讓我們登高望遠，從而看到高階維度的宇宙運作規律，我們稱其為「命運」。千萬年前我們的祖先仰望蒼穹，洞悉了時間和空間的概念，奠定了人類文明的發展，至今無論文明如何更替，周天星斗永遠提供著航標，就像時鐘和尺規一樣定義了人認知的參照。

如今實證科學界的數據已經讓人們能朦朧地預測一些事件的發生，這是近三百年以來人類知識和科技的發展，而有著數千年歷史的占星學，更是無數先賢的智慧積累下來的模型。歲月的遺落讓我們無法完全掌握這個模型，但通過本書的內容我們可以窺探部分先賢的智慧。而一些在近代才開始流行的預測方法，使得當代占星與古典占星可以相輔相成，共同幫助我們解惑答疑。本書正是結合了多種多樣的占星預測技法，既有追根溯源，又有詳細的描述和豐富的案例，如它的原書英文名稱一樣，是一本相當實用的「Handbook」。

開始翻譯本書的時候，還是二〇一九年中，而在寫譯者序的時候，已經到了二〇二〇年初。年初獲得重磅矚目的土冥會合在摩羯座，精準合相了我的本命上升點，三分我的命主星土星。從幾年前注意到這個即將出現的重要過運起，我就常常焦慮它會帶來什麼影響，甚至考慮要不要像末日準備者那樣做好各種準備。但是在不斷思考它的過程中，我發現此時此地此身才是我所擁有的一切。宇宙通過占星學給予我的，是幫助我成為更好的自己的機會，以及如果可能，最後脫離所有限制的地圖，而不是一張必須按時上演的恐怖電影時間表。我很慶幸，可以通過占星學體會到宇宙萬物的每個部分是如何連結在一起，並感受到和諧的宇宙律動的可能性。

引言
占星學的預測藝術

預測未來是人類本性中的直覺需求，也是讓人類對占星學感興趣的其中一個原因。我們想事先知道事情會如何發展和推進，最後又會如何終結。我們需要採取適當的預防措施，並盡可能做出準確無誤的決定作為對應。

即使沒有意識到這一點，預測還是存在於生活的各個領域之中。例如：當我們想要投資時，便預測股票市場會如何變化，以及未來的走勢會如何。當計劃一次度假時，我們需要知道天氣會有何變化。當報考重要的大學入學考試時，我們需要預測哪一所大學對自己的未來發展是最好的。

同樣地，那些擁有先見之明的人在社會上會備受讚賞；擁有超越時代的思維、預見未來的人，總是在生活中獲得成就。占星學本身就是一盞指路明燈，為我們指引道路，讓我們知道將會經歷甚麼、何時會獲得成功（或會否成功），以及開展新嘗試的最佳時期。毋庸置疑，預先明瞭這些指示，便可以得到重要的優勢。我們可以避免負面的事情發生，或者可以對這些結果做好心理及情緒上的準備。事實上，這代表我們能掌控一些事情，卻對某些事情無能為力。

編譯希臘化時期及阿拉伯占星著作的十三世紀義大利占星師——波那提，宣稱占星學是一門獨特的科學，能夠幫助我們瞭解及預測事物[1]。

1 請看《波那提基礎占星學》（*Bonatti on Basic Astrology*）論述一第十一章。

根據波那提的說法，智者能透過占星學讀取指示，以避免那些被預測到的負面事件，或至少在精神上為此而做好準備。托勒密也認為，那些熟知星體本質的人，有能力去免受其影響，並於它們的影響彰顯前做好準備[2]。在預測的幫助下，人們可以用平和的心態及充足的力量去為即將發生的事情做準備。占星預測是其中一種才能，讓人類提升智慧等級。

| 古典占星學的預測技巧 |

次限推運法、太陽回歸法、太陽弧向運法等預測技巧，均受現代占星師廣泛使用，當中尤其是過運法。然而，古典占星學裡的一些預測技法，應當被精湛的占星師所知曉，卻仍未普及至為人熟悉。

事實上，古典占星學的預測技巧憑藉高度準確性，為占星學作出巨大貢獻。要是充分掌握古典占星技法的資料，便可能理解到現代占星技法的根源。我相信在現代占星學及心理學概念的新趨勢中，這些預測技巧應被結合使用。

古典占星學預測技巧最重要的貢獻，在於對當事人可能經歷的事情抱持一種客觀的態度。古典的技巧幫助我們理解命運，當命中註定的事情以有系統、有排序的方式運作時，讓我們能夠預視生命中的細節及整體進程。我們可以輕易地從星盤中觀察這個系統，因為一般來說，我們是無法直接掌控生命裡的主題及事件的。同樣地，古典占星學的技巧是有系統及井然有序的，並提供了特定的法則，讓我們可以分析星盤及進

2《四書》（*Tetrabiblos*）I. 2-3。

行預測。因此，原則上我們能夠準確地預測未來的事件。當預測生命的整體進程時，這些方法也提供了一種分層的方式：生命首先被分為主要及較長的時期，然後這些時期再被細分為較短的次要時期。

次限推運法及太陽弧向運法無疑是現代占星學裡至關重要的工具。但在古典占星學的時代，它們並沒有被使用。例如，次限推運法最先由普拉西德（Placidus di Tito）在著作《宗動天》（*Primum Mobile*）提及，這位文藝復興時期的占星師，還以自己的名字為他所發明的宮位制命名[3]。然而，推運法在現代受到重用。古典占星師大多使用主限向運法、小限法、界行向運法及法達運程法。現代占星師並不常用主限向運法（其中一種最普遍的技法），因為當中涉及到的數學計算會嚇倒某些人，且對於最佳的計算方式也具有很多爭議之處。（我們將會說明如何輕易地使用托勒密向運法。）

過運法係古典占星師在學習所有技法後才會用到的方法，則被現代占星師廣泛地使用。但對於現代占星師來說，過運法的其中一個最大問題在於，它有時會顯得無用。古典占星學對此建議一個解決方案：在其他技巧中擔當「時間主星[4]」的行星，其過運會比其他行星更為重要、更有影響力。即是說，古典占星學視過運為法達運程法、小限法、太陽回歸法、主限向運法以及其他技法的「**引發器**」，而非事件的獨立指標。

某些技巧沒能夠被正確使用的另一個原因，是因為並非星盤上所有行星都與當事人有獨立關聯。現代占星學傾向於假設整個星盤都代表當事人，這樣帶出的是：第一宮代表「**我**」；第二宮代表「**我的**」金錢；

3 甘斯登（Gansten）《主限向運法》20 頁。
4 請看詞彙表。

第三宮代表「**我的**」想法……所有東西似乎都是「我的」。這是一種自我中心的觀點，使得我們認為生活中並不存在外部環境，也沒有真正的「他人」。但事實上我們經常在生命裡遇到其他人，且很多經驗都與他人有關。在古典占星學中，當事人由第一宮、一宮主星，以及落在一宮內或與第一宮（上升點）形成相位的行星所代表，其餘的宮位和它們的宮主星則關聯到當事人生命裡的其他人物。當這些代表因子與過運行星形成相位時，「我」本身不必然會受其影響。相對地，外在的事物如家庭成員、朋友、事業、金錢等等，卻會受到影響。因此，當我的十一宮或十一宮內的行星與某顆過運行星產生相位時，我並不會受這次過運的影響，但朋友圈子裡的某人卻會受到影響。

用古典占星方法所作的預測之所以會較為準確，是因為它們作出了一定的區分（如上面所提到的），而在現代占星學或心理占星學中則沒有這種區分。在心理占星學中，預測並非實踐的支柱，但在古典占星學中，預測卻扮演著支柱角色。透過這些古典方法，我們可以作出更好的星盤解讀，以及更準確的預測。然而，我們無法斷言準確度達百分之百。作為人類，我們的知識有限——我們能夠預測，但絕對的知識只屬於上帝。所有對占星學感興趣的人，都應該要理解自身的位置及限制。

| 注意預測時的用語！|

占星學的重要任務之一是提防負面的結果，而不是構寫災難性的劇情。當作出這些警示，以及運用這門藝術為人類服務時，有覺知的占星師應察覺對方的心理，並要相當警惕，永遠不要以誇大的情況引起恐懼和憂慮。有些占星師根本不懂人類的心理，在預測時隨意地將恐懼和猜疑灌注到他們的客人心中；但如果我們謹慎小心，並有充足的知識，便可以向客人說明他們的選擇將如何幫助自己積極地塑造未來，從而克服恐懼。否則，人們可能會感到害怕，認為自己受害於星體及行星，而他們卻對此無法控制，也無法做出改變。

尤其在解讀過運行星的影響時，應謹記這些行星的運行是註定的——但是它們帶來的真正影響和最後的結果，均建立於我們如何通過自由意志和覺察來對其影響作出反應。唐娜·坎寧安（Donna Cunningham）強調，過運並不是我們無法掌握的個別事件，而是我們心理過程的一部分[5]。

過運法幫助我們提升對自我生命和存在的覺察。若你意識到人生就是一場學習的過程，而你所經歷的一切都在幫助自己認識高我，那麼過運法就永遠不會令你感到震驚了。即使是最艱苦的過運，也能幫助我們增進理解。相反，抗拒改變反而會產生悲傷，而有時候困難會幫助我們成長。我們必須關注創造力和發展的過程，而非傷痛——這樣我們便能對一切困難感恩，因它們將我們從黑暗帶往光明，並幫助我們揭示自己真正的潛能。

| 方法簡介 |

我們將於本書探討以下預測方法：

生命歷程法（The Ages of Man）：這是由托勒密所講述的古老技巧，它將人生的特定年期按基本含義分配給七顆古典行星。這些時間主星的特定含義取決於它們在本命盤中的狀態和情況。

5 坎寧安《占星與自我覺察》（*An Astrological Guide to Self-awareness*）第十五章多處。

界行向運法（Direting by bounds or terms）：此方法是把上升度數在每個星座的分區進行向運，而這些分區則稱為「界」。每個界都對應一段特定的時間，而界的主管行星便成為相關人生階段的一般性時間主星。

三分性主星向運法（Directing by triplicities）：在這方法裡，我們會採用三顆稱為「三分性主星」的行星，分別對應約三分之一的人生——宏觀地描繪出某部分人生的質素和主要議題。

主限向運法（Primary directions）：此古老技法建基於天空的日常轉動，而且可應用於個人本命盤和世運占星學上。根據法則，七個因子都可以用作向運：上升點、天頂、太陽、月亮、幸運點，以及出生前的新月及滿月的度數。

太陽弧向運法（Solar Arc directions）：每顆行星每天和太陽以相同的度數前進，而每一天的運行都對應生命中的一年。比如說，假如當事人為三十八歲，星盤中所有行星前進的度數，等同於他的太陽從出生後的三十八天裡所行走的度數。在此方法中，行星並不會逆行。比起當事人的心理狀態，這個技巧與人生的外在情況更為密切。

次限推運法（Secondary progressions）：此技巧是把每顆行星一天的移動等同於人生中的一年。因此，當事人三十歲時的次限推運盤，就是他出生後三十天的過運盤（推運盤的上升及天頂會另外處理）。次限推運法解釋了當事人的心理發展，但由於一個人的內外狀態常因共時性法則而並行，這類推運也能夠提供一些與外在動力有關的線索。

過運法（Transit）：這個技法追蹤行星的實際運行與本命盤的關連，尤其當它們與本命盤中的敏感位置，如四尖軸形成合相及度數相位。

蝕相（Eclipses）：日蝕盤與月蝕盤是危機和改變的重要指示，尤其是當蝕相發生的度數與本命盤中的關鍵度數有緊密聯繫時。

法達運程法（Firdaria）：這一種波斯時間主星系統係把出生分為日生及夜生，並把行星分配給人生各階段的特定年期。這些較長的時期（如月亮為九年）會再被細分成更短的階段。分析這些行星組合的整體性質時，須考慮到它們在本命盤中的角色。

小限法（Profections）：這種古典技巧將人生中的每一年對應到星盤上的每一個宮位。在出生時，某一點（通常是上升點）作為第一宮開始，在人生的每一年推進一個宮位。

太陽及月亮回歸法（Solar and lunar returns）：回歸盤是以一顆行星（尤其是太陽或月亮）回到它們在本命盤上的位置時所起的星盤。對特定年份或月份進行預測時，須同時檢視回歸盤本身及它們與本命盤之間的關係。

生時校正（Rectification）：這些技巧對於生時校正這項非常重要的領域都很有用——當無法知曉真正的出生時間，可用來確定更精確的生時。

| 書中星盤及做法上的細節 |

在繼續講解之前，最好先說明一下我在本命盤和回歸盤中會用到哪些行星及宮位制。

首先，我會使用七顆古典行星、現代的三王星及凱龍星。我優先使用黃道星座的古典守護星作為宮始點主星，但也會使用現代守護星作為共同主星。此外，我同時採用廟主星以及旺主星，例如：火星是牡羊座的廟主星，而太陽則是它的旺主星。

至於宮位制，我主要採用普拉西德宮位制，同時我也會用整宮制以獲取更多訊息（尤其是用某些古典技巧時）。我會先看行星在普拉西德宮位的位置，然後再看整宮的。如果行星靠近下一個宮始點的位置，我會把它算到下一個宮位，尤其它落在相關的整宮裡。舉例來說，假設上升為射手座，而落在獅子座的木星在普拉西德宮位制下是第八宮，但是靠近第九宮宮始點。由於獅子座本來就是射手座計起的第九個星座，我便會視木星落入第九宮。有些時候，我在使用小限法時會優先使用整宮制，因為整宮制在古典占星學中是小限法的基礎。至於劫奪星座，我會先考慮宮始點的主星，而被劫奪的星座之主星，則視為第二主星。

我會使用衍生宮位，並發現它們非常有助於從本命盤及回歸盤中獲取更多信息，尤其是要考慮當事人以外的人及他們的情況時。

最後，雖然我優先考慮托勒密相位，但也會使用次要相位（尤其是補十二分相〔譯註：即 150°。〕）。我以 13° 作為太陽及月亮之間的相位容許度；發光體與行星之間為 10°，而行星之間的主要相位容許度為 8°。至於次要相位，在任何行星及發光體之間均採用 3°。對於續宮及果宮宮始點，我用 5° 為原則；而對於始宮宮始點的合相及相位則用 8°，但如果是發光體，我會擴大容許度到 10°。我還另外考慮更為緊密的相位，因我發現它們更加具有事件導向性。我亦會優先考慮入相位，尤其是與月亮的入相位。

PLATO：柏拉圖

第一章
生命歷程法

生命歷程法是用於判斷生命週期中的較長時期，以解釋人生裡典型的發展過程。七顆古典行星對應七個年齡階段，以童年為始，死亡為終。月亮作為最接近地球的星體，主管第一個人生階段，而土星則主管最後一個生命週期。

將生命分為這些時期的方法，最早記載於托勒密的《四書》（*Tetrabiblos*）IV.10。托勒密指出，原型生活可分為七個時期，每個時期都與七顆古典行星裡的其中之一有關：

「……始於生命的第一個時期，以及最接近我們的第一個星體，是月亮；終結於最後一個時期，以及最遠離我們，則是被稱為土星的星體。事實上，每個時期的偶然性質都符合相應的主管星體；我們需要觀察它們，才可理解劃分階段時所遇到的問題，尤其當我們從本命盤發現到一些特質，並斷定其差異時。」

換句話說，使用生命歷程法來評估生命的各個時期時，通常由時間主星的自然徵象入手；但它在本命盤的意義亦相當重要：即它所落之星座、宮位及相位。此外，我們不應獨立評估這些時間主星，而應該把它們視為一個整體去判斷。無論一顆行星是吉星還是凶星，它都無法主宰整個星盤。當我們對人生某段時期進行評估時，除了時間主星，還需考慮與其聯繫的其他行星。

以下列出了分配給各行星的年歲：

☽	0 － 4 歲	4 年
☿	4 － 14 歲	10 年
♀	14 － 22 歲	8 年
☉	22 － 41 歲	19 年
♂	41 － 56 歲	15 年
♃	56 － 68 歲	12 年
♄	68 歲－生命終結	1 年以上

圖表 1：行星主管的生命歷程

月亮時期（0 – 4歲）

月亮時期與母親息息相關。從月亮在黃道帶的位置，我們可以評估母親的心理和生理特徵，以及當事人是如何受母親所影響。此判斷特別適用於出生後頭四年。月亮所落之星座被視作上升星座，而往後的其他星座，則被分配到每一個整宮制的宮位[1]。從觀察行星相對於月亮的位置，以及它們與月亮所產生之相位，我們可以得知母親在這段時期的一般情況。

這裡展示的第一張星盤是我的本命盤（見32頁），採用普拉西德宮位制。下一張則用整宮制：我們可以想像月亮為上升點，所以天蠍座是代表母親的第一宮。同樣地，月亮的第四宮（水瓶座）代表母親與家人的關係和她的居住情況；第七宮（金牛座）代表她的丈夫；第十宮（獅子座）代表她的事業。

托勒密用以下方式解釋這段時期：

> 「由出生起至第四年，包括第四個年期在內，月亮接管嬰兒期並讓〔當事人的〕身體產生變化，失去穩定性。其快速成長及潮濕的本質，主管〔他的〕食物、〔他〕狀況的變動性，以及〔他〕靈魂的不完美、難以表達之狀態，符合它活躍的特質。」

1 **戴克註**：即是說，月亮所落的星座被視為上升星座，或者是母親的第一宮；下一個星座為母親的第二宮，如此類推。

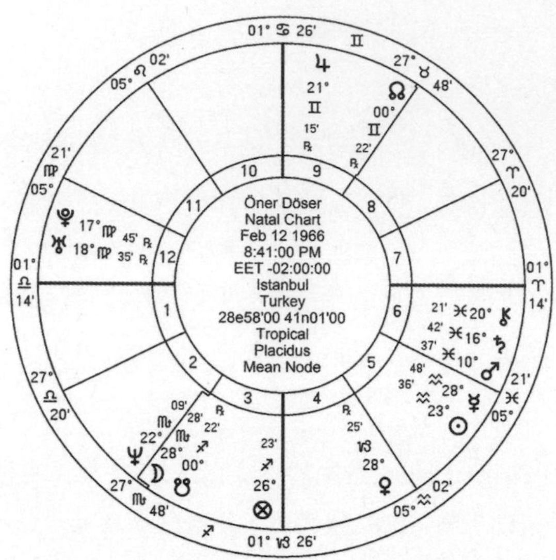

圖表 2：奧內爾・多塞的本命盤，普拉西德宮位制

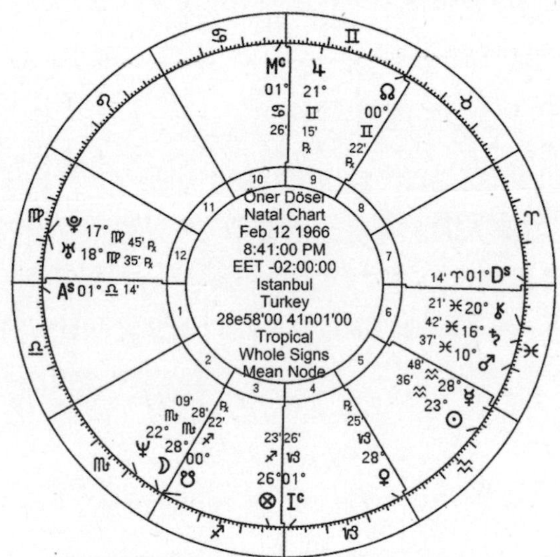

圖表 3：奧內爾・多塞的本命盤，整宮制

月亮所在的星座和宮位，以及它的相位，展示出那時期的情商發展。月亮代表著真實的情緒和本能，而我們的潛意識（月亮）比顯意識（水星）更早開始發展。因此，月亮在星盤中的位置顯示了我們早年的心理、身體、情感和精神狀況。月亮星座的特徵會在０－４歲時呈現出來。當然，月亮的位置會對我們造成一生的影響；但我們的顯意識會隨著成長而發展，經驗會積累，而這些影響會以更加受控的方式表現出來。

｜月亮在各星座｜

月亮在牡羊座：月亮在這位置是外來的，無法輕易地展現它的本性：月亮冷、濕的質料與牡羊座熱、乾的質料並不相容。月亮需要和平與安全感，以及情感連結，但它無法在牡羊座裡找得到。月亮在牡羊座代表為生存而強烈鬥爭。它的需求是自我導向的。當事人的反應直接而魯莽，亦可能是不慎重的。

月亮在金牛座：月亮在此入旺，同時還擁有三分性（夜間）和外觀（第二個區間）的尊貴力量。一些古代占星師聲稱月亮在金牛座時，比處於巨蟹座更舒適。這裡的月亮代表了對物質和財務安全的需求，因沒有落陷，當事人會找到他所需要的安全感。此人不能輕易放棄他的習慣，可能非常保守和固執。另一方面，他很有耐性，而且行動緩慢。

月亮在雙子座：月亮在這位置是外來的，無法輕易地展現它的本質。它無法在這裡找到所需要的平和與安穩，因為雙子座會不斷去適應各種變化。月亮在這裡需要快速地行動，因此失去了它所需要的集中力。這個位置代表一個健談、適應力強、性格開朗的人。

月亮在巨蟹座：在這裡，月亮可強烈地展示它的自然象徵，讓當事人可以感受到情緒上的安全感。有這個月亮配置的人，也會為其他人尋找安全的環境，而不僅僅是為了自己。這亦表示當事人擅於表達自己的感受，以及理解他人的感受。

月亮在獅子座：月亮在這位置是外來的。由於月亮的本質與太陽（獅子座的守護星）向外展現的特質形成強烈對比，讓它在這個位置感到不舒服。有這種配置的人性格開放和直接。

月亮在處女座：非理性的月亮在理性的處女座，當事人會感到不安，情緒被阻擋。在土象的處女座裡，月亮對物質安全感的需求是顯而易見的。有這個位置的人是批判性及挑剔的，不容易喜歡上任何事物，且容易情緒起伏。

月亮在天秤座：月亮對情感安全與和平的渴求，在天秤座可以得到滿足，因為它位於由金星所主管的位置中，其性質與月亮很相似。當事人喜歡讓他人快樂，亦享受被愛。當為別人的利益行事時，他會感到很滿足，並具有強烈的正義感。他不歧視別人，並有能力配合他人。

月亮在天蠍座：位於這裡的月亮與其天性背道而馳。月亮的冷、濕質地很適合這個星座，但由於天蠍座是由火星主管的，這個位置會帶來情緒爆發和粗暴的情感。情緒非常強烈，嫉妒和復仇也是其特質。從正面來看，當事人情商高，對人性也有良好的理解。

月亮在射手座：月亮在射手座並不舒服，因在這裡它完全違背了本性。月亮需要穩定，但射手座是活躍的，會去適應不斷變化的境況。同樣地，月亮是內斂的，但有這個配置的人似乎很外向和友善。因此，當事人對別人的情緒並不敏感：相反，容易忽視他人的感受，並會在不考慮後果的情況下說出一些事情。這種人也容易情緒大起大落。

月亮在摩羯座：月亮在這位置落陷，但它亦是這裡的三分性主星。這種配置代表了責任和職責是最優先的，而情感則站在幕後，甚至完全被忽略。由於月亮在這裡找不到愛與關懷，當事人可能會有抑鬱情緒。理性、謹慎、務實、嚴肅的態度會抑制著他的情緒。當事人一般來說易感焦慮，且害怕他的秩序感會失控。對他來說，最重要的是能夠得到別人所認可。

月亮在水瓶座：月亮在這裡找不到情感和身體上的安全感，因為非理性的月亮在理性的水瓶座裡無法感到舒服。月亮渴望歸屬感，但水瓶座與獨立及個人主義有關。當事人可能認為他不需要情感和物質上的安全感，但他實際上是需要的。

月亮在雙魚座：月亮冷、濕的質料與雙魚座相容，但它的敏感度亦會更強。因此，當事人能夠保持對他人的同情心，也有深刻的直覺。另一方面，由於月亮在變動星座，此人會難以維持穩定的情緒。月亮對於被人照顧的需求，在雙魚座中會更為明顯。

|月亮的入相位與離相位|

與月亮產生入相位和離相位的行星，是古典占星師所關心的重要因素。以下是一些例子[2]：

在日間盤中，如果增光的月亮正離開木星，並入相位於火星，當事人易成為奴隸，需要乞求他人；他面臨著疾病和困難，並會死於非命。但是在夜間盤中，當增光的月亮與木星形成離相位，並正與火星產生入

2 請參考在《論數學》（*Mathesis*）IV. 3b（霍登版）及IV.10（評論版）中的例子。**戴克註**：請注意，段落中的極端字眼來自於古典文本中所使用的典型用語，旨在概述最好和最差的情景。

相位時，此人在早年時家庭就遭受到傷害，他揮霍了所有遺產並陷入貧困。如果火星位於第二宮或第八宮，那麼此人會遭受很多苦難，並且會經歷慘烈的死亡。

如果本命盤中的月亮離開吉星（透過相位或合相），並入相位或合相於凶星，那麼當事人在獲得自由後就會受到奴役；因此，此人的整體地位會有一個良好的開始，但在之後的時間會轉壞。

如果月亮在日間盤中，從相位或合相中離開水星，那麼當事人會陷入衰退，經濟上會削弱，並且會患病、失去生活的方向。他可能死於非命，或者會被監禁，並經歷一些危機。

水星時期（4 － 14歲）

水星時期是智力發展、學習和開始進入學校受教育的時期。因此，水星在本命盤中的位置顯示了此人的學習能力和基礎教育。

托勒密這樣描述此時期：

> 「在接下來的十年裡，排第二的水星主管童年裡第二段歷程，亦佔了頭二十年人生的一半；這時開始闡明和塑造靈魂的智力和邏輯部分，並植入某些種子，令學習開始萌芽，揭示個性和才能上的特徵， 通過指導、監護和初次的體育鍛煉去喚醒這個階段的靈魂。」

舍納（Schoener）認為[3]，我們應該考慮水星來評估一個人的智力和

3 舍納（Schoener）的《本命盤判斷三書》（*Three Books on the Judgments of Nativities*），第七章

精神狀態。水星是掌管智慧、邏輯、創造力、學習和理解的行星。因此，水星的位置、星座和相位是評估一個人智力發展的重要因素。水星的位置提供了一些信息，讓我們知道此人的教育、學習能力和學習過程，並且知道他如何與人交流。這類心智發展全都發生在 4 至 14 歲之間。

根據阿布・阿里的說法[4]，如果水星位於啟動星座，那麼此人的理解能力快，非常聰明，並可能對各種科學和宗教分支感興趣。水星在變動星座的人具有中等智力：他們可能反應迅速，並一下子便生氣，而且想法和行動可能缺乏責任感和穩定性。如果水星在固定星座，那麼此人有決心且謹慎，並會意識到他們的責任。

水星在牡羊座：水星在這個星座中傾向於自信、果敢、精力充沛及直率。水星有這個配置的人學習快速，並勇於作決定。由於牡羊座的質料屬乾，他不容易接受別人的觀點。這類人很健談，未思考完便將話說出口，並充滿創意的想法。他的講話可能過於大膽，而且可能會因為耐性不足而遇到一些麻煩。

水星在金牛座：水星的質料傾向冷和乾，因此在這個星座裡感到很舒適。有這個位置的人說話時具有實際、建設性及謹慎的風格，伴隨著緩慢的學習能力。此人的決定是穩定而持久的。當事人能作出實際和謹慎的決策，想法固定且決斷，並具有高度集中力。

水星在雙子座：水星在雙子座中會帶來良好的溝通技巧，個性健談，講話有說服力，並能快速找到解決方案。此人對生活有一種理性的態度：他是機智的，且熱衷於學習新事物。他充滿好奇，從神聖科學到

4 阿布・阿里的著作第五章（出自於戴克翻譯的《波斯本命占星 I》）。**戴克註**：請注意阿布・阿里在此並非說明生命歷程法，而是討論水星在本命盤裡的一般徵象。

不尋常領域的事情均讓他感興趣。

水星在巨蟹座：水星在質料為濕的巨蟹座會感到不舒適。由於水星是理性的行星，而巨蟹座的主管行星（月亮）則是非理性的行星，此人無法保持客觀的思維，往往會出現偏見和成見。他的決定極容易被情緒所影響。

水星在獅子座：水星與獅子座均為乾性，在質料上是相符的。另一方面，由於獅子座是固定星座，此人可能在想法上是固執和固定的。他講話時，會散發一股自信和專斷蠻橫的感覺。此人具有一種獨裁的性格；天生是一位領導者，能影響事件的進程。

水星在處女座：這對水星來說是一個美好的位置，能夠展現出強大的心智和科學研究才能。當事人具有解決問題的天賦，擅長說話及寫作，同時亦是具批判性思維的完美主義者。

水星在天秤座：水星在此星座會以外交及和解的方式運作。當事人會展現出高超的溝通和社交能力。此人是友好的，擅長在討論時接收不同角度的想法，並解決當中的分歧。

水星在天蠍座：水星在這個星座上會感到不舒服，因天蠍座的質料是濕和冷，與水星的本質並不相容。水星在天蠍座表示固定的想法、高度集中力、研究和強大的直覺，但也可能表示非理性和執著。當事人能以直覺去感知別人，從而決定如何與他人溝通，並洞悉其優點和缺點。

水星在射手座：水星在這個星座落陷，無法有效地展現其本質。另一方面，由於水星與射手座的的乾性質料相容，因此會帶來科學方面的天賦。當事人可能會在看見結果之前，已快速地作出判斷和偏見，也可能表現出熱情（但不耐煩）的態度。

水星在摩羯座：水星冷和乾的質料與摩羯座相近，因此能容易地表現其本質。然而，由於土星是摩羯座的主星，當事人可能需要更多時間和專注力。當事人解決問題的速度很慢，並需要系統化。他在溝通時追求邏輯，想法上可能帶有憂鬱和憂慮。此人個性內向，不會輕易建立親密關係。

水星在水瓶座：水星在此星座中表現出科學性思維，能成功地評估抽象的概念。另一方面，水星處於固定星座，可能帶來固定的想法和固執。直覺和邏輯思維都有良好的體現。當事人具有遠見及獨特的觀點，是自由派和人道主義者，同時具有當代的視野：對新穎的、原創的、非凡的事物和發現均感興趣。

水星在雙魚座：水星落在這個星座落陷及入弱，其冷和乾質料與雙魚座的冷和濕並不相容。此人沒有分析性思維，可能會混淆思想和動機。如果水星有困難相位，或者木星在星盤中沒有良好的配置，那麼此人可能是不誠實的。在雙魚座中的水星並非完全差劣的：重點是標準的水星技能在這裡表現不佳。雙魚座的直覺在童年時期可能更為明顯。

由於月亮和水星明顯與一個人早年的情感和理性特徵相關，我為它們提供了簡短的星座解讀；至於餘下的行星，我將以更概括的方式說明。

金星時期（14 － 22 歲）

金星時期與青春期有關，而金星在星盤中的位置特別顯示出此人的性傾向。如果金星落陷（譯註：也包括入弱、逆行、燒傷或受剋等各種不良狀況。），那麼此人在這段時期可能會有一些非一般的性傾向。

托勒密說：

「金星，負責第三個階段，即青少年的時期。它主管接下來的八年，這數字剛好符合它本身的年期[5]，這時會自然地從成熟中啟發性行為，並植入一種衝動去投入愛的懷抱。特別在此時期，有一種狂熱會進入靈魂，令人不能自制，渴望任何獲得性滿足的機會，燃燒的激情，狡計，盲目衝動地成為戀人。」

太陽時期（22 － 41 歲）

在這時期，托勒密解釋說：「〔太陽〕在靈魂中植入其對行動的掌握和方向，對物質、榮耀和地位的渴望，以及從頑皮、天真的錯誤轉變到嚴肅、禮儀和野心。」

太陽時期是獲得創造力的時期。在這段時期裡當事人會展現自己，讓別人認識自己；當然，受認可的程度要視乎太陽的配置。當太陽位於較高的宮位，如第十宮或第十一宮時，或者太陽主管這些宮位，且不與凶星形成困難相位、又與吉星有良好相位時，會特別受到認可。但即使太陽不符合以上情況，也並不意味著此人不受認可：其他行星的良好配置也可能會獲得認可。

太陽所在的宮位讓我們知道當事人將受到認可的領域，特別是在太陽時期。例如，如果太陽位於第五宮（並與天頂或其宮主星有連結），那麼此人可能在第五宮的領域，例如藝術、體育、經紀交易或仲介中受

5 **戴克註**：即金星較短的行星週期（8 年）。

到認可。可是，如果太陽在第十二宮且狀態欠佳，那麼此人可能罹患疾病及有隱藏的敵人，他將會在太陽時期經歷第十二宮的困難。

火星時期（41 － 56 歲）

火星時期是充滿挑戰和衝突的時期，火星在星盤中的位置決定了鬥爭的領域。為了在鬥爭中倖存下來，火星需在星盤中有具有良好配置。托勒密解釋說：

「〔火星〕為生命帶來苛刻和痛苦，在靈魂和身體中植入擔憂及苦惱，給予意識及觀念去超越其壯年時期，並敦促將近結束之時，透過勞動來完成其值得關注的偉業。」

木星時期（56 － 68 歲）

木星時期是當事人變得成熟、睿智，並學習如何放下的時期。托勒密這樣說明：

「〔這一時期〕會放棄體力勞動、辛勞、動亂和危險的活動，並在它們的位置帶來禮儀、遠見、退休，以及包羅萬有的審議、告誡和安慰；此時，特別是男人，會珍視榮譽、讚美、獨立，伴隨著謙虛和尊嚴。」

土星時期（68 歲－生命終結）

在土星時期，一個人會獲得深厚的智慧和經驗。然而，這時的身體卻因衰老和疾病而受到限制。

托勒密說：

「現在身體和靈魂的行動都放緩了，阻礙了他們的衝勁、享受、慾望和速度；因為生命的自然衰退，已經隨著年齡的增長而變得疲憊不堪、萎靡不振、軟弱無力、易被得罪，且在任何情況下都難以取悅，並保持遲緩的行動。」

按月亮增光及減光判斷星盤

本命盤中月亮的增光及減光階段，有助我們預測星盤中的跡象將會在人生的哪個時候發生。如果本命盤上的月亮增光，那麼它們將在生命的第一部分實現；如果本命盤上的月亮減光，那麼它們將在生命的第二部分進行。（當然，這並不意味著生命的另一半是空白的。）

換句話說，如果當事人有一個增光的月亮，星盤中所顯示的困難將在他生命的前半部帶來壓力，而在後半部會變得較輕鬆。對於月亮減光的人來說則恰恰相反：呈現出來的困難跡象會在他生命的後半部分產生壓力。當然，如果星盤中的吉象顯著，那麼他在那段時間可能有良好的發展。

根據費爾米庫斯·馬特爾努斯（Firmicus Maternus）在希臘化時期的教義[6]提及，我們應該關注月亮最近期的相位及下一個相位。結合上

6 請看《論數學》IV。

述的法則，意即如果與月亮形成下一個相位的是吉星，那麼此人的生活將更安逸。同樣地，如果是凶星，此人的生活將變得艱難。

假設人類的平均壽命是七十五歲，那麼當事人生命的後半部分將從 37.5 歲開始。當然，我們也可能按照居所之主[7]計算法來判斷一半壽命的長度。

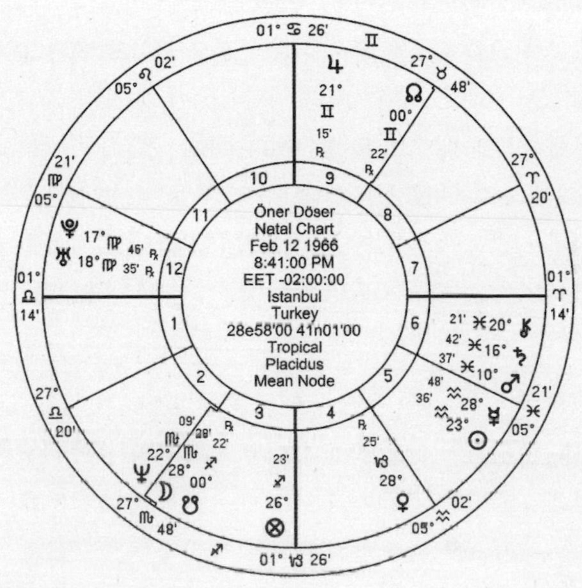

月亮在我的本命盤裡減光，這意味著我星盤上所顯示的事情，會在我生命的後半更加顯著。事實是這樣的，在我的本命盤中第九宮所顯示的問題，在我生命的後半段變得明顯：

7 **戴克註：**請參看詞彙表。關於中世紀的計算方式，請看烏瑪．塔巴里在《波斯本命占星 II》的方法及波那提在《波那提本命占星》（*Bonatti on Nativities*）的延伸討論。

請留意，月亮正離相位金星，並入相位水星。在生命的前半段，我主要從事紀念品、服裝和女士飾物的工作。自踏入生命的後半部分，我便開始學習占星學。當然，我一直對占星學和類似科目感興趣，但在三十六歲之後（特別是三十七歲時）才開始正式從事這項興趣[8]。

我們也可以透過定位星來確定事件發生的時間。行星會在它所身處的宮位展開行動，而它的定位星代表這個宮位的事情是如何發展的。我對自己的高等教育並不滿意，因為父親不想我學習占星（土星四分木星）[9]。當然，他並沒有強力阻止我，卻說服我別去學習（木星容納土星）。但是在生命的後半展開時，我開始研究占星學來滿足自己的願望。由於木星在我的第九宮落陷，剛開始時我並不滿足；然而它的定位星為水星，我在接下來的幾年裡獲得了滿足感，因為水星在水瓶座，在此擁有三分性力量，而且落在第五宮裡，沒有被凶星阻礙，並因為東出而有力。

由於我的水星被焦傷，但正在離開被焦傷的位置。這可以解釋為：被焦傷的水星在我生命的前半部分是顯著的，我的父親（太陽）高度支配著我；但隨著年齡增長，水星離開被焦燒的位置，並開始展現其效能。與此同時，水星主管我的第九宮（按整宮制），與木星三分相。所有這些因素都表明我會被吸引到第九宮（占星學），並會在此獲得成功。

8 **戴克註**：水星是占星學及解讀的象徵星，而在這星盤裡主管整宮制第九個宮位。

9 **戴克註**：第四宮的宮主星（土星）象徵父母，尤其是父親。

CLAUDIUS PTOLEMY：托勒密

第二章
三分性主星向運法

三分性主星向運法被借鑒古代文獻的阿拉伯占星師所使用。它被用作預測特定宮位在當事人一生中的發展。在這個方法裡，人類的標準壽命被視為七十五年，且被分為三等分，每個部分被相應的三分性主星所掌管。透過解讀三分性主星，可概括地預測某個宮位所象徵的事件進程。[1]

1 戴克註：這是阿拉伯和中世紀拉丁時期的方法，來自阿拉伯版本的都勒斯三分性主星系統；瓦倫斯則只用前兩顆三分性主星（《占星選集》〔*Anthology*〕II.2）。

使用方法

由於日夜區分（sect）影響三分性主星的排序，因此在這個方法中，最為重要的因素是星盤的日夜間區分[2]。在日間盤中，當事人的前三分之一人生由日間三分性主星所掌管，而中間三分之一時期由夜間主星掌管，最後一部分則由伴星掌管。另一方面，在夜間盤中，前三分之一的人生由夜間主星掌管，依次是日間主星和伴星。伴星總是掌管生命的最後一部分。

以下圖表列出了都勒斯的三分性主星系統，為希臘占星和波斯－阿拉伯占星所使用。需時刻謹記，每個元素都有三顆三分性主星：日間主星、夜間主星及伴星。

元素	日間主星	夜間主星	伴星
火	☉	♃	♄
土	♀	☽	♂
風	♄	☿	♃
水	♀	♂	☽

圖表 4：都勒斯的三分性主星

如果一個宮位的三顆主星中，有兩顆落在良好的配置上，當事人便會在這個宮位的主題上獲得成功。如果只有一顆主星配置良好，便要根

2 **戴克註：**即當事人是白天（太陽在地平線上）出生，還是在晚上（太陽在地平線下）出生。

據這顆行星的力量及它在的黃道位置來進行評估，但是成就將減弱。如果三顆主星的狀態不佳，那麼成就便會更小。

每顆主星所落之宮位顯示在特定時段內主導的議題。比如說，假設在夜間盤裡，上升落在風象星座。由於水星是風象星座的夜間三分性主星，因此它就是第一顆三分性主星。土星是第二顆三分性主星，因為它是風象星座的日間三分性主星。木星是第三顆三分性主星，因為它是風象星座的三分性伴星。再假設水星落在第五宮，土星在第十宮，而木星在第二宮。這意味著在當事人生命的第一個階段，與水星相關的及第五宮的主題將會較為突出。因此，水星的配置（其尊貴力量、相位、所落宮位的宮主星，以及它和該宮主星的關係）將展示出在當事人生命的第一階段裡，第一宮事項的成功程度。對於第二和第三顆三分性主星，也可進行相同的評估。

三分性主星常被阿拉伯占星師所使用。甚至在某些情況下，他們對三分性主星的關注，還大於廟主星、勝利星及旺主星。在選擇三分性主星時，他們偏向使用配置最好，或最符合星盤日夜區分的那顆行星（意思是日間盤用日間三分性主星；夜間盤用夜間三分性主星）。舉例來說，假設在一個夜間盤中，第二宮是巨蟹座，他們便會選用火星，因火星是夜間盤中水象星座的第一顆三分性主星，便把它當作理想的指標。

這個方法可應用於所有宮位上。例如，當預測當事人每一個生命階段的財務狀況時，應檢視第二宮的三分性主星。這些主星將顯示出當事人的收入水平及來源。

假設在夜間盤裡，第二宮的宮始點落在天蠍座。對於夜間盤的水象星座來說，火星是第一顆三分性主星，金星是第二顆，而月亮則是第三顆。現在，我們可以預測當事人一生中每三分之一階段的財務狀態。假設人類的平均壽命設為七十五年，每一個階段便是二十五年。（根據波那提[3]的說法，每個階段為三十年，對應土星的最短行星週期〔planetary period〕。瓦倫斯則認為，每個階段的長度取決於問題涉及的三分性主星之最短行星週期，或是那顆主星所落星座的赤經上升時間。不過，瓦倫斯[4]並沒有解釋他如何得出這個結論。在這裡，我們將會採用更為普遍的方式，即把生命平分成三個階段，每個階段為二十五年。）

我們來看看下面這個案例星盤的天頂，也就是第十宮宮始點。第十宮代表專業地位、事業，以及當事人的行動、達成目標的方式，和實現自己天命的能力。

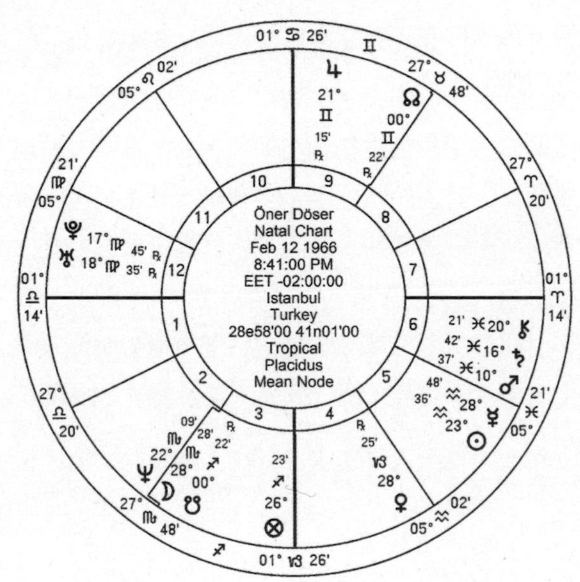

3《波那提基礎占星學》68 頁。

4《占星選集》II.2。

在這裡，第十宮是從巨蟹座 1° 開始的。由於這是張夜間盤，三分性主星的順序是火星、金星、月亮。第一主星火星在雙魚座會合土星。這顯示當事人在達成他的目標方面會有些困難，無法少年得志，因為火星會合土星，同時還落在第六宮。儘管火星是在他自己的三分性星座（水象的雙魚座），這張星盤並沒有承諾重大的事業成功；它帶來了眾多挑戰。

第二顆三分性主星金星落在第四宮摩羯座，與月亮和月交點有所連結[5]。雖然金星擁有三分性力量（土象的摩羯座），但由於它逆行，當事人在達成目標的過程中會遭遇困難和延遲。但另一方面，金星沒有狀態不佳，並和第十宮的宮主星有良好相位，而且金星在始宮，具有一定的尊貴力量，也沒有與凶星形成凶相位，更與發光體之一有良好相位。因此，即使會遇上一些困難，當事人在達成目標或天命時，仍具有重要的優勢。還需謹記住，金星是上升主星。在這個階段，當事人（我）受僱於自己的家庭。我到 36 歲才開始在家辦公。（註：金星也是天頂的第二顆三分性主星，代表了工作，落在第四宮。）金星也是第九宮的主星，象徵著鑽研占星學，它和十宮主星（月亮）形成良好相位。

月亮是第三顆三分性主星，入弱在第三宮宮始點的天蠍座。即使月亮沒有和凶星形成困難相位，但卻會合了南交點（譯註：月亮與南交點形成跨星座的合相。），造成負面的情況。所以，我生命的第三個階段（從 50 歲到 75 歲）似乎是一個負面的時期。月亮與水星和太陽形成四分相，為此階段帶來了水星相關的活動及認可。月亮所落的宮位令其虛弱，但另一方面，此位置亦顯示出我的目標之一將以寫作為基礎（第三宮），這也產生自月亮及水星的連結。

5 **戴克註：**金星與月交點形成跨星座的三分相及六分相。

生命中獲得成就及幸福的時間

根據阿布．阿里的說法[6]，當理解當事人何時會獲得成就、幸福及財富時，需檢視以下的指標：

首先，檢視太陽（日間盤）和月亮（夜間盤）的三分性主星。如果這些主星在始宮，並免受凶星的影響，當事人在獲取成就及幸福方面是幸運的。第一顆三分性主星愈靠近始宮，成功的機率便越高。

這些三分性主星告訴我們，當事人在人生每三分之一的階段裡，他的成就、機會及幸福是如何的。如果第一顆主星有良好的配置，當事人在前三分之一的生命中，就會是幸運而成功的；但如果第二和第三顆主星狀態不佳，餘生便會不幸且失敗，並經歷一些困難。又或者，如果第一及第二顆主星狀態不佳，但第三顆卻有良好配置時，那麼當事人在經歷長久而艱苦的努力後也未能成功，到了人生最後一個階段時，才會獲得成就及財富。

如果所有三分性主星都落在果宮，或者狀態不良，當事人需要努力去面對生命裡眾多困難。當三分性主星全都落在續宮時，會帶來辛勞的工作和較少的成功與收獲。然而，如果吉星落在始宮而凶星落在果宮，當事人可能會獲取成功與幸福。如果發光體也有良好的配置，當事人將會成為位高權重的人。

如果上升主星和月亮在始宮——若它們沒被凶星所影響，並與落入始宮的行星形成相位，尤其得到該行星容納——當事人應該是幸運、成功及幸福的。

6 **戴克註：**在他的著作《波斯本命占星 I》（*Persian Nativities I*）第七章（戴克 2009）。

如果上升主星入相位於發光體，而發光體擁有尊貴力量（入廟），或者發光體入相位於上升主星，而上升主星又有尊貴力量，當事人一生是幸運的。

如果幸運點和它的主星沒有受凶星傷害，而東方的行星[7]落在始宮，並與上升點有相位，當事人可能有無窮無盡的幸運，並享有重要的地位和名譽。然而，如果相關的指標（幸運點、其主星及東方的行星）狀態不佳，且落在果宮，並與上升點沒有相位，那麼當事人的工作雖然很辛苦，卻只能獲得較少的成功與收入。

如果上升主星落在果宮，但與落在始宮的行星形成相位，那麼當事人艱苦工作後也能得到成功和財富。如果主星落入果宮、沒有尊貴力量，但與一顆有尊貴力量的行星形成相位時，當事人會在非常艱苦的工作後得到成功及財富。

如果三分性主星在星盤中配置不佳，則需要檢視一下幸運點。如果幸運點與木星或金星有所連結，當事人有潛力去獲得卓越的地位、權力、金錢和幸運。

我們還需要把幸運點視作第一宮，再看從幸運點起始的衍生宮位。比如說，木星落在從幸運點起算的第十一宮，便會帶來成功及良好地位。

如果幸運點落在始宮，並與凶星形成相位，當事人的成功及財富就會屬中等水平。

7 **戴克註**：這應該是指行星比太陽更早從地平線升起，並且不在太陽光束下。

如果兩顆凶星都在十一宮，或與幸運點在一起，或在日間盤中和太陽在一起、夜間盤中和月亮在一起，同時不具有尊貴力量，當事人便會面臨錯失良機的風險。

如果在夜間盤中，月亮離相位於吉星，並和其中一顆凶星有連結，當事人便會失去良機。

如果居所之主[8]在果宮，並與其中一顆凶星有連結，當事人便會失去機會。

另外，如果凶星在始宮而吉星在續宮，當事人在生命的初段須奮力工作，但在生命的後半段會獲得好運。

如果（日間盤的）太陽或（夜間盤的）月亮與凶星形成離相位，並入相位於吉星，那麼當事人就會在勞苦工作後得到福祉。

如果（日間盤的）太陽或（夜間盤的）月亮的三分性主星配置不佳，並與具有尊貴力量的行星有相位，這也意味着當事人在艱苦工作後會獲得好運。

根據馬謝阿拉的說法[9]，我們需要檢視日間盤中太陽和夜間盤中月亮的三分性主星。如果這些主星落在始宮，並沒有受凶星傷害，當事人便會終生幸運。如果它們在果宮，並受到凶星傷害，當事人便總是遭遇不幸。但是對於每個階段，應根據此階段的特定主星來作出個別預測，比如說，如果三分性主星在果宮，當事人在這個階段就會是窮困的，並

8 **戴克註**：詳見詞彙表。

9 在他的著作《論本命》（*On Nativities*）§6，以及《薩爾與馬謝阿拉著作集》（*Works of Sahl&Masha'allah*）（戴克 2008）。

遭遇麻煩。如果是吉星並落在始宮，同時與上升點有連結，也沒有狀態不佳，那麼當事人的運氣會更好。與此同時，如果發光體狀態不佳，這將賦予當事人更大優勢。

如果幸運點與其主星落在始宮，並且位於東方，與上升有相位的話，這對當事人來說象徵著巨大的財富。

所有從阿布・阿里及馬謝阿拉獲得的資料均展示了三分性主星在阿拉伯和中世紀占星學中是何等重要。這類分析往後甚少被使用，尤其在威廉・里利（William Lilly）之後的時期。

HERMES TRISMEGISTU：赫密斯．特利斯墨吉斯特斯

第三章
法達運程法

阿拉伯文（以及之後的拉丁文）「Firdaria」一詞源自於波斯文，而這個詞本身似乎是翻譯自希臘文的「Periodos」，意指一個時期或循環。法達是很多占星師均提及的行星時期系統，尤其是阿布．馬謝（他亦描述了用於世運占星學的版本）。它類似於印度占星學中的大運（Dasha）系統，以行星作為主星，掌管生命中一個接一個時期。

在法達時期中，每顆主星依次主管生命中的各個時期，我們將之稱為「主運（ruling period）」。每個主運還被分成七個較短的「次運（sub-periods）」。而每個法達時期都有一顆較長期的主運主星，以及較短期的次運主星。這兩顆主星擬定了某時期的本質，而主運主星的主題會被加以強調。當主運和次運主星在本命盤中有連結時，相關的主題就會得以強調。那段時期帶來的影響，是基於主星所落之宮位及所掌管的宮位。因此，要評估某法達時期的特質，需要查看兩顆主星的所落宮位、尊貴力量，以及其主管的事項。

由於主星的位置和守護關係多變，在介紹法達運程法的綜合書籍裡，大多只講述行星的基本意義，而沒有講解它們的相互關係、位置以及守護關係。其中包括阿布·馬謝[1]和舍納[2]的著作。

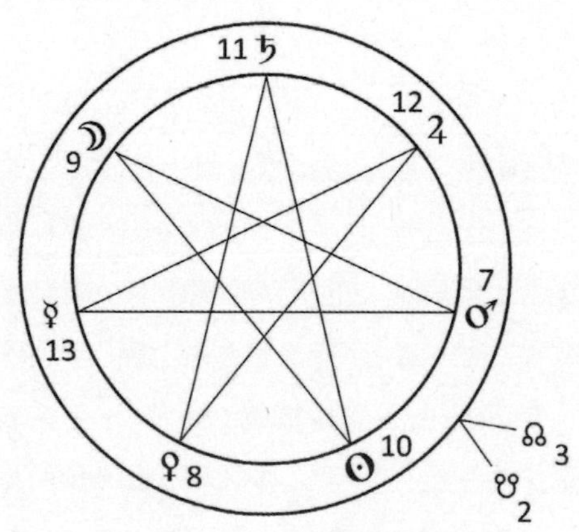

圖表 5：法達行星主管年期

1 詳見《波命本命占星 III》（*Persian Nativities III*）（戴克 2010 年）。
2 請看參考資料。

法達時期的順序

法達週期遵循一種簡單的排序，但日間盤與夜間盤則稍為有點差異。在日間盤中，首個時期由太陽開始，而夜間盤則從月亮開始。隨後遵循「迦勒底（Chaldean）」排序，從運行最慢的行星至運行最快的行星（土星、木星、火星、太陽、金星、水星、月亮）。當來到排序的終點時則回到土星重新再開始。除了由七顆古典行星掌管的七個時期外，還有月交點時期：北交點主管三年；南交點主管兩年。總共有九個時期，合共七十五年。75 歲之後，循環就從序列的起始發光體重新開始。

至於要把月交點安排在哪裡，則有兩種不同的觀點。像舍納等諸多占星師都會把月交點排到最後，不管是日間盤還是夜間盤。但本書將採用波那提（及某些占星師）的方式，即把它們安排在火星與太陽之間。下列圖表為法達主星的排序：

	日間盤			夜間盤		
	主星	**年期**	**最後歲數**	**主星**	**年期**	**最後歲數**
1	☉	10	10	☽	9	9
2	♀	8	18	♄	11	20
3	☿	13	31	♃	12	32
4	☽	9	40	♂	7	39
5	♄	11	51	☊	3	42
6	♃	12	63	☋	2	44
7	♂	7	70	☉	10	54
8	☊	3	73	♀	8	62
9	☋	2	75	☿	13	75
	總數	**75**		**總數**	**75**	

圖表 6：波那提的法達主運時期

正如上述所說，法達主運被分成七個等分的次運。第一顆次運的主星，就是主管當前主運的行星，其他的則按照排序依次排列。例如，太陽主運被分為以下的次運：太陽－太陽、太陽－金星、太陽－月亮、太陽－土星，如此類推。月交點不主管次運，亦沒有次運。次運時期的長度如下圖所示。

主運		♄	♃	♂	☉	♀	☿	☽
次運	1	♄	♃	♂	☉	♀	☿	☽
	2	♃	♂	☉	♀	☿	☽	♄
	3	♂	☉	♀	☿	☽	♄	♃
	4	☉	♀	☿	☽	♄	♃	♂
	5	♀	☿	☽	♄	♃	♂	☉
	6	☿	☽	♄	♃	♂	☉	♀
	7	☽	♄	♃	♂	☉	♀	☿

圖表 7：法達次運主星

在下列圖表中，可以看到每個主運及次運所掌管的年期：

	主運	次運
♄	11 年	1 年 6 個月 26 天
♃	12 年	1 年 8 個月 17 天
♂	7 年	1 年 0 個月 0 天
☉	10 年	1 年 5 個月 4 天
♀	8 年	1 年 1 個月 22 天
☿	13 年	1 年 10 個月 9 天
☽	9 年	1 年 3 個月 13 天

圖表 8：法達次運時期

法達運程法的實用資訊

在解讀某個時期時，第一步要確定星盤的日夜間性：日間盤的法達運程由太陽開始；夜間盤則由月亮開始。請謹記，整個週期為七十五年，因此過了這個年齡便回到起始的行星重新開始。

在確定法達的主運及次運主星後，須關注它們的整體狀態：所落的位置、主管的宮位、尊貴力量、相位、與定位星的連結，以及定位星的位置，但每顆主星有三個主要因素需要考慮：

1. 在本命盤上的宮位
2. 在本命盤上所主管的宮位
3. 在本命盤上，是哪個宮位的旺主星

除此之外，主運主星在本命盤上的相位亦相當重要。

研究某個特定時期時，觀察這些行星在上一個時期的角色，也可能會帶來幫助。例如在日間盤中，水星是 11 到 12 歲的次運主星（主運主星為金星）。如果我們能夠理解水星在這個時期是如何運作的，那就能估計出水星在其主管的 18 至 31 歲期間會如何運作。事實上，日間盤的人在 29 至 31 歲時，會處於水星－金星時期，剛好與 11 至 12 歲時相反。金星在第一個時期會較為顯著（當它是主運主星時），但每顆行星在每個時期都會以類似方式運作。

請記住，月交點並沒有次運，也不會成為次運主星。我們會根據月交點所在的宮位作評估，舉例來說，假設北交點在第九宮的雙子座，那麼當事人就會在北交點主管的三年裡關注第九宮的主題。月交點主星的配置也會在評估上提供一些幫助。

案例：戴安娜王妃

現以戴安娜王妃的星盤為例，檢視她發生事故去世時的法達時期。在以下的圖表裡，可以看到她每個法達時期的開始日期：

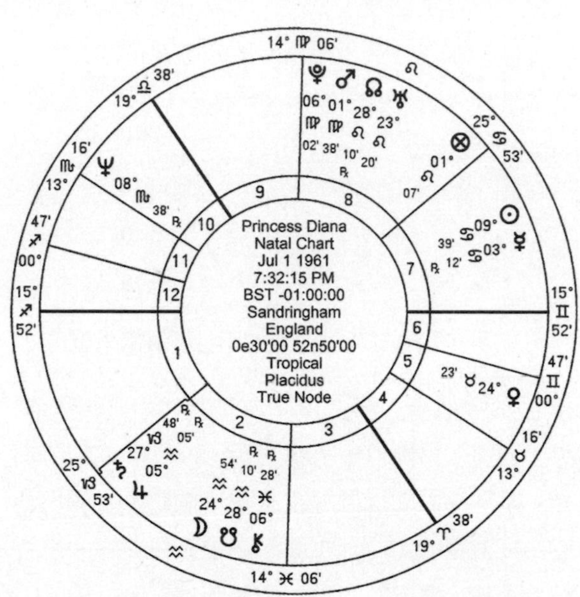

圖表 9：戴安娜王妃本命盤

☉ **1 Jul 1961**	☿ **1 Jul 1979**	♄ **1 Jul 2001**	♂ **1 Jul 2024**
☉ ☉ 1 Jul 1961	☿ ☿ 1 Jul 1979	♄ ♄ 1 Jul 2001	♂ ♂ 1 Jul 2024
☉ ♀ 5 Dec 1962	☿ ☽ 10 May 1981	♄ ♃ 26 Jan 2003	♂ ☉ 1 Jul 2025
☉ ☿ 10 May 1964	☿ ♄ 18 Mar 1983	♄ ♂ 22 aug 2004	♂ ♀ 1 Jul 2026
☉ ☽ 13 Oct 1965	☿ ♃ 25 Jan 1985	♄ ☉ 19 mar 2006	♂ ☿ 1 Jul 2027
☉ ♄ 19 Mar 1967	☿ ♂ 4 Dec 1986	♄ ♀ 14 oct 2007	♂ ☽ 1 Jul 2028
☉ ♃ 22 Aug 1968	☿ ☉ 13 Oct 1988	♄ ☿ 9 may 2009	♂ ♄ 1 Jul 2029
☉ ♂ 25 Jan 1970	☿ ♀ 22 Aug 1990	♄ ☽ 5 dec 2010	♂ ♃ 1 Jul 2030
♀ **1 Jul 1971**	☽ **1 Jul 1992**	♃ **1 Jul 2012**	☊ 1 Jul 2031
♀ ♀ 1 Jul 1971	☽ ☽ 1 Jul 1992	♃ ♃ 1 Jul 2012	☋ 1 Jul 2034
♀ ☿ 22 Aug 1972	☽ ♄ 13 Oct 1993	♃ ♂ 19 Mar 2014	
♀ ☽ 13 Oct 1973	☽ ♃ 26 Jan 1995	♃ ☉ 5 dec 2015	☉ **1 Jul 2036**
♀ ♄ 4 Dec 1974	☽ ♂ 10 May 1996	♃ ♀ 23 Aug 2017	☉ ☉ 1 Jul 2036
♀ ♃ 26 Jan 1976	☽ ☉ 23 Aug 1997	♃ ☿ 10 may 2019	☉ ♀ 4 Dec 2037
♀ ♂ 18 Mar 1977	☽ ♀ 5 Dec 1998	♃ ☽ 26 jan 2021	☉ ☿ 11 may 2039
♀ ☉ 9 May 1978	☽ ☿ 18 Mar 2000	♃ ♄ 14 oct 2022	☉ ☽ 13 oct 2040

圖表 10：戴安娜王妃的法達運程

戴安娜於一九九七年八月三十一日遇上致命車禍。我們可以看到，當時她正處於當年八月廿三日開始的月亮－太陽時期。現在讓我們列出圖表，看看這個時期與哪些宮位有關，以及這時期的主星在本命盤上的相位：

月亮	☽□♀ ☽☍♂ ☽☌☋	太陽	☉☌☿ ☉⚹♂
宮位：第二宮		宮位：第七宮	
主管：第八宮		主管：第九宮	
旺宮：第五宮		旺宮：第四宮	

由於太陽主管的獅子座在星盤中被劫奪，我們將使用獅子座在整宮制的位置——獅子座是第九宮。

月亮在本命盤上的配置不佳。首先，它與八宮內的火星形成跨星座的對分相，這是個完全負面的相位。再者，月亮又與南交點合相，也會帶來凶性的影響。因此，當事人在月亮時期裡，整體上過得並不輕鬆。她應該是一九九二年就進入月亮時期的。

在查看次運主星（太陽）時，可以說它的相位比月亮好。讓我們檢視太陽在本命盤上的位置。太陽在巨蟹座是外來的，其主星（月亮）位於一個困難的位置，月亮在水瓶座上並無尊貴力量，並由於它抵觸土星的特質，又與其不合意[3]，所以無法得到自己主星的支持。太陽與第八宮的火星六分相，雖然這不是一個凶相位，但與一顆在凶宮的凶星形成相位也並非好事。而且，雖然火星擁有三分性力量，但由於會合了北交點，其凶性也會被增強。

最後，按照整宮制，太陽是第九宮的宮主星。第九宮代表著遠方、外地、外國人等主題。

3 詳見詞彙表。

戴安娜發生事故時，與伴侶（太陽在第七宮）多迪·法耶（Dodi Fayed）正身處巴黎（第九宮）。太陽落在第七宮，主管第九宮，代表一段與有權勢的外國人的戀情。太陽也會合了水星，即第七宮的宮主星，而且水星在普拉西德宮位制裡是第九宮的宮主星。毋容置疑，這場事故和死亡正是戴安娜月亮－太陽法達時期的主題，尤其因為她正處於第十二宮的小限運程（〔譯註：以象限宮位制〕上升的小限年落在第十二宮，正要到達她本命盤的上升度數）。由於本命盤本身已顯示了一場無情的死亡[4]，此徵象將會在上升的小限推進這些宮位時呈現出來。

再者，法達運程法無法單獨用來進行重要的預測。透過此方法而找到的信息需經由小限法、太陽及月亮回歸法及過運法的評估及支持，才可達至準確的結果[5]。

讓我們繼續按照法達時期，從戴安娜的星盤中檢視一些重要的生活事件。以下是她生命裡的一些重要事件：

宣布訂婚：一九八一年二月廿四日：水星－水星時期。水星一般與宣布消息及新聞有關。水星是第七宮主星，同時也位於七宮，與太陽會合。這代表著宣布訂婚也不足為奇。

4 請留意月亮－天王星及月亮－火星的對分相。由於月亮是身體的一般象徵星，且主管第八宮，而火星及天王星也在八宮，她的星盤顯示了一場威脅生命、突如其來的事故。

5 當然，不能說這是她唯一會去世的時間，但這是其中一個機率甚高的時間，尤其當我們結合了多種方法，特別是過運法時：過運的天王星準確地會合了本命盤的上升守護星——木星，同時也是那一年的小限主星。木星也是代表死亡之宮——第八宮的旺主星。由於天王星在本命盤的第八宮，它所帶來的是死亡的象徵。過運的海王星也與本命盤的土星形成等分合相（partile conjunction），土星在中世紀被視為「殺手行星」。

結婚：一九八一年七月廿九日：水星－月亮時期。如上述所提到，水星象徵七宮的事項。月亮一般而言也與居所及家庭有關。我們可以用以下圖表，理解月亮－水星的法達時期會影響哪些範疇：

水星	月亮
落在：第七宮	落在：第二宮
廟宮： 第六、第七、第九宮	廟宮：第八宮
旺宮：第九宮	旺宮：第九宮

從月亮及水星在本命盤上的宮位可以看到，婚姻及金錢的宮位相當顯著。水星（第七宮主星）與太陽的合相已顯示出她將會與「皇室的人」結婚。月亮位於第二宮、主管第八宮，表示了結婚背後的原因是財力。一般而言，第二宮會為我們想做的事情提供支持，由於上升主星也正好在第二宮，這認同了我們的想法——當事人在生命裡最優先的事情，就是維持穩固的財政狀況。當檢視月亮－南交點的合相，以及它們與火星的對分相時，就可以總結出，當事人未必可以達成這個目標。（需記住火星是第二宮的勝利星。）另一個結婚的原因，是因為要培育小孩，以延續王室的未來：月亮，作為次運主星，同時主管第五宮，並與五宮內的金星形成相位。但由於婚姻宮位的主星是外來的，且被焦傷，加上月亮是外來的且受南交點所傷，婚姻並不會為當事人帶來快樂。金星－月亮的連結並不足以帶來快樂，因為金星同時也四分火星。另外，水星（第七宮主星）與月亮之間並無相位。

離婚：一九九六年八月廿八日：月亮－火星時期。我們可以製作一個圖表，理解月亮－火星在此時期會影響哪些宮位，同時觀察其相位：

月亮	☽□♀ ☽☍♂ ☽☌☋	火星	♂☍☽ ♂□♀ ♂☌☊ ♂⚹☉ ♂⚹☿
宮位：第二宮		宮位：第八宮	
主管：第八宮		主管：第四、十一宮	
旺宮：第五宮		旺宮：第二宮	

從一九九六年五月開始，王妃進入月亮－火星時期，因兩者互相傷害，令她經歷著一些困難；再加上，月亮與南交點合相，而火星則與北交點在一起。波那提指[6]北交點會增加與其合相之行星的影響力，而南交點則會減弱其影響力。在此星盤中，月亮減光，並與南交點合相，令它失去了所有吉性本質。再者，火星－北交點合相增加了其凶性。因此可以很容易地得知，這段時期給她帶來了凶性影響。例如，我們能總結出，戴安娜在此時期正經歷財務上的問題。

現在請考量火星的相位，因它是這時期的次運主星。我們已提及過月亮－火星的對分相了。火星亦與第十宮的主星——金星形成四分相，這代表她的婚姻問題（第四宮）會在眾目睽睽下（第十宮）結束。由於火星－北交點的合相增強了其凶性，火星與七宮太陽及水星的六分相對她的婚姻來說並非好事。所有指標都意味著她會與伴侶分開。火星－太陽的六分相，也代表著一段與外國人及有權勢的男性發展而來的關係，因為太陽落在第七宮，同時主管第九宮（在整宮制下），並與第七宮及九宮（在普拉西德宮位制下）的主星——水星合相。可是，這段戀情並不會帶來很大利益。

6 詳見《波那提基礎占星學》187 頁。

事故與死亡：一九九七年八月三十一日：月亮－太陽時期。我們在之前已討論過這個時期了。在這裡，我們也認為這場事故與王妃的伴侶有關，如前所述，因為次運主星（太陽）就在第七宮內，並與第九宮有連結。月亮作為當時的主運主星，落在第七宮衍生而來的第八宮，也告訴我們伴侶的死亡。我們也已經提及月亮所受的傷害了。

獲得認可的時間

如果本命盤顯示出當事人會有名望及受到認同，便應檢視太陽的法達時期，以預測當事人受到認可的時間，尤其是如果太陽在本命盤上是帶來名望的行星時。同樣地，也要檢視太陽作為次運主星的時期（例如：木星－太陽、水星－太陽、月亮－太陽等等）。這時，我們便需檢視太陽在哪個時期會當次運主星，同時主運主星又是十宮主星。比如說，若金星是十宮主，那麼金星－太陽時期便很重要。

同樣地，當十宮的勝利星或旺主星成為主運主星時，這段時期亦是重要的。例如，若天頂落在天秤座，土星便會變得重要，因為它是天秤座的旺主星，亦有機會是它的勝利星。如果土星的配置良好，且沒跟發光體形成困難相位，那麼刻苦的工作及努力付出，可能在土星－太陽時期帶來名望及認可，尤其當太陽與土星有良好相位時。

我們亦應觀察在本命盤上，第十宮內行星作為主運主星、同時太陽是次運主星的時期。如果在十宮內的行星是吉星，而且有良好的相位，那麼在該行星及太陽成為主星的時期便會得到認可。如果第十宮的主星是吉星，在這個行星所主管的法達時期，也可能會帶來認可。

如果第十宮代表名望及認可，當小限的上升走到第十宮時，便可能會受到認可。

如果十宮主星在星盤上落在良好位置，而且與吉星有良好相位作支持，當上升推運至該主星所在之宮位時，這一年也可能帶來名望及認可。

如果吉星在太陽回歸盤內的第十宮，而本命盤內有顯示出名望及認可，這一年內也可能會得到認同。

太陽及木星的過運是短暫而較淺層的。因此它們的過運並不及其他行星的過運有價值。

我們還需要考量到行星與旺宮的關係。

在主限向運法中，太陽推進至吉星時，尤其是推向十宮主星時，假如這些行星有尊貴力量，便會帶來認可及名望。

如果凶星在黃道上有良好的位置，且與吉星形成相位，那麼在與其相關的領域中也會帶來名望及認可，例如土星會在科學領域上受認同，火星則在軍事方面。

最後，行星可能會在其主管的法達時期帶來認可，假如它們：

1）主管第十宮（作為其廟主星、旺主星，或者勝利星）。

2）與第十宮或太陽有相位。

3）落在本命盤的第十宮或第十一宮。

4）落在其中一個始宮，並且是天頂的旺主星。

AL-KINDI：金迪

第四章 小限法

在小限法裡，上升或太陽會從0歲起（出生當天），每年生日推進至下一個星座。推進的宮位所代表的主題，會在那一年變得重要；而星座的守護星（稱為「年主星〔lord of the year〕」）就會在這一年的事件中擔當重大的角色。

小限法的技巧

在小限法的技巧中，某些重點會「移動」或「推進」到下一個星座。而這兩個常用的重點是：本命盤的太陽或上升星座（上升點）。

有關小限法最早期的研究，是由馬尼利烏斯（Manilius）在公元前15年所寫的。根據馬尼利烏斯的說法[1]，當事人的每一年都由一個星座主管，並以太陽為起點。舉例來說，如果當事人的太陽在雙子座，他的第一年（0至1歲）便會由雙子座所主管；第二年（1至2歲）由巨蟹座主管，如此類推。每月主星亦按相同方式運作，但卻由月亮所落的星座開始。而那個月份的第一天，由當月小限的星座所主管，第二天則由下一個星座主管，如此類推。每個小時的主星亦以相同方法開始。

至於上升[2]的年度小限，我們可以使用以下圖表。例如，我本命的上升星座是天秤座（第一宮）。當我4歲時，我的小限上升便到達本命盤第五宮（水瓶座）。當我16、28、40歲時，小限上升亦同樣地抵達第五宮。另一方面，當我49歲時，小限上升便會推至第二宮的天蠍座。因此在那一年，本命盤上的天蠍座就如同我的第一宮，射手座為第二宮，摩羯座為第三宮，如此類推。

1 馬尼利烏斯的資料 III. 510ff，赫密斯（2002年）51 － 52頁。

2 **戴克註：**馬尼利烏斯提出此交替輪值方法，被後來的占星師廣為使用。

宮位	歲數							
1	0	12	24	36	48	60	72	84
2	1	13	25	37	49	61	73	85
3	2	14	26	38	50	62	74	86
4	3	15	27	39	51	63	75	87
5	4	16	28	40	52	64	76	88
6	5	17	29	41	53	65	77	89
7	6	18	30	42	54	66	78	90
8	7	19	31	43	55	67	79	91
9	8	20	32	44	56	68	80	92
10	9	21	33	45	57	69	81	93
11	10	22	34	46	58	70	82	94
12	11	23	35	47	59	71	83	95

圖表 11：小限上升對應的年齡及宮位

希臘占星師在使用小限法時，一般會使用整宮制，而我們接下來亦會使用此宮位制。

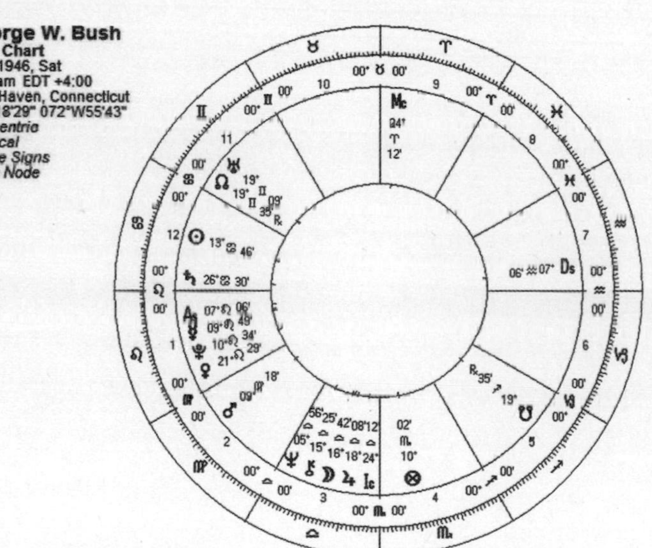

圖表 12：喬治・沃克・布希的本命盤

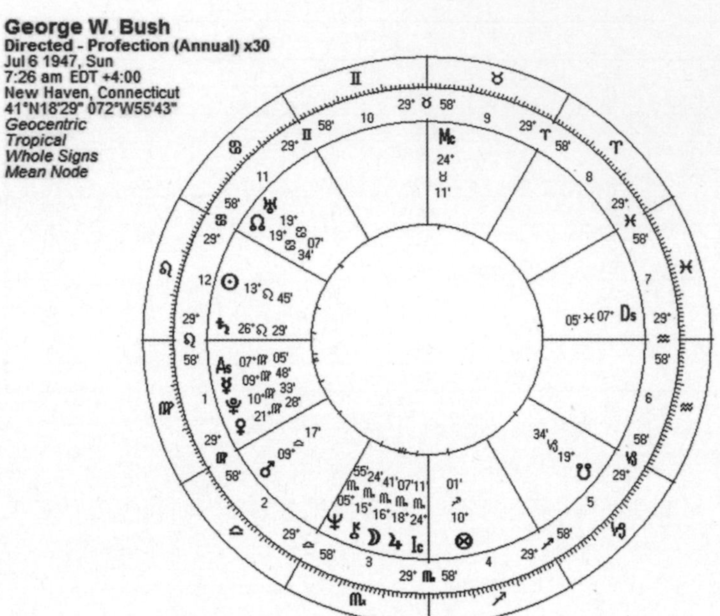

圖表13：喬治·沃克·布希在一九四七年的小限盤（1歲）

上方是生於一九四六年的美國前總統喬治·沃克·布希（George W. Bush）的本命盤：這是他0歲時的星盤。在軟件Solar Fire 9裡，只要點擊「檔案（File）」後再點擊「Tran/Prog/Dirn」，便可以為他下一年起一個小限盤（一九四七年，1歲）。在「星盤類型（Chart Type）」的工具欄中點擊「年度小限（Profection Annual）」，然後填入他在一九四七年的出生日期。得出的星盤（上方）便顯示出行星及上升推進了一個星座。要理解這對本命盤有何影響，需要製作一個比對盤，並將小限盤放在本命盤的外圈（看下圖）。在外圈或外環，太陽及土星已推進到本命盤的第一宮；金星、水星及上升點到了第二宮；火星到了第三宮；月亮及木星到了第四宮，如此類推。

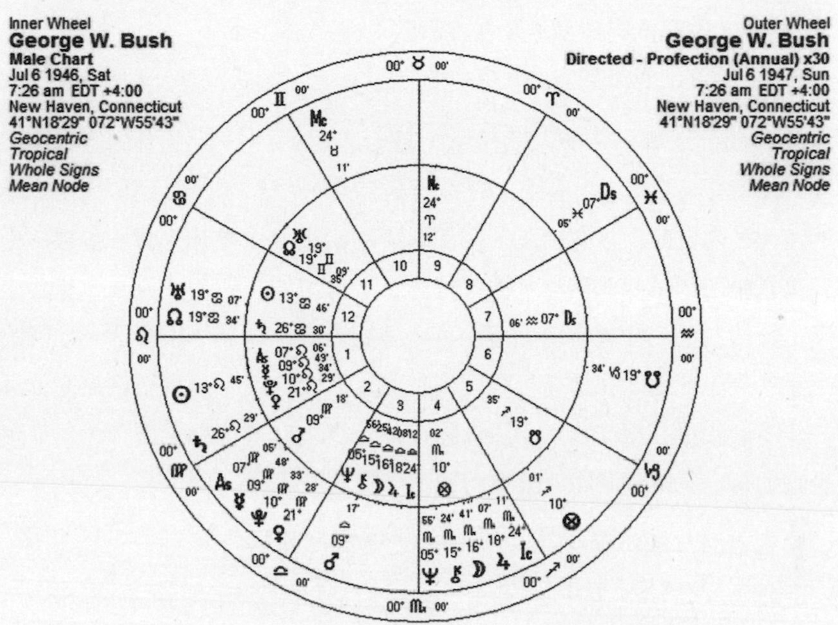

圖表 14：喬治．沃克．布希的本命盤和一九四七年的小限盤

現在，讓我們看看如何用都勒斯的方法 [3] 去解讀小限盤。

都勒斯

根據都勒斯的說法 [4]，本命的上升點會向前推進，所以每一年都會由一個星座所代表（正如上述所說明），而這個星座的守護星被稱為「年主星（Lord of the year）」。需要分析的兩個重要因素為：

3 下面大部分內容以赫密斯（2002 年）為基礎。

4 《占星詩集》IV. 1。

1）年主星的自然徵象及在本命盤上的配置如何？

2）小限上升所到達的星座中有吉星，還是凶星呢？

讓我們繼續研究布希的星盤，看看小限的上升及推進的行星。在一九四七年（1 歲），小限上升推至第二宮。我們可以看到，上升抵達的宮位（處女座）內有火星。按都勒斯的說法，這並非一個好現象，因為火星是凶星。我們猜測，他可能會患上炎症或類似的疾病。水星是小限上升的主星，在本命盤上落在第一宮獅子座，而在小限盤上，太陽及土星亦到達此處。在這裡，我們也許可以得出結論，他會得到家庭的關注（本命水星在第一宮，小限太陽在第一宮，且落在獅子座），但亦可推論他有一些健康問題或其他困難（小限土星在第一宮）。

再看看其他希臘占星師對小限法的見解：

托勒密

在《四書》IV.10 中，托勒密論述了當決定不同時期的時間主星時用到的各種方法，其中包括小限法。按托勒密所說，我們每年都可推進以下的因子到下一個星座：上升點、幸運點、月亮、太陽及天頂。辨別月主星的方法也是類似的，從各自的星座起推進，每二十八天便向前推進一個星座。「每日」的推進方式亦相同，從小限月的星座起，每兩日半便推進一個星座。

費爾米庫斯．馬特爾努斯（Firmicus Maternus）

費爾米庫斯．馬特爾努斯在公元 352 年完成他的著作《論數學》。在 II.28 裡[5]，他解說了一套與小限法相似的系統。正如上述所說，生命的第一年是由本命盤的上升所代表，下一年由下一個星座代表，如此類推。但要辨別出一年當中較短時期的主星，會由年主星開始，並分配一定天數給它；至於餘下的行星，則按它們位置上的排序作分配：太陽為五十三天，月亮為七十一天，土星為八十五天，木星為三十四天[6]，火星為四十二天，金星為二十三天，水星為五十七天，一共三百六十五天。

亞歷山大的保羅（Paulus Alexandrinus）

亞歷山大的保羅在公元 378 年撰寫了《占星簡介》（*Introduction to Astrology*）。在第三十一章，他解釋了如何找出年主星、月主星及日主星。對於年主星，如同慣常般由上升點開始，每年推進一個星座。至於月主星，則由目前的小限星座開始，每月推進一個星座。而日主星則由當月的星座開始，每天推進一個星座。

5 在評論版的 II.27。

6 **戴克註：**按霍登在翻譯（78 頁）時的註解，這是由原本的「三十天」修改而成的天數（詳見參考資料）。

維替斯．瓦倫斯

按瓦倫斯在《占星選集》IV 所說，當小限行星推進至本命盤上的行星時，它們會進入一種「施與受」的關係。比如說，如果木星在當事人的星盤上是財務的徵象星，而在 35 歲的小限盤上，木星也會以同樣方式推進。如果木星到達本命火星所在的星座，木星就會在這一年將財務的責任「移交」給火星，而火星就從木星手上「接任」這份職責。當然，還要看火星是否適合承擔這個責任。首先要按照火星那叛逆的特質來作評估：火星會在財務上帶來幸運嗎？答案是：通常不會。然後本命火星的位置也會被評估，包括它身處的星座、它與其他行星的相位、它的守護關係及尊貴力量等等。

在以下的星盤裡，你可以看到很好的一個例子。這是布希在 35 歲時的小限星盤，小限木星已推進至火星所落之星座——處女座。火星位於第二宮，所以它跟布希的財務狀況有關。火星擁有三分性力量（處女座，土象的三分性主星），亦沒有落陷（譯註：此處及下文的「落陷」同時指入弱、逆行、燒傷及受剋等不良狀態。）。再者，火星是本命幸運點的主星，同時與之形成六分相。因此當布希 35 歲時，預計他賺取的收入會隨著這個小限的推進而增加。

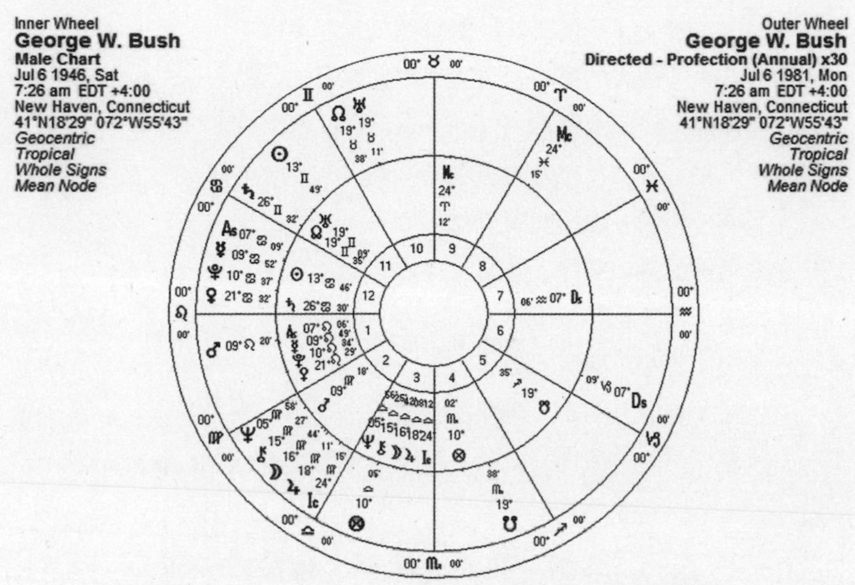

圖表 15：喬治．沃克．布希的本命盤和一九八一年的小限盤

特定事件的推進

瓦倫斯建議[7]用小限太陽、月亮及上升點去評估「整體時期」，那麼我們就可以理解到當事人的生命裡，大致上會發生甚麼事情。他更列出了一些可用各因子的推進來查看的特定事件：

- 推進上升可用來解讀生命力、身體及精神上的活動。
- 對於身份、名譽、父親及其他權威人士，應看太陽的推進，因這些都與太陽有關。

7 瓦倫斯的《占星選集》IV.11；同時請看赫密斯（2002 年）55 － 56 頁。

- 月亮：疾病、受傷及其他對身體的物理性傷害。
- 天頂：一個人的職業以及其他幫助謀生的活動。
- 幸運點：好運及財富。
- 下降點：死亡及重大的轉變或問題。
- 天底：機構、隱密的事情及死亡。
- 金星：配偶、關係、社交及女性。
- 火星：軍事及類似事物。
- 土星：分離、疾病及繼承。
- 木星：身份、朋友、合夥及收益。
- 水星：僕人、禮物、文書、社區以及與身體有關的事情。

案例：喬治・沃克・布希

讓我們依照希臘占星的方法檢視布希的星盤。在以下的星盤裡，你可以看到他在二〇〇四年（58 歲）選舉時之小限盤，即他本命盤的外圈。

小限的木星及月亮在本命盤的一宮帶來正面影響。本命的水星及金星也落在這裡，而且沒有落陷。本命的金星（十宮主星）落在第一宮，顯示了事業方面的事情對當事人來說相對容易，而且他會在這範疇上較幸運。（同時請留意在本命盤三宮的月亮及木星與本命的金星形成六分相。）此外，小限的天頂來到本命盤的第八宮（雙魚座），而主管它的木星推進到上升，代表兩顆吉星在這一年都有利於他及其事業。

小限上升所推進之宮位是相當重要的。在這裡，它位於代表好運的第十一宮（雙子座）。本命的北交點亦在這位置上。水星是該年的年主星，落在本命盤一宮，是個有力的位置——這是一個巨大的優勢 8。

小限金星及水星推進到本命盤的十一宮，所以會為此宮位帶來幸運（尤其是金星）。金星本身已經是十宮主星。小限太陽及土星位於本命盤的十宮內。雖然土星代表悲觀、憂慮及消極，但太陽代表在選舉中佔有一大優勢。

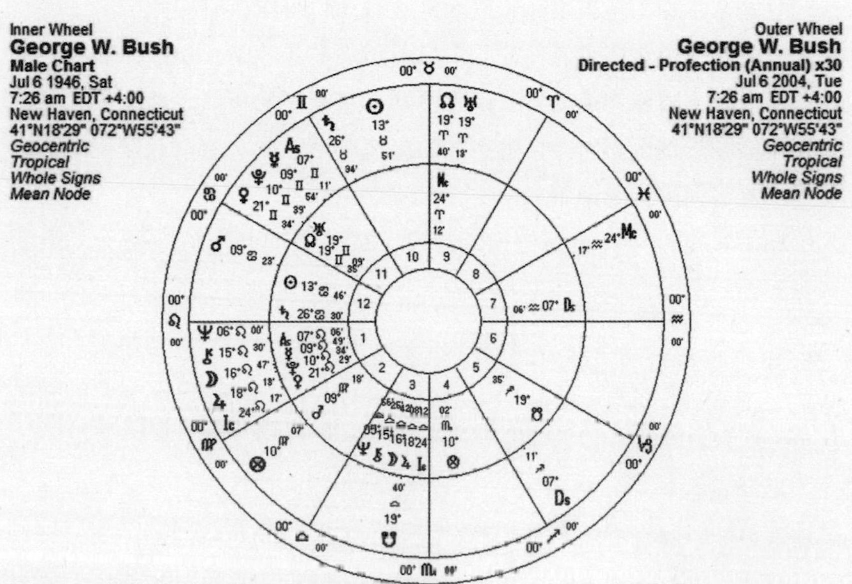

圖表 16：喬治・沃克・布希的本命盤和二〇〇四年的小限盤

8 **戴克註：**這是因為水星主管十一宮、位於一宮，這代表好運會來到布希身上：由於小限上升正處於本命盤的十一宮，激發了這一年的好運。

小限法的簡易法則

根據馬蒂安・赫密斯（Martien Hermes）[9]所說，下列的推進會顯示出事件極大機會發生的時間：

- 當小限推進至落在始宮的星座時。
- 當它推進的星座，其主星（即年主星）落在始宮時。
- 當它推進至年主星所位於的星座時（月小限時亦如此）。
- 當它推進至特定事件的象徵星所位於的星座時。例如，看財務狀況時，可看推進的因子何時會到達二宮主星所落之星座。
- 當它推進至與所問主題有關的星座時。例如，看財務狀況時，便看它何時推進至第二宮。
- 當它推進至特定宮位內的行星，或一個與此宮位有強力相位的行星時。

特別在討論婚姻時，如果小限上升推進至第七宮，或是太陽回歸盤的上升點接近本命下降點的度數時，在這一年便很有可能會結婚。

按照羅伯特・左拉[10]所說，我們亦應檢視小限的七宮何時會推進至其宮主星所落之宮位。又或者，如果小限上升或七宮到達任何七宮主星所守護之宮位時亦可能結婚。舉例來說，如果七宮主星為金星，那麼小限上升或七宮推進至金牛座或天秤座時，也會有所關連。

此外，亦可看主限向運中的月亮何時會推進至婚姻的象徵星[11]。

9 赫密斯（2002 年）55 頁。

10 **戴克註**：左拉（2003 年）中世紀占星學課程第 21 堂，19 － 20 頁，引自波那提版本的烏瑪・塔巴里（在《波斯本命占星 II》）。

11 **戴克註**：關於勝利星的討論，請查看序言（譯註：此處應指詞彙表而非序言）。

何時有好事發生？

在以下的時間極有機會發生：

- 當小限因子（某一敏感點或星體）推進到吉星所處於的星座時，但這個星座及行星並不能有狀態不良等問題。
- 當小限因子推進至由吉星守護的星座時，即使宮內沒有行星（同樣地，不能有問題）[12]。

當然，這顆吉星所帶來的幸運程度，是按它在星盤的位置而定的。如果這顆吉星有尊貴力量，便可能發生完全美好的事情；否則，事情可能只有部分是好的。如果這顆吉星的位置及狀態不良，一般來說沒有好事也沒有壞事會發生。

何時有壞事發生？

在以下的時間極有機會發生：

- 當小限因子推進到凶星所處於的星座時。
- 當小限因子推進至由凶星守護的星座時，即使宮內沒有行星。

同樣地，這顆凶星所帶來的不幸程度，是按它在星盤的位置而定的。如果這顆凶星沒有尊貴力量，便會發生極差的事情；如果它有尊貴力量，事情只有一部分是惡劣的。如果凶星在良好的位置，可能沒有任何壞事發生，甚至可能有好事出現。

12 **戴克註**：換言之，當推進主體的年主星（或月主星等等）是吉星時。

解讀總結

綜上所述，總結一下運用小限法時的準則：

1）小限上升在本命盤上所落之宮位最為重要。例如，假設小限上升在本命盤上的第十一宮，第十一宮的主題便會主導此年份。

2）整個星盤會按照新的小限上升來解讀。比如說，如果小限上升推進至本命盤的第十一宮，那麼本命盤的第十一宮就會成為該年份的第一宮；本命盤的第八宮會成為了新一年的第十宮，如此類推。

3）應用小限法時，應同時考量過運的影響，因為每個小限在十二年前走在同樣位置時，相比之下，帶來的影響會有所不同。

案例：奧內爾．多塞（37 歲）

正如前述所說，二〇〇三年六月廿一日，我把在伊斯坦堡大市集內的攤位租了出去，並離開那兒的工作，結束了二十年的商人生涯，轉而展開占星事業，所以這是我生命中最關鍵的一年。現以小限法分析這一年。我生於一九六六年二月十二日，在二〇〇三年的六月為 37 歲。因此，我的小限上升位於本命盤上的第二宮（請見前頁的「小限上升對應的年齡及宮位」表）。

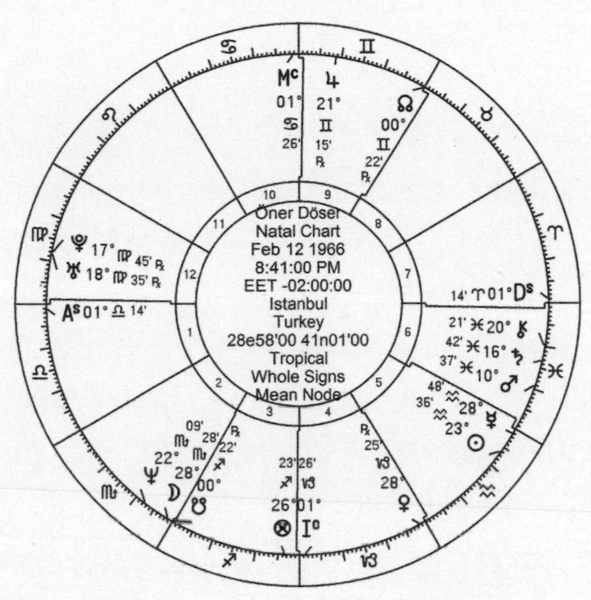

火星是第二個星座（天蠍座）的主星，亦是年主星，在本命盤上與土星合相。月亮是本命十宮的主星，落在本命盤的第二宮。（請謹記，使用整宮制時，任何行星在某個星座，即使在尾度數，也算處於同一宮位。因此，由於整宮制下天蠍座是我的第二宮，月亮也在本命盤的第二宮，即使以雷格蒙坦納斯〔Regiomontanus〕宮位制來說是第三宮。）

本命天頂的主星位於今年的小限第一宮，意味著在這個時期我要為事業下一個關鍵性的決定。月亮象徵躊躇不決及反覆無常。它與水星及太陽形成四分相、與金星有六分相，並與南交點合相。由於它與星盤上很多因子有相位，今年會是忙碌的一年。讓我們逐一檢視這些相位：

月亮與南交點的合相告訴我們，除了損失、問題、與工作相關的束縛外，將會有一個命中註定的改變。南交點與過去有關，而月亮亦與過去及家族連結有關。我在這一年離開了大市集的傳統家族生意，以切斷我與過去的連結。

月亮與金星（本命盤的上升主星）六分相，代表這時的決定對我個人來說是尤關重要的，雖然會遇上困難，但也會看到正面成果。金星在我本命盤第四宮，結束大市集的工作後，我便開始在家辦公了。

月亮與水星及太陽四分相，象徵著與占星相關的主題將會是重要的（水星主管雙子座的第九宮），而且社交圈子也會改變（太陽主管本命盤十一宮）。在這一年，我在期刊（水星）上撰寫占星專欄。我的專欄佔了半版，雖然以書寫作為日常工作對我來說有點艱難，但卻令我感到快樂。

月亮與太陽的連結也代表了某種認可。二〇〇三年，我在很多電視節目上當嘉賓，這對我來說是意料之外的發展。另一方面，我開始進行專業諮詢。月亮作為小限七宮（一對一互動）的旺主星，正好落在小限上升的星座內。

這一年的年主星——火星落在本命盤的第六宮（疾病、虛弱、困難、工作環境及狀況、下屬、租客），並與土星合相。由於我在這年的工作環境及情況改變了，前員工的環境也隨之改變。我把商店租給另一家公司，並將所有員工都轉讓給他們。起初這些員工對於新狀態感到愉快，但不久便感到不滿，紛紛離開那間公司。

在健康方面，我需要面對祖父及祖母的疾病。由於我的父親已去世，我需要與姑母一起照料他們。二〇〇三年七月，他們在六天內相繼離世。這是個非常艱難的時期。火星作為七宮主星也代表著祖父（四宮起算的第四宮，即父親的父親）；而土星（本命一宮的勝利星，而一宮為七宮起算的第七宮，即祖父的配偶）代表我的祖母，兩者在六宮合相。他們的家中發生了火災（火星），而我的祖父因暴露於濃煙中而死去（土星）。

射手座落在我此年的小限二宮，而它的主星——木星則落在本命盤的雙子座（第九宮）。這年我開始透過占星諮詢來賺錢。

摩羯座落在小限三宮，而它的主星——土星則落在本命盤的第六宮。我在這一年開始學習羅伯特・左拉的中世紀占星學課程。我必須在這段時期下苦功鑽研（土星在本命六宮）。金星也在小限的三宮內。本命的上升主星落在小限三宮，顯示出教育、學習及寫作是這年的主題。

我們也可透過其他小限宮位去解讀星盤。比如說，可以審視小限的第十宮（落在獅子座），去評估我在事業及商業生涯的發展。太陽在小限四宮（水瓶座），並三分在本命九宮內的木星。我開始在家工作、進行占星諮詢、在報章上寫專欄、私人授課，並學習來自國外的中世紀占星技法。

確認時間

繪製了年度小限盤後，我們可以製作每月小限盤，以確認事件發生的時間。如上述例子所提到，我們知道在二〇〇三年的生日，小限上升會到達第二宮的天蠍座。因此，二〇〇三年二月十二日，小限上升就在天蠍座。它會在二月十二日至三月十二日期間留在天蠍座；三月十二日至四月十二日在射手座；四月十二日至五月十二日在摩羯座；五月十二日至六月十二日在水瓶座，並終於六月十二日至七月十二日時到達雙魚座。這些日子對我來說相當重要，因為年主星（火星）就位於這個星座，這一年最重大的事件便會發生在這個月裡。

正如我所提到，我祖父的家在那個時候發生了火災。我的祖父因吸入濃煙，在醫院住了一個月，並於七月十七日離世。我的祖母本來就因病住院，而她也在七月十一日離世。那段時日，我實在傷心不已。

我在六月廿一日離開了大市集。正如我所提到，前員工開始為租用我商店的人工作，隨後因不滿而離開。（那家公司也面對困境，並於一年後不得不出清商店。）感謝主，我在短期內便找到新租客了。

我在七月三日搬到另一所房子。我將老房子出租，並找到了新的公寓，但在五個月後又再搬家，因為那所公寓實在很偏僻，不便於進行諮詢。我在那裡度過的五個月充滿了悲觀的情緒，雖然那是個寧靜自然的居所：年主星火星位於第六宮，與土星合相，正好對應了所有的這些發展。

計算了月小限後，我們便可以計算日小限。雖然這個方法對某些個案來說可完美地發揮，但我發現對某些個案卻派不上用場。在日小限裡，每個星座相等於兩日半。例如，天蠍座是這一年的小限星座，亦同時代表了第一個月（二月十二日到三月十二日），也代表這個月的頭兩日半（二月十二至十四或十五日）。日小限會在天蠍座兩日半，自二月十五日起便在射手座，二月十七日起在摩羯座，如此類推。

要判斷六月廿一日的星座及宮位，首先需要看月小限及日小限。看月小限的話，我在六月十二日至七月十二日時處於雙魚座（第六宮）。從雙魚座或六月十二日起，我便要以兩日半為單位起算，直至六月廿一日到達雙子座。因此，六月十七到達金牛座，在六月廿一在雙子座。由於這個月由木星主管（守護雙魚座），而木星又剛好落在雙子座，我便會認為這時會發生一些重大事件。按羅伯特．左拉所說[13]，當我們到達年主星或月主星所落之星座，或它們所守護之星座時，便可預見那個時期會發生重大的事件。

13 左拉（2003 年）中世紀占星學課程第 18 堂，17 － 18 頁。

IBN ARABI：伊本・阿拉比

第五章 過運法

本命盤是一幅圖畫，描繪著出生的一刻，天空上星體的位置。然而，星體並非靜止不動的——它們持續不斷地在黃道上運轉。過運是指行星的實時表現，以及它們與本命盤的關係。過運所觸發的事件，某種意義上已預設在本命盤中，按本命盤所承諾的表現出來（至少不會是相反的）。

過運法顯示出當事人生命裡的重要走勢及事件。與其他方法相比，過運法可指出在一個較短的時期內某些事件發生的可能性。在特定時刻裡，某一過運行星對世界所有人來說都處於同一星座位置，但重點卻是這顆過運行星與**本命盤**的特定關係。

行星的速度對過運的影響力度來說是最重要的因素。慢速行星會較有影響力，因為它們會在同一範圍停留一段較長時間——它們帶來的發展會橫跨一個較長時期。快速行星的過運扮演著引爆器，指示出慢速行星帶來的劇情會在何時出現。

在過運法裡，行星可能會與一個特定度數觸及超過一次。在觸及一個特定度數後，這個向前行進的行星可能會逆行，並再次觸及相同度數——那麼這顆行星過運的影響便會更加明顯。在第一次觸及時，我們未必能理解發生甚麼事，但第二次便會變得明確——我們會意識到那顆行星的能量。與慢速行星的第二次觸及通常更有影響力。

過運的有效容許度由正相位的前幾度開始，直至同度數時最有力量。入相位的影響會比離相位大。過運行星及本命行星的本質也很重要——過運的凶星可能會給本命盤的吉星帶來麻煩。

☽	27.3 天
☉	1 年
☿	1 年
♀	1 年
♂	22 個月

♃	12 年
♄	29.5 年
♅	84 年
♆	165 年
♇	248 年

圖表 17：行星過運的約略週期

| 過運對於本命盤的特殊意義 |

正如前述所說，每顆行星都有其自然徵象，而過運中的行星對於世界上任何人來說都位於同一個黃道位置。但解讀某個星盤時，過運行星便會因宮位配置及守護關係而有特定意義。舉例來說，某人本命盤上有木星－太陽的三分相，使他在生命某些範疇上獲得幸運。相比太陽在水瓶座、木星在雙子座（同為落陷）的三分相，太陽在牡羊座、木星在射手座的三分相會更為有利。本命盤上有凶星組合的人（如土星－火星四分相）將在生命的特定範疇上經歷不幸。相對於土星在巨蟹座、火星在天秤座來說，土星在摩羯座、火星在牡羊座時的四分相凶性會較低。讓這些一般性的主題對個人來說，特定意義的是它們在星盤上的位置及守護關係。因此，即使某些人的出生日期很相近，有類似的行星組合，但因星體在個別的星盤上會落在不同宮位，以至於出現重大的個體差異。因此在過運法中，即使行星基於本質上會有其自然徵象，但要知道其具體精微的意義，便要判斷它與特定星盤的關連。

過運中的關鍵因素

以下三個因素可引導我們評估過運法，並透過它們解讀星盤：

1）過運行星。

2）過運行星之相位。

3）被過運所觸及的本命行星或敏感點（上升點、天頂、幸運點等等）。

讓我們來檢視這些因素：

| 過運行星 |

過運行星是首個重要因素。每顆過運行星會將其自然徵象投射到本命盤上。比如說，土星的過運會帶來限制、分離及缺乏。另一方面，這類過運會整理一些事物，並重整它們的架構。土星過運創造了與權威人士的關係，以及與規則有關的主題。再舉多一個例子：木星會帶來擴張、繁榮及富裕；從另一方面來看，它也會導致誇大。木星過運會帶來威望、幸運及機會、社會支持、社交環境的擴張，以及認識新人事的機會。

然而，每顆過運行星也帶著它因本命盤的配置而產生的徵象。比如說，假若本命土星在第六宮，它的過運與任何行星、敏感點、宮位產生連結時，都會以土星的方式給那個宮位、行星或敏感點帶來六宮的主題。對於土星在本命盤上主管的宮位亦是如此。如果土星在本命盤上主管第四宮及第五宮，與過運的土星形成相位的宮位、行星及敏感點都會承受四宮及五宮的主題。

假如過運行星在宮位、星座、相位方面均有良好配置，便會帶來強而有力的結果。相反，如果過運行星配置欠佳、太虛弱或受壓制，正向過運的有利結果會被削弱；負向過運則會帶來更凶險的結果。

過運行星也會引動次限推運盤中的推運行星及其他重要的敏感點，如上升點及天頂。最後，過運行星也可能引動重要的蝕相度數。在引動的當下，當事人可能會經歷正面或負面的事情。

| 過運行星的相位 |

首先，由於相位的本質是預測結果的重要指標，我們應分析過運行星的相位是正面還是負面的。假如過運行星會合其他過運行星，那麼另一顆行星的自然徵象亦應列入考慮之中。

合相（0°）會影響我們自己。過運行星與本命行星合相時，我們會強烈地感受到其影響。星盤在此時猶如手無寸鐵，因為與本命行星會合的過運行星試圖融入星盤當中。它未經調解，便將其特質加諸在本命行星上。合相帶有統一、合一、相似性的能量，因此過運行星的能量會與本命行星的能量交混在一起。當事人可能會因這種新能量而失衡，並必須靠自己來適應。由於合相是主觀的，當事人未必即時感受到箇中轉變，然而其他人卻可能會意識到這種變化。

對分相（180°）彰顯的是「我與他人」的主題。在對分相中，一些事件的發展與我們的意願相反，而旁人或其他事情會令我們作出決定，那些事件也按照他人而發展。在這種過運的影響下，我們傾向於怪責別人，但也從他們身上學習到很多東西。我們所面對的事情正反映著自我。其他人好像會討厭及批評我們的想法和行動。與本命行星形成對分相的過運會造成極端的改變，就像愛突然轉為恨。它們會帶來分離和極端。

三分相（120°）創造出一股順暢的能量流動，以及快速的發展——生命和事情因而運作暢順，夢想很快便會成真。另一方面，要預防本已存在的問題也很困難，因為一切都輕易地得以延續。三分相既會帶來迅速的勝利，也會帶來迅速的失敗。舉例來說，當一顆吉星，如木星因過運而形成三分相，也有可能帶來快速的死亡。如果我們努力去製造出正面的結果，三分相也能幫上忙。另一方面，我們想要避免的事情也會在被察覺之前就發生——如果過運土星與本命太陽形成三分相，我們的責任會快速地增加——當事人必須要承擔起新的責任，也必然會被捲入組織及職責之中。

四分相（90°）帶來考驗我們的事件。這類相位會創造出困難及障礙，迫使我們作出修正及改變。我們可能要面對日益惡化的情況，也可能會經歷一些新主題及事件，有種被卡住的感覺。我們需要發展出新的方法去處理這些挑戰，因為這是唯一讓我們可以向前邁進的機會。改變是必須的，而我們亦需要去適應，所以最好採取行動幫助轉變！

六分相（60°）告訴我們有機會和機遇去獲取所需，但必須要付出努力以獲得好處。我們通常需要為嚮往的正面結果作出努力。如果六分相發生在陽性星座（火象及風象星座），就會更快速地獲結取成果，但我們依然需要採取行動。六分相展現宇宙的禮物，但我們需要主動去觸碰及抓住它們；大門已經打開，結果取決於我們決定進入（或不進入）哪一扇門。在任何事情上，當生活中走上新道路時，六分相總為我們提供支持。

半四分相（45°）和**八分之三相**（135°）教導我們耐心和忍耐，因它們甚少帶來成功——任何行動都可能造成拉扯，對於這些相位的最佳反應是耐心等待，直到塵埃落定。我們必須察覺到障礙，並等待更好的時機再作行動，因為當這些相位活躍時，事物很難被改變。

補十二分相（150°）強調我們要覺察生活中出問題的領域，並作出修正及替代這些事情的方案——無論我們是否準備好，改變是必需的。這類相位象徵著缺乏協調和組織；不確定和猶豫不決佔了上風。這時可能會經歷一些事情，使我們把某些東西拋諸腦後。例如：過運土星和本命太陽之間的補十二分相會激發我們放棄自己的責任，離開我們曾經花了很大努力去獲取的位置，從中退出。又或者，伴侶會拒絕承擔責任並離開家庭。這個相位最具挑戰性的地方在於，我們可能很難理解究竟需要做甚麼才行。所以我們可能會體驗到憤怒和壓力。這些關係中的壓力來自於對問題缺乏理解和覺察。一些占星師宣稱這個相位與疾病和死亡相關；我個人並不贊同這個說法，但認同這確實會帶來巨大的壓力。

半三分相（30°）帶來較小的支持。伯納黛特．布雷迪（Bernadette Brady）說半三分相具有確定時間的功能——只要在正確的時間位於正確的地方，它就會發揮效用[1]。否則，這個相位並非那麼有效。

這些相位分屬各個層級，這樣一來，最小的泛音相位會產生最大的影響。（在數個相位同時被引動時，我們也要考慮這個因素。）按力量從大到小順序排列為：合相、對分相、四分相、六分相、半四分相，其他都是次要相位。

第 1 個泛音相位	360°÷ 1 = 360°（= 0°）	合相
第 2 個泛音相位	360°÷ 2 = 180°	對分相
第 3 個泛音相位	360°÷ 3 = 120°	三分相
第 4 個泛音相位	360°÷ 4 = 90°	四分相
第 5 個泛音相位	360°÷ 6 = 60°	六分相
第 6 個泛音相位	360°÷ 8 = 45°	半四分相

圖表 18：泛音盤的相位

我之前說過，慢速行星的過運會比快速行星更具作用力。當超過一個相位被引發時，我們也要按照泛音盤的準則去評估它們的強弱。

過運行星的星座也是很重要的——過運發生在啟動星座會帶來快速的結果；在變動星座會以中等速度帶來結果；而在固定星座則會帶來緩

1 布雷迪 1999 年文獻，28 頁。

慢而持久的結果。同樣地，我們需要觀察行星在過運時處於哪個宮位。過運在始宮的作用力最強；在續宮為中等作用力；在果宮為最弱。

｜當過運觸及本命行星或敏感點｜

比起觸及到本命盤上的世代行星，過運在觸及個人行星時會在當事人的生命及物質世界裡產生更為顯著的結果。舉例來說，因過運與本命月亮所形成的三分相，比起與本命天王星形成的相同相位更為有效。與上升及天頂所形成的相位亦相當重要。

另一個關鍵是，過運行星與其觸及的行星在本質上是否和諧。例如：過運海王星－本命水星的合相可能會為當事人帶來壓力；而過運海王星－本命金星的相位則是柔和的，因為海王星與金星彼此友好，在本質上可以和諧共處。

如果被過運行星觸及的本命行星在宮位、星座、相位上有良好配置，那它便可能會跨越過運時困難相位帶來的難題。然而，如果本命行星在過運時遇上困難相位，而本身（以宮位、星座、相位來說）亦處於較弱的位置，當事人便可能沒法克服這個過運，從而受到傷害。

如果本命行星在過運中同時形成多個相位，便會同時產生多個結果。

過運行星與上升主星所形成的相位是很重要的，會在身體、情緒、精神上影響當事人。

過運觸及幸運點及月交點均是重要的。當過運與幸運點形成困難相位時，當事人可能會缺乏好運及金錢。如果是和諧相位，當事人會遇上一些為他帶來好運及收益的機會。當過運對北交點造成影響時，便要保持覺知去抓住那些幫助我們成長的課題及機遇。當南交點受到影響時，過去的問題便會浮上檯面。「似曾相識（Déjà vu）」的體驗可用南交點來解釋。

古典占星學中的過運

在當代占星學裡，過運法在預測時受到廣泛使用。但時至今天，占星師們開始使用古典占星學的方法。左拉、漢、布雷迪便是一些會同時使用古典及現代方法的占星師。

不同於現代占星學，古典占星學在進行預測時，會將過運法放到最後一步。儘管如此，某些過運卻會被優先考慮。其中一個重要的過運，就是當行星回歸到它在本命盤的位置時。當過運行星進入一個星座時也會被列入考慮，尤其是運用整宮制時——在整宮制下，過運行星進入一個星座相等於進入一個宮位。

這類過運通過始宮時是最重要的。過運行星的本質會在始宮的四尖軸更為顯著，因為四尖軸是星盤的關鍵——它們代表著生命裡最基本的主題。

黃道上的每顆行星透過它在本命盤的位置及守護關係（包括旺宮），在過運時展現出其特性。行星的自然徵象是解讀時的首個重要因素。凶星與吉星的過運是有所差異的。

| 凶星的過運 |

凶星在過運時產生的困難相位會導致傷害性的結果。如果過運在果宮，結果會更糟糕。如果過運在吉宮，有利的結果將會受到阻礙，而令當事人經歷不幸。如果過運的凶星在黃道上配置不良，便會更強力地展現其凶性。如果過運行星是凶星，並與太陽、月亮或上升及天頂的主星形成困難相位，便會帶來惡劣的結果，尤其當它們在黃道上配置不良時。大凶星土星在黃道上配置不佳時，其四分相及對分相總會帶來困難。如果土星在黃道上有良好配置，其三分相及六分相會創造出良好結果；但如果土星落陷（譯註：此處及下文的「落陷」，可能也包括入弱、逆行、燒傷或受剋等不良狀態。），便會帶來壞結果。

過運的凶星經過四尖軸時一般會帶來負面結果，其負面的性質取決於過運行星的自然徵象。例如： 土星的過運來到四尖軸時，代表要強制性地重整生活、提升紀律及責任，而且比過去更為嚴格。這並不是輕鬆的時期，土星在七宮過運會為現有的關係帶來問題、分離、離婚及終結。它的困難相位可能會清除掉所有不適合我們未來的關係，也可能會帶來其他方面的結束。我們可能要為伴侶承擔責任。伴侶可能會經歷健康問題。一些法律上的問題在此時期也可能帶來困擾。

在另一方面，火星在七宮的過運不會帶來如此深遠、永久的影響。在這種過運期間，能量會直接加諸在關係、婚姻及合作上。我們也可能會投入新的冒險。無論如何，在這個時期關係上會充滿張力——仇恨、爭辯及爭鬥會成為主調。

當然，火星和土星在果宮也會帶來困難，尤其在「喜樂宮」時（第六宮是火星的喜樂宮；第十二宮是土星的喜樂宮）。在這些宮位裡，它們可以按其自然徵象較輕易地帶出問題：火星在第六宮帶來健康問題及發燒；土星在第十二宮帶來隱藏的敵人及孤立。

我們亦要觀察星盤中的凶星與宮始點所落之星座是否和諧。假如凶星過運時通過的宮始點星座與它本身是不相容的，那便會帶來有害的影響。然而，如果它們進入一個與其本質相容的星座，可能會顯示出正面影響。

｜吉星的過運｜

古代占星師認為吉星形成的和諧相位會帶來正面結果，而困難相位則會帶來程度較輕的負面結果。過運的吉星在凶宮（如第六宮或第十二宮）產生的和諧相位也是正面的，因它們能緩和困難。可是，它們在凶宮所形成的困難相位則會帶來不幸及困難。如果過運的吉星落陷，其和諧相位只會帶來微小的好處；其困難相位會引致更大傷害。

當吉星在始宮過運時，正面的事件很大機會發生，而這些事件則由該行星的本質而定。比如說，木星在七宮過運時，可能會帶來一些合夥的機會。這類過運對婚姻及其他合作關係來說是完美的，伴侶或合夥人似乎會有良好財力。可能會得到其他人支持，在親密關係裡感到樂觀，在諮商中獲得成功，以及別人的協助及意見。我們可能會去諮詢醫生、律師或財務專家，並在法律案件上享受正面的結果。可是，金星在七宮的過運並沒有像木星般帶來顯赫的結果。金星傾向於建立和平及強調雙向關係。這是一個簽訂商業協議及開展新關係的好時機，也是結婚的完美時機。在這類過運中，法律事務也會受正面的影響。在此期間，可能會有機會跟曾起爭執的人或敵人和解。

當吉星落陷時，它們無法在過運的領域提供助益；它們帶來的影響並不如預期般美好。

無論是吉星還是凶星，過運在續宮也是重要的。土星過運在第二宮會為當事人的財務狀況帶來負面影響。木星在同一宮位的過運會正面地影響當事人的財務，前提是其他財務因子也指示著相同情況。火星在第五宮的過運可能會對親子關係帶來負向影響，也可能象徵著火星性質的事件，如發燒、細菌感染、意外等等。金星在第五宮的過運會為愛情關係帶來浪漫及正面的影響，與小孩的關係亦如此。

蝕相、新月及滿月

當蝕相與本命行星、上升或天頂連結時，會帶來更大影響。任何過運行星觸及蝕相的度數，也會激發蝕相的影響。新月及滿月出現的宮位，以及它們與本命行星的連結也很重要。

行星的逆行運動

行星逆行是指行星有別於平常的運行方式，「往後」移動。假若每晚觀察天空，便會看見行星平常會在黃道上一個隨一個地向前運行。這種在黃道上由西方到東方的正常移動稱為「順行」，是一種逆時針方向的移動[2]。但有些時候，行星會減慢、停下來，並似乎在黃道上以順時針的方向往後行進，這便稱之為「逆行」。當行星停下來、猶如靜止不動時，則稱之為「停滯」。逆行行星之後會再度減慢、停滯，然後又再順著星座次序向前移動。（當然，這種順行及逆行運動是以地球為中心出發的；事實上，從天文角度來說並沒有行星會向後移動。）太陽與月亮總是順行的，永遠不會逆行。

2 **戴克註**：指在北半球時。

行星逆行代表它們無法輕易地展現其本質。例如在水星逆行時，溝通可能會遇上問題。我們會在投資時遇上難處，又或者正要簽合約時，才意外地發現一些必須要修改的條款。在文書相關的事情上會遇到問題，又或者會因缺乏資訊而吃苦頭。水星逆行的另一種顯現方式，就是讓我們碰到過去的人和事——這些都可能與工作或人際關係有關連。與水星逆行相關的事件，會在逆行運動即將開始時便發生。

每顆行星（除了太陽與月亮）有不同的逆行時間：

☿	24 天
♀	42 天
♂	80 天
♃	120 天
♄	140 天
♅	150 天
♆	157 天
♇	157 天

圖表 19：標準的逆行時期

如果過運的行星正處於逆行，其過運的影響會減弱或扭曲。若果被過運所觸及的本命行星也逆行的話，這個影響便更明顯。無論如何，當過運與本命盤上的行星形成多個相位時，便會為當事人的生命帶來顯著的轉變。

冥王星過運

冥王星是運行最慢的行星，繞行黃道一周需用上二百四十八年，在每個星座上大概花二十一年，而它的逆行時期達五個月。冥王星代表轉化——摧毀及重建。它讓我們知道建立新架構之前，得先破壞舊有的——這是重建的時刻，並會帶來永久的改變。冥王星也代表改革團體、集體事件、有組織犯罪，以及玄秘及秘密組織。它讓人專注，並深入一個特定對象，所以我們沒法採取膚淺的方式。它代表命中註定的事件，不在我們的控制當中。冥王星在始宮的過運是主要的轉化時期。

冥王星在本命宮位的過運

冥王星在第一宮：這個位置最顯著的特色，在於它會重建一個人的性格——當事人帶著改變和控制他人的意願，想要展現權力，顯現其隱藏的特徵，並展示他富有挑戰性的特質。當事人不會屈服——相反，他會為自己的權利而戰。如果過運靠近上升度數，便可能會遭遇健康問題。如果過運沒有與本命行星形成困難相位，當事人將會比過去更強大。

冥王星在第二宮：這種配置會為財務帶來一個重建過程、重大改變或挑戰，令人渴望賺取更多及獲得權力，伴隨自私和貪婪；當事人可能會強烈渴望在財務方面掌控更大權力，更熱衷地打理財產或更有效地使用金錢的力量。如果冥王星在二宮時和二宮主星或八宮主星有困難相位，當事人就可能因投機和冒險而損失錢財；相對地，如果它和這些行星以及個人行星（日間盤的太陽和夜間盤的月亮）有和諧相位，當事人就會在經濟上佔據強勢地位。如果和本命行星有多個相位，當事人會徹底改變自己的財富觀念。

冥王星在第三宮：在這個過運期間，當事人的鄰居可能會出現變化，與兄弟姊妹或近親的關係也可能會轉變。困難相位可能會為這些關係帶來權力爭鬥。當事人可能想要在親朋密友和兄弟姐妹面前更加主動，表現自己的權力。這個過運也會顯示出對心智的關注、與教育有關的挑戰、對於各種教學的興趣（如占星學、瑜珈等），以及在知識領域上的轉化。如果這個過運和三宮主星、九宮主星或者個人行星有相位，當事人會批判及重塑自己的想法，並將這些新觀念強加於人。當事人可能會發現自己陷入智力方面的權力鬥爭。旅行也會為當事人的生命造成徹底改變。

冥王星在第四宮：這個過運會在家庭以及跟居家相關的事情上造成徹底改變。當事人會重塑生活的基礎架構，策劃未來走向。他可能會在私生活中受某些人深切影響，對他造成一些個人及內在層面的徹底變化。一些事情會結束，並且看到新開始。當事人也可能會搬家。如果冥王星在四宮與四宮主星、八宮主星、太陽或月亮形成困難相位，就可能會經歷權力紛爭、結束和死亡等困難。

冥王星在第五宮：這種過運註定會帶來和孩子相關的事件、與孩子關係上的重大變化、和性與愛情相關的轉變與危機，以及對愛情的渴望。如果冥王星和月亮、太陽或上升主星有困難相位，當事人可能會經歷愛情及性方面的轉化。如果冥王星和五宮主星有困難相位，便無可避免會遇上與孩子相關的問題。在此過運期間，會重新定義和重構與孩子的關係。孩子可能會在此過運時離開家庭。投機買賣也可能會引起當事人關注。

冥王星在第六宮：如果這個過運與月亮、太陽、上升主星，或者是六宮主星有困難相位，當事人在健康方面會承受壓力；他可能會有神經和心理方面的問題，或者需要改變他的飲食習慣和生活方式，亦可能在日常作息中作出一些改變。他可能會比過去更多地服務及幫助他人。他的事業也可能會徹底改變，日常工作需要作出調整，可能會與同事或下屬發生權力鬥爭之事。如果當事人有飼養寵物，牠們可能需要主人密集式的照顧。

冥王星在第七宮：當過運冥王星在這個始宮時，關係上的改變及轉化是無可避免的。當事人需要重新定義他的人際關係，也可能會加深關係，並且經歷權力鬥爭，尤其當冥王星和太陽、月亮、上升主星、七宮主星或金星有相位時。如果它們是困難相位，那麼當事人會在人際關係中感到壓力及麻煩。離婚可能是結局之一。一些法律事務也會排到日程上。如果冥王星和本命行星有和諧相位，當事人會通過人際關係的幫助而獲得權力。他遇到的權力人士可能會助他一臂之力。這個過運也顯示當事人的伴侶需要重構他或她的生活，並為自己的渴求而奮鬥。

冥王星在第八宮：在這個過運中，當事人所面對的主題與別人的金錢、死亡及遺產等有關。當事人會經歷重大而無可避免的變化及挑戰，而這些都與伴侶的金錢（如果過運的冥王星與二宮主星、八宮主星有連結）、貸款和負債有所關連。當事人的支出會增加，並且不知道如何處理這些問題。如果冥王星的過運與本命行星有正面連結，當事人會從別人身上獲得財務支持。

冥王星在第九宮：此過運的正面會令人對世俗、靈性和宗教事務有深入的理解。當事人可能會在信仰、人生觀以及想法上徹底地改變。他可能會新認識具有超凡魅力和影響力的人物，這些人具有改變他觀念的能力。如果冥王星和重要的行星以及三宮主星、九宮主星有困難相位，當事人可能會經歷一些與教育、旅遊及法律事務相關的危機。他可能需要出國工作或學習，因而使他面臨挑戰。當事人可能會深入探討占星學或類似的課題。

冥王星在第十宮：這是個非常強勢的過運。當事人會發現自己正面對比以往更多的挑戰。他可能需要作出徹底的改變來實現自己的天命。如果冥王星和重要的行星（尤其是太陽和天頂主星）有困難相位，當事人可能會經歷重大挑戰，並與那些對其目標和職業有掌控權的人產生重大變化和問題。這個過運顯示了當事人要展現他的力量來實現自我。他可能會比過去更常曝露於大眾目光之中，更強勢地展現權力、提升魅力和影響力。如果他的星盤本身也有此徵象支持這一點，他便會濫用其地位去獲取更多權力——如果在困難相位的情況下冒這種風險，當事人可能會受辱。

冥王星在第十一宮：這是個對於期望很重要的時刻。當事人可能會在願景、社群和朋友等方面經歷改變。如果冥王星和最重要的行星或十一宮主星有困難相位，當事人可能會見證朋友的死亡或他們之中的問題或陰謀。他的身邊會有冥王星型（具影響力、充滿魅力和不擇手段）的人出現。假如本命盤中本來就有這種傾向，當事人會為社會理想而奮鬥、在大型團體中展現他的力量、認識有權勢的人，以及參加一些秘密及神秘團體。如果冥王星和本命行星有和諧相位，當事人會受到一些有權勢的朋友提攜。他可能會賺到更多金錢。

冥王星在第十二宮：在這個過運中，當事人會向內在尋求力量。他可能會獨處和沉思，為轉化而作準備。如果冥王星和重要的行星或十二宮主星有困難相位，當事人可能會經歷一些嚴重的疾病或心理失衡。生活中的損失及挑戰、無法掌控的事件、與神秘人士的關係，以及一些無法實現的改變，可能會讓當事人的心智健康失去平衡。一些隱藏的敵意也可能會產生。當事人可能對形上學發展出興趣。

過運冥王星的相位

合相：冥王星的合相帶來高度專注。我們正在關注的主題，可能會面臨重大而刻意的改變。從正面角度來看，冥王星帶來決斷力及魅力，但這種力量不應被濫用，因為它強大到足以令人失去自我。這股能量可以是建設性的，也可以是破壞性的，能喚醒及激活一些事物。當事人可能會表現出強迫性行為。如果當事人從未能展示他的力量，這種過運便會讓他有所行動。由於這會帶來面對挑戰的力量，他會找到機會去達成不可能的事情；他不再受任何限制所束縛。這種過運會帶來難以置信的力量及意志。當事人必須借助過運的覺醒效應，發現自我的內在力量。他會感受到重獲新生的能量。另一方面，也可能對任何事物都非常認真，並受事件深切影響。當事人也可能對一些以往沒察覺到的事物感到渴求。

四分相及對分相：與冥王星產生這類相位時，外在的影響會更為活躍。四分相會使事件發展得更迅速；而對分相則會將事情拖延一段時期。其影響發人深省、具有挑戰性，而且會將人推入權力鬥爭。這類相位會帶來壓力、暴力及威脅。謀殺、大屠殺及屠戮都與冥王星有關。冥王星的四分相與對分相帶來避無可避的轉化。對分相會令秘密畢露。當事人必須轉化才能度過難關，愈抗拒改變將愈發感到痛苦。

六分相及三分相：具影響力的人提供支持，會為當事人帶來正面結果。當事人可能想要成為最傑出之人，並對此有深刻的渴求。他可能會發現自己正走在命中註定的道路上，而這條路正幫助他走向人生目標。冥王星的和諧相位也會提供集體支援，為當事人帶來決斷力、活力、魅力、自律、強烈的意願及成為先鋒的能力。這類冥王星相位的影響取決於我們處理上述的能力。

過運冥王星與本命行星的相位

冥王星－太陽：性格可能經歷巨大改變。這個相位的關鍵詞包括：渴望改變、追求成功的野心、強大的專注力、為達成目標而使用自己的能力、展現領導才能、直言相告、勇氣、力量、刻苦工作、積極主動、不受困難阻撓、強迫、拒絕膚淺、改變生活觀念及自我主義。如果當事人在此過運前都沒運用過太陽的主導性，這個相位便會促使他發揮主導能力。和諧相位會帶來權威人士的支持、展現魅力和力量的本領、獲得別人認可、輕而易舉的改變、在組織中獲得成功（六分相需要一些努力；三分相很容易帶來成功，即使處於被動模式）、健康的身體、能量和活力、企業家精神、坦誠和勇氣——因此，當事人即使在不可能的情況下也能獲取成功，並強烈地影響他人。困難相位則可能會壓制並冒犯他人。當事人可能會傾向於操縱事情、動用武力、壓制一些威脅，並激怒他人。在對分相下，可能會出現權力鬥爭；他可能會濫用權力並辱罵別人。他還可能會經歷與男性及父權人物有關的問題。當事人可能想要在關係中當主導者，並總是想成為正確的一方。在四分相下，性格中殘酷專橫的一面可能會對一個人的健康造成負面影響。拒絕改變可能會造成更大的破壞。

冥王星－月亮：即使在會合的狀態下，這也並非一個良好的組合（與冥王星－太陽相比是較困難的），因為激烈的冥王星衝擊了優雅的月亮。在冥王星和月亮的連結中，當事人可能會體驗到情緒壓抑和情感對精神狀態的威脅。這些相位還會對家庭造成壓力。當事人可能會關注母親、配偶或其他女性，也可能在家庭方面有所變化。這個過運會使當事人改變習慣。從正面角度來看，他的情感會更加深入。與女性和家庭的關係上，當事人可能會具有建設性；他可能會注重人性，並產生強烈的歸屬感。在這個過運期間，他可能需要在家庭方面作出一些改變。如果冥王星和月亮之間的是困難相位，那麼當事人就可能經歷一些與母親或配偶相關的破壞性事件，甚至是她們的死亡。一些過去的事情會浮出水面，甚至引起麻煩。在冥王星－月亮的對分相下，當事人可能會有跟女性相關的麻煩或者情感上的拉扯。當事人可能會抗爭，但同時內心也會受傷。在關係中，他充滿佔有慾、嫉妒和懷疑。冥王星和月亮的四分相可能會帶來健康問題，當事人可能會遇上困難，令他需要改變日常生活和態度。如果月亮在變動星座，便較容易作出這些改變。環境會挑戰當事人的弱點。在這個過運的影響下，當事人可能會感到情緒和身體上的不安。

冥王星－水星：冥王星與負責溝通的水星之間所形成的相位，可能會發展出溝通技巧。它們的合相能加強心智上的專注力——當事人能輕易地把心思集中在任何課題上。這個相位很適合進行研究或其他心智活動。當事人樂於學習新事物，可能會重新架構一些想法，並轉化舊有的觀念；心智能力得以增強。他可能會專注於任何課題上，並在特定領域上取得專業知識。和諧相位會帶來寫作和演講的才能。當事人可能會以改革和創新的方式思考；他會打破心智的圍牆，並作出轉化。如果兩者之間有困難相位，當事人可能會多疑、偏執、刻薄、執著、直言不諱。洞察力會增強，但也可能會變得瘋狂且執著。他應當保留靈活性，並與變化保持同步。挑戰性相位可能會使當事人壓制別人的想法——將自己的想法強加於人、脅迫及指責別人。這種困難的過運可能會令人感到沮喪。

冥王星－金星：這個過運為私人關係方面帶來重建及覺知。在合相下，當事人想要讓自己踏上一個截然不同的舞台。他會深入並轉化他的關係，其欲望會增強，這個過運還會帶來對特定某人的堅持。在冥王星－金星合相、四分相或對分相下，我們就別指望關係能和諧暢順了。在冥王星－金星會合時，比起順暢、膚淺的關係，當事人更需要一種深層關係。他可能會不時感到壓力，需要去表達其感受，也可能對其他人施加壓力。從負面角度來看，當事人可能會濫用權力（尤其在關係之中）、操弄事情、向別人施壓、經歷權力鬥爭和陰謀詭計。在關係當中，新的態度是無可避免的。慾望可能會引發麻煩，比如說，當事人可能會喜歡上某人，即使對方已經結婚了，而這可能會給對方的婚姻帶來很大困擾。另一方面，新關係在此影響下並不長久，這對情侶可能會因為嫉妒和過度佔有慾而產生問題。由於金星代表我們喜愛的事物，飲食習慣也可能會在此期間被迫改變。這兩顆行星的和諧相位會幫助當事人展現魅力、輕易地作財務安排、從別人身上獲得支持，以及跟有影響力人士建立良好關係。在會合、三分相和六分相時，可能會開展重要的關係或友誼。由於金星代表創造性的藝術天賦，這些天賦可能會在強烈的冥王星過運時得到激發，而在困難相位時會更加明顯，舉例來說：一個在愛情中經歷了戲劇性轉變的人，會將自己的情感導入藝術當中，創造出美妙而激進的藝術作品。

冥王星－火星：因為冥王星是「高八度」的火星，當冥王星的過運與火星形成相位時，火星的性質會更加明顯。困難相位可能強調了意外、暴力和爭鬥。這些相位可能會對生命造成危險。合相帶來了高度專注，由於顯現出來的能量過高，必須以某種方式加以引導才行。當事人可能變得更勇敢自信。這個過運會推動當事人去行動，激發其競爭本能並增強了維護自身領導權的慾望。不當地運用這個過運會帶來侵略性和有勇無謀，從而給當事人產生一些麻煩。他可能為了獲取權力而魯莽行動。像四分相和對分相般的困難相位可能會帶來暴力、意外及死亡等風險。過分誇大的冒險之心高漲，當事人會想去實現不可能的事情。和諧相位增強了當事人的行動力，引導他在最艱難的事情上輕易地步向成功。他可能擁有晉升的機會。由於勇氣和能量的提升，他會獲得成功，而且工作效率和耐力也會比過去有所提高。他擁有在運動中獲得勝利的潛力。當事人可能會力求轉變，因為此刻正是適當時機。

冥王星－木星：這個過運擴大了個人的權力，推動他在社交舞台上運用這種能量。它也可能誇大了個人的權力。當冥王星會合木星時，當事人會碰上機會去獲得龐大的成功，以及去認識受過良好教育、聲譽卓越或來自宗教領域的知名人士。當事人需要為成功而爭鬥，而勝出機率相當高。另一方面，當事人可能會改變或重整他的道德價值、信仰及人生觀。他可能想接觸形上學及個人發展方面的事情。這兩顆行星之間的和諧相位可能會帶來一些機會，讓當事人可增加權力、財富及拓展人脈。他可能會受到富有魅力和權力的人士支持，從而獲得成功。在這個過運和相位下，當事人很容易會找到解決法律糾紛的方法。他的倫理、道德和宗教價值觀可能會產生正面的改變。如果過運冥王星和木星形成困難相位，那麼當事人就會經歷一些錯誤、道德敗壞、缺乏自信，以及濫用這些經歷或浪費這些機遇的情況。如果本命盤中也有此徵象，便會過於冒險、傲慢及狂熱。當事人可能會在法律問題上遇到困難，並招致錢財上的損失。在宗教信仰方面，可能會出現破壞性的徹底改變。

冥王星－土星：這兩個充滿壓力的行星所形成的合相、四分相和對分相會帶來具有壓力的結果，亦顯示了當事人會經歷一些重大的考驗。首先，當事人當下必須作出結構性的改變。他的恐懼和憂慮必須被轉化，甚至被清除。這些相位會激發出轉變，但要看到過運帶來的結果，則需要花上一定的時間——當事人需要保持耐心。從正面的角度來看，這些相位增強了當事人的力量，並幫助他擺脫任何形式的壓抑，免受一切限制。當事人很容易在那些需要深度研究的領域上獲得成功。這兩顆行星的合相及困難相位可能會為他的事業造成壓力。他以為堅固及有保障的東西可能會被摧毀，難以控制情況和維持現狀。當事人需要更加務實，清理掉那些不再需要的東西。比起一成不變，他應順應時勢，在必要時作出修正——否則將會面臨更多困難。當事人可能會在商業方面更強大，工作能力得以提升。他能輕鬆地適應改變及捨棄不必要的事物。當事人可能會從年長的智者身上獲得忠告。他可能會獲得管理層的支持，實現長久的勝利。

海王星過運

海王星在黃道上的旅程要花上一百六十五年；它在每個星座逗留約十四年，每年的平均速度是 2° 至 5°。海王星的影響力是很複雜的，讓人在定義時感到困難和困惑。它會欺騙人們，令人相信那些最為不可能的事情都即將發生。它帶來困惑、不滿足、瓦解及逃避現實。當我們追求永恆的結果時，海王星的過運並無助益，甚至造成阻礙。海王星忽視邏輯，並加強了情感。這些過運讓我們超越唯物主義，變得理想化，並對集體意識敞開心靈，指引我們為集體利益而服務。海王星過運會應當事人的天賦才能，增強其想像力及創造力。

海王星在本命宮位的過運

海王星在第一宮：當事人無法用一種顯著的方式來表達自我。他不清楚自己到底想要的是甚麼，也無法直接地展露出來。他可能顯得有些神秘莫測，並表現出奇怪的態度。當事人可能走向神秘主義及靈性世界，同時直覺力也會增強。他的感受會變得理想化、整體化，並充滿了愛。在這個過運裡，其創造力和想像力會達至頂峰。如果過運海王星與太陽、月亮或上升主星形成困難相位，當事人可能會脫離現實。和諧相位會帶來靈感及豐富的想像力。

海王星在第二宮：當事人可能會在財務資源方面經歷一些轉變，並開始對財政事務展現出另一種態度。當事人可能會把金錢運用在符合他理想的事物上，以及一些與靈性相關的主題，又或者認為金錢並不重要，可能會放棄自己的財產及金錢。如果過運海王星與二宮主星、八宮主星形成困難相位，當事人可能會對一些跟金錢相關的事情感到失望，他的財務來源可能會失去平衡。如果海王星和這些宮位的主星或星盤上其他重要的象徵星有和諧相位，當事人可能會借助直覺、想像力、靈感，或透過靈性主題或藝術賺錢。

海王星在第三宮：這個過運意味著當事人在與親戚有關的事情上超越自我，並強調慈悲及愛。如果過運海王星和本命行星形成困難相位，尤其是三宮主星或水星，他可能會遭受到誤解，並且在合約相關的事情上遇到問題。他的近親可能會經歷一些詐騙、欺騙和猶豫。當事人的心智世界可能會出現混亂和不確定性；他可能會脫離現實。在這個過運中，當事人在處理合約及文書時要特別小心。如果過運海王星與太陽、月亮、上升主星、水星、三宮主星或九宮主星有和諧相位，當事人的創造力會得以提升，也可能產生嶄新想法。

海王星在第四宮：從正面的角度來看，情感主題、團結、同情以及對家庭的奉獻會增加。當海王星與太陽、月亮、上升主星或四宮主星有和諧相位時，這些情況會更為明顯。從負面角度來看，家庭會出現分離和失望。由於當事人的內心世界充滿困惑，在安排自己的生活以及為未來作決策時可能會遇上問題。舉例來說，當事人可能想搬往其他地方，卻無法下定決心。海王星和太陽、月亮、上升主星或四宮主星的困難相位可能會造成這些影響。這些壓力相位可能會令家庭蒙受損失。海王星和八宮主星的困難相位也會帶來類似的結果。

海王星在第五宮：這個過運強調了與孩子、關係及愛情有關的主題。如果過運海王星和太陽、月亮、下降主星、金星或五宮主星有困難相位，當事人可能會在浪漫關係中變得敏感，陷入情感波動、失望以及戀愛詐騙。他和孩子之間可能會產生問題，而孩子也可能出現健康問題。困難相位會給藝術領域帶來創造力，但也可能對一些令人愉悅的事物上癮。愛情上可能會發生猶豫不決和不確定的情況。當事人可能無法認清自己是否想要孩子。生活中的愉悅事物無法滿足他。如果海王星形成的是和諧相位，就能得到正面的結果。當事人可能發現自己在愛情中真正需要的是甚麼，並且在與孩子的關係中獲得精神滿足。

海王星在第六宮：如果這個過運與太陽、月亮、上升主星、六宮主星或十二宮主星形成困難相位，當事人就會遭受疾病及身體虛弱的困擾。他可能會患上一些病因不明的疾病，或會因酒精成癮而引致風險。當事人可能會對自己的日常生活不滿，或者會被欺騙。然而，如果與本命行星之間形成和諧相位，他就會對日常的工作環境感到滿足，並且想要為他人的幸福而服務。當事人可能會走進靈性議題。他可能會在商業活動中積極運用想像力、直覺及創造力。他可能會養寵物。另一方面，海王星過運的困難相位會帶來和寵物相關的損失及哀傷。

海王星在第七宮：這個過運強調的是夥伴關係。如果過運海王星和本命太陽、月亮、七宮主星或金星形成困難相位，當事人可能會在關係中經歷幻滅、失望和作出錯誤決定，他無法活出自我，反而傾向於犧牲自我。他可能會將別人理想化、脫離現實，因而作出錯誤的決定。如果海王星與水星或七宮主星形成困難相位，當事人可能會在合約、合夥、法律案件，以及在類似的生活領域上遇到困難。假如海王星和這些徵象星有和諧相位，那情況便會剛剛相反。如果海王星和七宮主星、金星或月亮有和諧相位，當事人便會擁有幸福和諧的愛情關係。通過與水星和七宮主星形成的和諧相位，當事人能借助自己的直覺，與合適的人建立關係。他也可能在關係中犧牲自我。

海王星在第八宮： 這個過運強調了共同收入與開銷、貸款與債務、死亡與遺產，以及非自然及神秘學方面的事情。如果海王星與本命太陽、月亮、二宮主星或八宮主星有困難相位，當事人可能會遭受錢財上的損失、失誤或誤導。如果過運海王星和本命水星有困難相位，當事人可能會經歷與遺產及債務有關的誤會或詐騙。此過運並非進行錢財協議的適當時機。海王星在八宮過運時，假如跟太陽、月亮及八宮主星有困難相位，當事人的父母或近親可能會去世。與上升主星的困難相位可能指示出當事人的死亡風險。如果海王星和這些徵象星有和諧相位，那情況便會截然不同。當事人會在共同努力以及貸款與債務上獲得別人的支持。他可能會靠直覺和想像力而獲取收入。對於發展神秘學和形上學方面的興趣來說，這是一個好時機。當事人在這個過運時，會比以往對生命的奧秘更感好奇。

海王星在第九宮：這個過運強調宗教議題、科學研究、含括人生觀的教學、旅行、教育事務，以及與外國人的連繫。當事人可能會經歷超越意識的狀態，走向從未踏足的靈性領域；他可能會為這些課題尋求諮詢，或出現更多夢境，從中得到更廣闊的想像。他可能會到外地旅遊。如果過運海王星與本命行星（尤其是三宮主星、九宮主星或水星）形成困難相位，當事人便會感到困惑；他可能會失去人生方向及遠景。在旅遊及教育範疇上，他會經歷失去及困境。假如過運海王星與本命木星或九宮主星有困難相位，當事人可能會在宗教領域上經歷困難及瓦解。另一方面，若過運海王星與本命行星或上述宮位的宮始點有良好相位，當事人便會拓展他的視野，在靈性領域上找到平衡，並透過預視未來趨勢而發現到真理。在教育及旅行相關的事情上，他也會獲得美好的成果。

海王星在第十宮：海王星在天頂的過運意味著海王式事件在當事人的生命中將更顯著。當事人對於自己的目標會感到難以確定、猶豫不決。為達成目標，他應該全情投入工作，並超越自我。當事人可能會致力於神聖計劃；會為幫助別人感到快樂。如果過運海王星在這個宮位裡與本命行星或十宮主星有困難相位，當事人在事業上會遇到問題、詐騙及分離；可能會牽涉到醜聞之中。對於當權者及高層，當事人可能會感到失望。另一方面，假如過運海王星與本命行星或一宮主星、十宮主星有良好相位，當事人會在直覺的幫助及重要人物的支持與愛護下作出正確的決定。當事人在需要藝術及創作才華、想像力及設計技巧的工作上會獲取成功。

海王星在第十一宮：這個過運強調與朋友及社團的關係。當事人會認識海王星型（具有創意、直覺、忠誠、靈性）的人，或參與海王星型（靈性）的團體。這是一個追求理想目標的時期，但不應脫離現實。假使過運海王星與本命行星，尤其是太陽、天頂主星、上升主星及十一宮主星有困難相位，當事人就會因朋友或社交環境而感到失望。如果過運海王星與本命水星形成困難相位，當事人會被社交圈所誤導；應觀察本命盤中與此相關的部分。若過運海王星與上述因子有良好相位，當事人就會得到社交圈的支持，也有機會去幫助別人。當事人對待朋友時，會以愛與奉獻為首。

海王星在第十二宮：此過運強調孤立、脫離日常生活、冥想及祈禱、幕後事件、隱藏敵人，以及難以掌控的情況。海王星會讓人走向靈性活動及冥想，當事人會在此過運期間對這些事物感興趣。這是一個發掘內在智慧的好時機，但當事人可能會徹底遠離日常生活。他可能會脫離現實，拋開日常生活的責任。在此宮位的過運海王星若與本命太陽、水星、土星、天頂主星或上升主星有困難相位，當事人可能會陷入想像之中，思維變得散亂，並難以決定方向，也可能會無視責任及失控。他可能會遭受暗箱操作及隱藏敵人的攻擊。如果過運海王星與本命月亮、金星或下降點主星有困難相位，當事人可能會在浪漫關係中經歷失望及欺騙。

過運海王星的相位

合相：要瞭解海王星在合相中的角色，可能需要花上一點時間。它可能會帶來溫柔、和解、瓦解、直覺、心靈感應能力及靈性傾向。當事人可能會認識到海王星型朋友，改變了他的人生進程，其影響會根據合相的行星有所轉變。海王星對吉性的月亮及金星感到舒適：與這些行星合相會帶來浪漫、同理心及奉獻。但海王星在本質上與太陽及水星並不相配，因這些行星代表意志及邏輯——這種合相會帶來邏輯及意志力上的瓦解。與太陽及火星的合相會產生緩和效果，並讓人熱衷於生命中的挑戰。與火星的合相會減弱能量及降低張力，同時也會造成行動上的困難。海王星的理想化特質與木星很匹配，從而帶來平靜與靈性。與土星的合相會帶來標準模式的瓦解；當事人會難以維持紀律。

四分相及對分相：這些相位會令人遐想、失望、將別人理想化、經歷欺騙及幻滅、誇大、缺乏理想、無法認清現實、缺乏熱枕。可能會出現誤解及瓦解，也會散播錯誤的資訊。然而，創造力會達至頂峰。唯物主義及邏輯型的人可能會走向靈性及直覺。當事人身邊的海王星型人物可能會責怪他的唯物主義，並引導他走向靈性層面。他會難以在現實及靈性、邏輯及直覺之間取得平衡。

六分相及三分相：當事人會輕易地展現其靈性及奉獻精神。他在平衡唯物主義及靈性、邏輯及直覺時毫無難度。對於神聖的主題不會感到壓力，好像這些主題早就存在於當事人的周遭。當事人會以理想化的方式，為別人謀取幸福；藝術才華及創作能力會增強，並在超越物質層面上找到人生的意義。

過運海王星與本命行星的相位

海王星－太陽：太陽代表自我及權威人士。太陽與海王星在本質上並不相符。因此，太陽及海王星的對分相、四分相及合相（或其他次要及困難相位）會令當事人在展現自我時產生一些問題。此過運可能會令當事人在生活中面對權力人士或男性形象（老闆、父親、丈夫等等）時缺乏自信。當這兩顆行星合相時，當事人會被導向靈性主題。他可能會去關心一些有需要的人，並對身邊的事情很敏感。如果太陽與其他本命行星的相位亦支持這徵象，當事人便會有豐富的靈感，並充滿直覺。如果太陽與本命行星形成困難相位，這些壓力會帶來心理問題及不滿。當事人可能會脫離目標的軌道，逃離原有生活。他可能出現健康問題，並因為靈性經驗而難以適應現實。這兩顆行星的合相及其他和諧相位可能會對靈性體驗有所助益。當事人可能會正確地運用直覺；他會以慈悲待人，樂於幫助他們。他可能對神聖及宗教議題感興趣，並想要理解生命中的深層意義。他的想像力及創造力會提升，如果本命盤也有此徵象支持這一點，便可能在藝術領域上受到認可。這個過運會令人超越唯物主義。

海王星－月亮：月亮代表著我們生命的情感方向，連繫到我們的本能及需求。過運海王星與本命月亮的相位令當事人更情緒化，對他人更有同理心，亦會專注在自我的情感需求與渴望上（合相時會更明顯）。他強烈渴望在情感上與人融為一體，但也可能變得過於敏感，而且情感渙散。也可能會出現抑鬱、不滿等心理問題，尤其當月亮有困難相位時會更明顯；還可能會跟家庭及女性（尤其是母親及妻子）發生情感上的問題。過運海王星與月亮若有困難相位，可能會對與女性、母親、妻子（在男性星盤）的關係感到失望，也會出現健康問題。因月亮與身體健康有關，當事人的胃部及胸部可能會有過敏情況，亦可能會經歷心理不平衡、悲觀、壓力、過敏反應、過份敏感、誤解，或由情感所致的欺騙等。本命月亮與過運海王星的和諧相位會帶來同理心、創意、靈感、敏銳、與女性的忠誠關係、理想、慈悲，以及幫助別人的渴求。

海王星－水星：海王星（象徵想像及直覺）與水星（象徵思維、邏輯及理性）的相位並不輕鬆，尤其當本命盤的水星落在理性的星座上時。合相會令人思緒渙散，所以這並非作重大決定的好時機。由於心智混亂，當事人可能無法清晰地表達自己。如果過運海王星與本命水星形成的是困難相位，他可能會做出錯誤的決定，也可能會脫離現實。在海王星與水星有困難相位時，並不建議當事人簽署合約，而且在買賣及商業活動上應當小心。這兩顆行星的合相或和諧相位會讓人走向靈性及形上學的議題，令當事人善於表達其想像力及靈感。他可能會展現出理想化的想法、創造力、直覺及浪漫主義。理性與非理性之間會取得平衡。此時是學習或教授靈性課題的理想時機。

海王星－金星：海王星在本質上與金星相似，所以它們的相位並不會帶來太大問題。這些相位帶來藝術領域上的靈感及創意。情感及浪漫效應會在合相中更為明顯。當事人會喜歡與別人融為一體，並致力為人類謀取幸福。在親密關係裡，他常為別人設想，並為對方奉獻。尤其當海王星與金星有緊張相位時，就會陷入將伴侶過份理想化的危機，而最後會感到失望或遭受蒙騙。柏拉圖式的浪漫（並最後因而受苦）是這個過運的困難一面。當事人可能對愛情及關係有過高期望、盲目行動，並遭受誹謗及牽涉於醜聞之中，尤其當本命盤也支持這一點時。這兩顆行星的和諧相位會帶來平衡而和諧的關係。在此過運期間，情感表達會很暢順，而雙方也樂於為彼此付出。

海王星－火星：這些相位有緩和效果，而並非活躍及運作性的，它們會降低行動所需要的努力。當事人如需行動、作出反應，要果斷及堅強時，面對這種相位便會感到困難。當事人的身體會因缺少活力而變得懶散。過運海王星與本命火星的合相、四分相及對分相可能會削弱免疫系統，引致過敏反應。當事人可能會因粗心大意及漫不經心而發生意外。他可能沒有自信、感到不滿，或充滿恐懼及擔憂。難以執行決策及尋找方向，可能會在工作及冒險時經歷欺騙、幻滅及誤解。如果是困難相位，當事人應遠離高危險的事。另一方面，和諧相位會將當事人的能量及付出導向靈性、形上學及宗教議題。當事人能在冒險中平衡自我。這並不是表現勇氣的時候，但這個過運可以展現出當事人的理想主義，以及幫助他在這個範疇上展現努力的一面。

海王星－木星：由於海王星及木星均為雙魚座的主星（譯註：古典占星雙魚座主星僅為木星），兩者的相位會是輕鬆的。合相會激發木星的理想主義、想像力及擴張的渴望。當事人會對神秘、靈性、宗教及神聖的議題感興趣。困難相位會令人走向極端主義、白日夢、理想主義及狂熱；當事人會容易受到辱罵。他可能會脫離現實，其善意及慷慨可能會被他人濫用。在財務方面可能會遭受欺騙及剝削，因此這對投資來說是一個充滿風險的時期。當事人可能會因期望太高而感到失望。他可能會在教育事務上遇到問題、失望及出錯。和諧相位會帶來靈性層面的發展及教育與法律方面的正面成果。在帶有理想主義的冒險、教育及法律事務上，很大機會得到樂觀正向的結果。和諧相位還會令人變得慷慨，包括物質及精神層面。

海王星－土星：這個過運讓當事人拋開習慣模式、放下原則及模糊界線。由於海王星及土星在本質上相反，要處理它們的四分相及對分相並不容易。合相則稍為輕鬆點——當事人可能會輕易放寬他嚴格遵守的原則，並樂於這樣做。將他推至恐懼及憂慮的情況會在這組合相下開始融解。當然，這可能會動搖他的根基，使他逃離現實，尤其當海王星與本命土星形成困難相位時。困難相位會毫無因由地引致憂慮及恐懼。當事人可能會遭遇財政及商業事務上的崩壞；他可能會陷入醜聞之中，以至於無法維持現在的狀態及地位。多年來努力建立的根基，可能會被摧毀得七零八落。他的事業會停滯不前。困難相位還可能會引發抑鬱、恐懼及妄想。和諧相位可幫助當事人以積極的方式運用物質層面的事物，並實現他的夢想。在此期間，他對哲學及靈性主題感到興趣；可能會參與這方面的訓練，並將它們帶進現實裡。

天王星過運

天王星在黃道上的旅程要用上八十四年；它在每個星座逗留約七年左右，並有五個月逆行時期，平均速度為每天 2'。天王星過運會帶來意料之外、震驚、非比尋常及快速的結果。我們會突然遇上極正面或極負面的事情。這種過運會改變固有及所謂的社會規條。它們幫助我們擺脫厭倦的事物，賦予我們煥然一新的生命。假如我們想要安於現狀，便會陷入麻煩之中。它們會喚醒及刺激思維，帶來無限的演化。它們激活並促進一個人的能量。基於天王星的電力特質，這些過運會帶來緊張及焦慮，但只要我們有足夠的應對能力，便能輕鬆度過這段時期。這種相位會幫我們開拓嶄新事物。對自由的渴求會在此時成為主導。

天王星在本命宮位的過運

天王星在第一宮：天王星在這個宮位會為當事人的生命帶來突如其來及意料之外的決定、改變和革新。他可能會用截然不同的風格去表達自己，令自己別樹一格。這正是一個拆除舊有模式、進行翻新的時機。他需要自由，並對變化及新事物更感興趣。他對舊有的習慣感到厭倦，可能會在外型、態度及談吐舉止上作出改變。他會感到更有活力及動力，並且用一種與過去不同的方式去理解世界；面對生活時會展現出獨創、意想不到、反叛的態度。他可能會用神經質的方式作出反應。對於自由的渴求不斷提升，促使他結束一些舊有關係。其他人可能無法適應當事人的轉變，尤其當過運天王星與七宮主星或金星合相、四分相或對分相時會更為明顯。這個過運也會帶來健康上的突變——當事人可能會經歷意外或行動不便，尤其當天王星與上升主星、月亮、太陽或六宮主星形成困難相位時。

天王星在第二宮：這個過運強調在當事人的財政狀況及價值觀上出現突然及意想不到的發展。他的收入會時起時落，難以維持固定收入——尤其當天王星與二宮主星、八宮主星或幸運點形成困難相位時會更加明顯，甚至令當事人遭受財務損失。另一方面，假如過運天王星與上述因子形成和諧相位，當事人可能會獲得意外的收入。他原有的東西可能會升值。當天王星在此宮位過運時，當事人對金錢的看法也會改變。他可能會發現全新的賺錢方式，也可能通過另類的科學領域、新發現及占星學來賺錢。

天王星在第三宮：天王星在這個宮位的過運強調與兄弟姊妹、近親有關的突然和意外發展，伴隨著一些不尋常事件。當事人可能會轉變他的社交圈子。他在溝通方式及處事態度上也會出現變化。這正是當事人改變心智及學習新事物的時刻。他可能會在各類課題上延續學習，尤其當過運天王星與三宮主星、九宮主星或水星形成相位時會更為顯著。在此階段，當事人會產生創意點子、發明及發現。和諧相位帶來與教育、出版、旅行、手足相關的驚喜和機會。困難相位為這些範疇帶來出人意表、意料之外的改變。當過運天王星與本命行星（尤其是火星）有困難相位時，當事人在旅行時可能會遇上事故。

天王星在第四宮：天王星在此宮的過運強調在家族及家事上，會有突如其來及意外的發展。當天王星在星盤裡最私密的位置過運時，當事人無法靜止不動——他可能會以無法預料的方式搬遷到其他地方，又或者會裝修房子，尤其在天王星與四宮主星、上升、上升主星、太陽或月亮形成困難相位時會更加明顯。這個過運會為家庭帶來分離及不安。當事人可能難以安定下來，或被迫要搬往另一所房子去。假如是和諧相位，當事人會樂於做出此類改變，但如果是困難相位，當事人或他的家庭可能無法在身處的地方感到安全及安寧。過去的一些事情可能會以驚人的方式再現。他可能會經歷一些與未來目標有關的轉變，並反映於事業上（第十宮）。假如過運天王星與本命行星有和諧相位，當事人便可輕鬆面對這些突然而快速的轉變。

天王星在第五宮：這個過運會為戀愛生活及關係帶來刺激效果。在此期間，關係會難以穩定下來，取而代之的是驚喜、急速發展、預料之外的開始及結束。當事人會在戀愛生活中尋求刺激，可能會與怪異的人建立關係。當事人可能會在關係中經歷分離及意想不到的驚嚇，尤其當天王星與五宮主星或七宮主星、金星形成困難相位時，更可能出現非比尋常的性愛經驗。由於第五宮也主管孩子，當事人也可能面對孩子健康上的轉變，以及與他們的關係上有徹底改變。金融上的投機可能招致損失。和諧相位會帶來與孩子相關的美好驚喜、突如其來的愉悅戀愛，自由也會得以強調。這也是一個投入各種興趣的好時機。創意會受到激發，當事人會用另一種方式來表達自我，也可能成為自由職業者。

天王星在第六宮：這個過運代表當事人可能會因突發事件而擺脫原本的日常作息。當事人可能在工作生涯、同僚關係、工作環境及目前的職位上遇到轉變。假如過運天王星與六宮主星或上升主星形成困難相位，當事人可能會在組織日常工作時遇到麻煩及意料之外的轉變。如果星盤本身有此徵象也支持這一點，他也可能經歷意想不到的健康問題，如神經疾病及血壓不穩定。當事人可能會在工作方式及態度上有所改變，也可能對其他領域感到興趣。如果過運天王星與六宮主星、天頂、太陽或十一宮主星有良好相位，他可能會經歷突如其來的良好發展、升職及轉變。他也可能出人意料地決定養寵物。

天王星在第七宮：天王星在此宮位過運強調了在關係上突然及無法預料的發展。在一對一的關係上，這個過運可能會帶來挑戰。在過運期間，當事人會渴望自由，無法接受別人的支配。在此時期可能會閃電結婚或離婚，無法擁有穩定的關係。他可能會表現得怪異而不可靠，也可能喜歡上非比尋常的人。現有的關係難以維繫，因為早已變得單調無趣；若然雙方都沒有致力挽救，這段關係終會告吹。叛逆的態度會傷害彼此的關係，尤其當天王星與上升主星、下降主星或金星形成困難相位時。這種困難相位也象徵配偶或合夥人的突發性轉變。和諧相位會帶來突如其來的關係、合夥及商業性合作。關係可能會跨出枯燥乏味的模式，產生激情。當事人的伴侶也會經歷快速而正面的發展。

天王星在第八宮：這可能會帶來危機及戲劇性的變化。此宮位在本質上帶來命中註定的事件。第八宮在古典及現代占星學裡均與死亡有關，也與玄秘事物及形上學有關。因此在天王星過運期間，這些議題會佔據了當事人的生活。他可能會目擊突發性的死亡，以及與遺產、償付有關的意外情況，尤其當過運天王星與八宮主星形成困難相位時。如果天王星與四宮主星、十宮主星、太陽或月亮有困難相位，當事人的父母可能會去世、經歷性命攸關的危機或接受手術。與上升主星、太陽或月亮的困難相位，意味著當事人會陷入生死攸關的情況。假如天王星與二宮主星、八宮主星或幸運點主星形成困難相位，當事人可能會遇上突如其來的財務虧損及危機。他也可能在涉及他人錢財的問題上遇到麻煩，例如配偶或伴侶會遇上無法預料的財務問題。信貸、債務、稅務及保險都可能會引發財務動盪及損失。另一方面，和諧相位會透過借錢、償付、遺產及其他財務來源帶來急速而突然的收入，也可能透過合夥關係而賺錢。

天王星在第九宮：這個過運帶來覺察及啟蒙。當事人的視野會拓展，加速個人成長。在此期間，當事人願意接受新想法、旅遊、與外國人交流、網上貿易、科學技術方面的機遇。他可能會參加一些與占星學、另類科學等相關的課程及研討會，並接觸更廣泛的圈子、去旅行、與外國人合作，尤其當過運天王星與三宮主星或九宮主星、水星、木星或太陽形成和諧相位時。當事人可能會產生獨創的想法，並進一步擴展。假如天王星與本命行星，尤其是上升主星、天頂主星、水星、木星或太陽形成困難相位，當事人可能會動搖其信念。他可能會發現目前的想法並不合情理，最後在自己所信仰的價值上遇到問題。他可能會在旅遊及外國相關的事情上遇到難題，也可能與道德敗壞的人進行傷風敗俗及不法之事。

天王星在第十宮：天王星在天頂的過運，可能會為當事人的生命及工作帶來徹底改變。可能會發生一些命中註定的事情，幫助他找到人生新方向。當事人可能會享受從前不喜歡的工作，嘗試那些未經測試的技術。他可能會在這個過運中遇上管理層的變動，以及突如其來的工作機會。假如過運與天頂主星、太陽或事業的象徵因子有困難相位，那麼當事人會被迫經歷一些具挑戰性的發展，並因而感到困擾。他可能會被開除或失去高職位。如果天王星與上述的象徵因子形成和諧相位，那麼變化就會較輕鬆及迅速，當事人可能會受到公眾的認可。正面的相位引發正面的形象，而困難相位則對他產生負面影響。即使天王星和本命行星之間沒有相位，他的公眾形象也會改變。當事人可能會對非比尋常的主題，例如占星學、形上學及人道主義等感興趣。在此過運期間，當事人可能會勇於作出新冒險，以及在生活中作出改變。他可能會抵抗從前的境況，並難以接受別人的權威。他會主動把自己個性化的一面放在第一位。

天王星在第十一宮：在此過運期間，當事人在社交圈子上會經歷重大改變。他可能會參與各種團體（例如占星學、形上學的學習小組），並認識到一些影響他整個人生的人物。他會把那些抱有共同理想的人放在首位。對於那些沒有共同想法的人，關係則會有所改變；他可能不再喜歡他的老朋友及過去的社交圈子。隨著志向及期望都改變，長期關係可能宣告結束。假如過運天王星與上升或天頂主星、太陽、水星或十一宮主星有困難相位，那些身不由己的改變便會是艱苦的，困難和爭執均會出現。如果天王星與二宮主星或宮內行星有困難相位，當事人可能會因金錢而跟朋友產生一些問題。第十一宮與創業（由第十宮代表）而產生的收入有關，所以天王星在此過運會帶來重大的起落。假使過運天王星與上述象徵因子有和諧相位，當事人的社交生活會順暢地變化。他可能會因突然的冒險及社交圈子的發展而受益，在社交圈子的地位也會迅速提升。

天王星在第十二宮：在這個過運期間，天王星的影響並不明顯。它可能會激發潛意識，或令隱藏敵人出現，尤其當過運天王星與十二宮主星或宮內行星合相時會更加明顯。隱藏敵人會作出意外的舉動，為當事人帶來麻煩。這可能通過與上升主星的困難相位而引發出來。十二宮與難以掌控的事件有關，所以一些突發、難以預料的事情都是當事人無法控制的。醫院、監獄，以及其他受侷限的地方所關連到的事情，都可能會在此時發生。在這個過運期間，當事人的潛意識會浮現。他可能會表達出其恐懼、焦慮，甚至乎是未發掘的才能。若然他無法抒發緊張的情緒，便可能會變得神經質（事實上他可能會令周遭都很緊張）。他也可能會自殘，或相反地戒掉一些壞習慣，例如會突然戒煙。當事人可能會在此過運時加入一些秘密團體，或者開始學習形上學。

過運天王星的相位

合相：過運天王星的合相帶來轉變、覺醒及令人震驚的影響。這顆行星的重塑特質會完全地彰顯出來。當過運天王星會合水星、太陽、上升或其主星時，這些影響會涉及個人風格。與月亮及金星合相會帶來情感及關係上的改變；與水星合相帶來想法及自我表達上的轉變，火星是行動及冒險，木星是道德觀及信仰，土星則是現有架構、原則及恐懼上的變化。

四分相及對分相：困難相位帶來突然及難以預料的分離，改變是無可避免的；外在因素會強行帶來這些改變。在對分相中會因他人而改變。假如與月亮及金星這類敏感的行星有困難相位，天王星的突發及爆發性影響便會帶來壓力——當事人會情緒爆發。這可能會引發關係上的轉向，或因為對自由的渴求而展開隨意的關係。當事人在關係中會變得桀驁不馴、不可信賴。一些隱藏的事實會被揭開。如果天王星與火星或八宮主星有四分相或對分相，便可能會發生意外事故。與水星、上升主星、天頂主星的四分相及對分相可能會推動改革。在天王星的四分相及對分相當中，很難維持現狀及安穩。當事人最好在此時保持耐心。

六分相及三分相：在天王星的和諧相位下，接受改變及重整是輕鬆的。轉變是自發性及輕易的，不受外界干擾及施壓。當事人能快速地回應，並獲得美好成果，創造力滿滿。這些相位充滿了活力。與上升主星或天頂主星、一宮或十宮內行星形成的六分相及三分相會帶來快速及意料之外的成就。

過運天王星與本命行星的相位

天王星－太陽：此相位會根據太陽在本命盤上的位置和相位決定人格方面的重大改變及發展。當事人的性格會在這個過運中突顯出來——他需要極大程度的自由。當過運天王星會合太陽時，當事人可能會對形上學、占星學及科技等過去不關注的學科感興趣。他也可能會經歷一些出乎意料及不尋常的情況，而這些都與男性形象有關的，比如父親、丈夫或權威人士。這是當事人生命中最重要的階段之一。他可能會用一種有別於以往的方式來表達自我個性。他可能會實現某種覺察和啟蒙。然而，困難相位可能為此帶來危機。他會表現得缺乏耐心和神經質。改變並非出於自願，而是被外在因素迫使而成的。當事人可能會經歷一些由權威人士帶來的壓力；可能會突然辭職或迅速地改變目標。他可能會覺得有必要去反抗現狀；會失去耐心、無法容忍。當事人可能會遇上一些意料之外的健康問題。和諧相位可能會帶來輕鬆的變化，事情會快速而順暢地發生。當事人會自發及自願地作出改變，能夠清晰地表達自己的自由及個性，從權威人士及有權力的知名人士身上獲得支持，也可能會得到快速的認可，並獲得成功。

天王星－月亮：難應付的天王星與情緒化的月亮所形成的相位，會帶來不穩定、不安及緊張。它們的合相會帶來情緒起伏、難以預料的情緒爆發，以及非自願的態度。當事人可能會經歷一些意料之外的家庭問題，尤其與母親或妻子有關。困難相位會在這些事情上帶來更多壓力。舉例來說，當事人可能會離開他的配偶或家庭（或其他方面的分離）。他可能會用一種激進及不耐煩的方式去表達情感。由於月亮與身體有關，一些健康問題也會出現。當事人應審視及改變飲食習慣及方式——與月亮的相位會令胃部變得敏感。和諧相位會為家庭及居住方面帶來快速而正面的改變。他會因為獲得了自由而更為積極主動，也能夠在日常生活中輕鬆地適應這種改變的能量。這段時期也有助於跟女性之間的關係（在和諧相位下）。

天王星－水星：天王星與比它「低八度」的水星形成相位時，會開發心智上具有遠見及前瞻性的變化及啟蒙。這對於心智刺激、新想法及教育來說是完美的時機。當事人會獲得嶄新的視角，樂於探索、發明及創造。他會傾向於快速下決定，但應避免過於倉促。在困難相位下作出這類決定時會有更高風險。在此時期，當事人的言辭可能過於苛刻，容易傷人。由於水星代表神經，與水星的困難相位會帶來神經質，以及與神經有關的健康問題。他也有很大機會出現心智問題，因為智力活動在這時期很活躍。在溝通、合同、承諾方面，可能會出現一些變化，難以維持安穩。在和諧相位下，當事人會易於表達他的原創想法，而不會受到過多批判——其他人會容易接受及認可他的意見。他能輕易地找到辦法來解決問題。和諧相位會在心智活動、數學、科學及占星學方面帶來成就。

天王星－金星：在這些相位裡，關係會變得活躍起來。當事人對於關係的想法會轉變，關係上也會產生變化。合相會對改變感到興奮。這是發生一見鍾情、激烈愛情及驚喜的時機。害羞的人可能會走出羞怯，懷著冒險心去展開新體驗。困難相位可能會帶來隨意及不尋常的關係，以及對於關係的膚淺態度。假若當事人在追求自由時失去平衡，便可能會經歷一些分離及意料之外、令人不快的情況。如果他對關係生厭，便會去尋找新戀情，但並非說明這是建立長久關係的時機，更不代表這些關係在未來會是美好的。當事人可能會與一些不可靠、奇異、不合適的人建立關係。和諧相位為當事人的關係帶來輕鬆而刺激的轉變。他會遇到驚喜又具吸引力的關係。任何天王星－金星的相位都會在藝術領域上激發創意。困難相位所帶來的創造力更為顯著，因為當事人在經歷關係不平衡時，創意才華可能會提升。合相或困難相位會為金星主管的身體部位帶來一些健康問題，與生殖系統相關的平衡失調及問題（特別是卵巢及糖尿病）也會被引發出來。

天王星－火星：這是一個充滿壓力的相位。天王星會激發火星的活躍特質，引發無法預計的問題。合相會帶來大量的能量及效能，而結果可能是破壞性的，也可能是建設性的。這種高壓能量可能導致事故、爭鬥、分離及對抗性行動也可能會出現憤怒大爆發。在四分相及對分相下，能量的表現可能會更加粗暴，當事人行動時無所畏懼。另一方面，若然當事人企圖壓抑能量，反而會造成更糟糕的結果，消耗自身的所有能量。但和諧相位會帶來平衡的能量運用——他可能（或應該）在體育運動或類似的事情上表現自己。當事人可能會勇於冒險，並達至良好結果，只要他作出合理反應，在任何需要防衛及競爭的事情上便會獲得卓越成果。他會顯露出帶著理想主義精神的高強度節奏，也可能會表現出領袖特質，影響他人並促使他們作出行動。

天王星－木星：這個過運在個人及精神發展上帶來正面影響。當事人會樂於接觸新的哲學及世界觀。此過運會支持他所渴求的改變，為他帶來冒險及新體驗。當事人會想走往遠方，廣結人緣。在合相下，他會快速地抓住機會並從中受益。可是，這些機會可能來得快、去得快。發展會迅速實現，當事人會面臨突如其來及難以預料的事件。他會因驚喜的教育機會、海外旅遊、與外國人的關係，而經歷改變一生的時刻。在和諧相位下，當事人能輕易把握這些機會。學習小組及創新項目都會成為重點。在困難相位下，要找到幸運及機遇並不容易，當事人需付出更多努力才行。他可能會經歷突如其來、難以預想的損失，也可能會質疑自己的信仰及人生觀，信念會出現徹底改變。在教育、出版、與外國人的關係、財務上可能會遇上問題。他可能因為不加思考地行動而受到傷害。這段時期不適合作出投機活動。當事人在此階段應步步為營，因為他容易作出不道德的行為。他可能會遇上法律糾紛。因對於自由及擴張有過份的渴求，正常生活可能會出現破裂。

天王星－土星：這是一個困難的過運。天王星的重塑本質正挑戰土星想維持現狀的本質。在合相下，改變的能量即將來臨——當事人有機會去經歷變化，並決定變化的方向。這是一個改變舊有模式及原則、去舊迎新的好時機。天王星那異常及覺醒的影響，會以顯著的方式彰顯在土星身上。結果令當事人改變他對現實的理解及人生觀。在和諧相位下，當事人能在可控及有計劃的範圍內作出這些轉變。他能將改變整合到生活當中也能夠在事業及社交生活上輕易地、沒有任何包袱地作出適當的改變。他也可能得到權威人士的支持。但在困難相位中，要獲取這些支持是很困難的，要進行適當的改變也絕非易事。在困難相位的影響下，所有改變並非出於自願——外在因素及事件會迫使當事人進行改變。現有的架構正在動搖。他可能會遇上財務及房屋方面的困難。由於天王星帶來對自由的渴求，而土星代表無法輕易改變，困難相位可能會導致抑鬱等健康問題。

土星過運

土星的旅程需要用上廿九至三十年，在每個星座逗留大概兩年半，逆行期為五個月。土星的過運是人生重要的，甚至是最關鍵的階段，因它決定了我們人生的航道。土星代表那些被廣為接受的規則及結構。它與責任、限制及紀律有關。它向我們展示出生命中的現實，以及現況的限制。土星會在它身處的宮位中彰顯出我們相關的責任，以及應當學習的人生課題。這些考驗是命中註定的。我們要謹記著，想從生活中獲取所需，便要為此奮鬥。如果我們不願付出，土星會帶來更多麻煩及挑戰。土星在四尖軸（第一宮、第四宮、第七宮及第十宮）的過運迫使我們要回顧及重整人生——我們需要承擔更多責任，變得更有紀律。土星過運並非輕鬆的時期，而土星過運的宮位代表在此人生範疇上的更大拉扯及更多責任。土星會在那些特定的人生領域中，展示及教導我們應當學習的課題。

土星在本命宮位的過運

土星在第一宮：當土星走過上升點，開始過運在第一宮時，舊有模式便失去效用。這正是作出重大決定、展開新循環的時機。在此期間，當事人需要作出穩健及現實的決策，因為他即將要重新定義自我、重整他的生活。他在此時會審視優先次序，需要專注在自我身上。他正面臨生命中的現實挑戰，負起更多責任，但這需要花一點時間。如果土星與本命行星形成和諧相位，那這些改變會是輕而易舉的。當事人在此階段會感到身體倦怠及無趣乏味，也可能會瘦下來，尤其當過運土星與上升主星、六宮主星、月亮或太陽會合或有相位時。困難相位更會帶來健康問題。

土星在第二宮：此過運強調當事人應當為財務及其他資產負責，而且要加倍小心。這是儲蓄及穩健投資的時機，不應參與異想天開的項目。當事人會尋求財政安穩及支援。他可能會覺得自己工作太多，收穫太少，也可能會因為未來的計劃而遇上財務問題。當事人會發掘新的賺錢途徑，可能會去諮詢財務專家關於財政及投資事務，但應避免不必要的開支及更為克制。這時很難可以財政獨立。假如過運土星與本命行星，尤其是二宮主星或八宮主星形成和諧相位，當事人並不會遭遇太大的財務問題。相反，如果土星與這些行星或月亮、太陽、上升主星形成困難相位，財務問題便會更明顯。若然土星有和諧相位，且沒有逆行，當事人可能會進行穩健持久的投資。

土星在第三宮：此過運強調了對兄弟姊妹的責任、緊密的社交圈子、教育、資訊及溝通、旅遊。這顯示出，當事人將專注在心智及教育議題、考試、寫作及閱讀。他可能會參與深入的研究，例如寫論文。他也可能在這些活動上遇到問題，例如需要拼命用功以完成他的研究，因此而悲觀及焦慮。這正是他學習如何溝通、表達想法的時期。假如過運土星與本命行星形成和諧相位，當事人會因面對現實及承擔責任而獲得成功。然而，在土星的困難相位下，他會在這些事情上遇到麻煩：可能與兄弟姊妹及親戚之間出現問題；因誤解而引致難題及分離。在過運期間可能會有兄弟姊妹離家；協議及合約也可能會出問題。

土星在第四宮：這指出了當事人會在家庭及房屋方面負起責任。這是為未來建立新基礎的時機。土星過運於此宮時，當事人會經歷與生命、事業及未來有關的挑戰。假如過運土星與本命行星，尤其是上升主星、天頂主星或太陽有困難相位，當事人可能會跌進谷底。但經過了此時期，土星開始向天頂邁進——因此當土星在此處時，當事人應打下穩健的基石，往正確的方向前進，為未來作出良好的開端，因此這是一個重要的過運。在此期間，當事人的事業可能陷入危機。他可能會遇上一些與家庭及居家有關的難題，尤其當過運土星與上升主星、天頂主星或太陽有困難相位時。與四宮主星、太陽或月亮的困難相位會帶來與父母或家人相關的壓力。當事人也可能會搬遷至另一所房子或另一個城市。

土星在第五宮：這個過運強調了當事人可能要負起跟孩子相關的、性與愛、興趣及表演藝術相關的責任。即使當事人從未想過要生育小孩，也可能會承擔起與小孩相關的責任。假如本身已育有小孩，責任便會加重，需要更堅定踏實的步伐。他可能會遇上與孩子健康有關的問題，尤其當過運土星與五宮主星或上升主星有困難相位時。假如過運土星與上升主星、下降主星、五宮主星或金星有困難相位時，他可能會遇上與愛情及性愛有關的麻煩，也可能會跟土星所代表的年長或成熟人士發生曖昧關係。對於一個人的戀愛生涯來說，這是一個問題滿佈的過運。當事人也可能會專注於興趣及體育運動，在這些領域上承擔起責任或職責。假如過運土星與五宮主星或火星形成困難相位，便可能會受到一些束縛限制。在玩樂方面會出現兩種可能性：第一，他可能會與所有玩樂活動隔絕；第二，因過度享樂而損害了健康。當事人會在股票市場及買彩票這類活動上欠缺運氣。

土星在第六宮：當土星的過運來到這個與日常作息、同僚、下屬、疾病、寵物、責任與職責、父系親屬、經工作而習得的才能有關的宮位時，當事人需要重整他的日常生活，需注意健康及飲食。過運土星若與六宮主星、十二宮主星、月亮或太陽有困難相位，便可能會帶來健康問題。當事人在此時期應當更有條理，因為他必須辛苦工作，處理繁多的細節。如此忙碌地工作，可能會危害健康。在此階段，他的工作環境可能比之前更艱苦，而職責也可能會增加。他可能對於同事或下屬的支援及表現不太滿意，有些人甚至會辭去工作，還可能會在工作中遇上紛爭及挑戰，而職責也會變得無趣乏味，尤其當過運土星與上升主星、天頂主星或六宮主星形成困難相位時會特別明顯。如果過運土星與本命行星形成和諧相位，當事人能展現出解決問題的能力，並能輕易地規劃好自己的日常工作與生活。

土星在第七宮：這個過運為婚姻、合夥及協商等一對一關係帶來考驗——由於土星會為身處的宮位帶來責任，此過運會對關係帶來影響。當事人應更務實地、耐心地對待夥伴，幫助可能身處困難的他們，並預備好跟他們討論關乎責任的事情。信任夥伴是很重要的。當事人也可能會經歷分離（尤其是那些無意義的關係），若發生在過運土星與本命行星有和諧相位時會較為輕易，特別是上升、下降及金星時。在困難相位中，影響是來自於外部因素，當事人會覺得自己是被迫去解決問題。這正是重新審視婚姻、合夥等親密關係的時機。當事人可能會被競爭者批評及反對。這是一個透過關係來學習的時刻。假如當事人在婚姻裡遇上問題，便應該去進行婚姻諮詢。如果當事人在土星過運七宮時結婚，這段婚姻便會穩定而持久——當土星處於有尊貴力量的位置時便更為可能。土星與本命行星的困難相位會帶來法律，以及與代理人有關的問題。這並非展開法律訴訟的合適時機。

土星在第八宮：此過運指示出當事人會在財務、遺產、難題、手術、共同儲蓄與資源、稅務、開支和信貸方面經歷考驗及負上更多責任。當事人應在收入及支出之間保持平衡。他可能會在付款方面遇上問題，而應審視所有投資及開支，並按此作出修改。在共同資源、款項、信貸方面，他可能會遇上難題及延遲。當事人的伴侶也可能在財務前景上遇到問題。他可能會計劃辭職，但應當確保自己能取回應有的賠償。此時並不建議當事人申請貸款、信貸或借錢，尤其當過運土星與二宮主星、八宮主星、太陽、月亮或幸運點有困難相位時。他亦可能會在遺產方面遇到問題。假如過運土星與六宮主星、十二宮主星、八宮主星、上升主星、太陽或月亮形成困難相位，當事人可能會經歷生命危險。

土星在第九宮：這個過運代表當事人在海外事務、學術、出版、旅遊、靈性事務上會有更多責任，或者會穩定下來。當事人可能會對新學科感興趣，即使過去不覺得它們有趣。他可能為了持續進步而參加培訓及付出努力，亦可能會以現實層面去重新評估他的人生觀。他會重視此階段，並在教育方面克己自律。如果當事人在海外貿易行業工作，他可能需要付出更多努力，並更為謹慎。土星代表著知識、智慧、科學及哲學上的奧秘，因此在這段過運期間，當事人會更專注在科學、宗教、靈性主題上，並在這些範疇上獲取更多知識，尤其當過運土星與上升主星、九宮主星、太陽、水星或木星形成和諧相位時會更為明顯。假如土星與這些象徵因子有困難相位，當事人在旅行時會遇上麻煩。

土星在第十宮：此過運意味著當事人會在職業、與世界聯繫、未來目標、社會地位、管理技巧、與權威人士的關係上受到考驗。這過運也表示出當事人為了成功，必須更為努力，並運用他所有的強項。假如他在過去已打好堅實的基礎，現在便會看到成果，否則他便會在此時期遭受不滿。假如過運土星與上升主星、天頂主星、太陽或其他象徵其職業的因子形成困難相位，當事人可能會轉職或面臨失敗。在任何情況下，這對當事人的工作來說，都是一個需要堅定及耐心的時刻——土星離開時便是收穫之時。當事人可能會走向不熟悉的課題，從而引發出焦慮不安。這還是專注於工作上，而並非享受生活的時期。基於專心工作的需求，當事人會感到寂寞，將所愛的人拋諸腦後。此時他只會專注在事業、責任與義務、以及獲取社會認同的需求上。過運土星與本命行星形成困難相位時，當事人應當謹慎小心，因他在社會的名望及事業上可能會受到負面的影響。他可能會因行為不受認同而遭受抹黑。

土星在第十一宮：這個過運代表當事人在社交圈子、朋友、機構、團體活動、願望、事業收支方面將會經歷考驗，並要承擔責任。他可能在團體活動及機構中負起責任，也可能在學會或慈善團體中擔任一些角色，為它們作出奉獻。如果過運土星與上升主星、天頂主星、十一宮主星或太陽有和諧相位，當事人便能輕鬆駕馭這些職責，獲得成功。另一方面，困難相位會妨礙成功，令當事人艱難地行進。從個人層面看，他在結識新朋友方面會遇上難題，也可能因意見相左而與朋友分離，也會經歷與朋友相關的限制、健康問題，甚至是死亡。當事人可能會眼見朋友離開自己。在困難相位的影響下，當事人可能難以維持他的社會地位。其他人可能會質疑他的領導才能。他可能會經歷與長期投資相關的限制，而透過行動所獲得的收入也會減少。和諧相位則會帶來較好的成果。

土星在第十二宮：此過運代表當事人正為一個新循環作準備，因為這是一個為採取行動（第一宮，始宮）而作預備的宮位（果宮）。老舊及不滿的能量需在此領域被拋開，土星在此過運時，便更加明顯地展現其本質了。壞習慣可能因其他浮上水面的問題而被戒掉，當事人會感到精神緊張。然而，這是一個淨化的時期。由於第十二宮與難以控制的因素、焦慮、隱藏敵人及疾病有關，這些主題將會充分呈現。其困難相位會引起很多問題。假如過運土星與上升主星、十二宮主星、太陽、月亮或本命土星形成和諧相位，便會較易於淨化恐懼及焦慮。由於十二宮與秘密敵人有關，當事人可能會發現有人在他背後暗中傷人。他應當小心，尤其當過運土星與本命盤中上述因子形成困難相位時。在任何情況下，這都不是一個推進現況的時機。比起積極外出，當事人應留在家中、關注內在；他應審視自己的動態。這是進行冥想的理想時期，將會為當事人帶來智慧。

過運土星的相位

合相：土星的合相會帶來責任。這正是覺察及背負起責任的時刻，因為已經無路可逃了。要繼續前進的話，便要更加務實及深思熟慮。這種相位帶來抑鬱、沮喪及限制。當事人在身體上會感受到這些影響，例如體重下降、感到疲憊及乏味，或者出現健康問題。（抑鬱是土星合相帶來的常見健康問題。）另一方面，透過穩健而持久的腳步，當事人能夠實踐他的計劃。

四分相及對分相：土星在本質上跟對分相很相似。由於對分相會帶來距離、批判及苛刻的現實（也是土星的主題），土星的對分相會帶來類似的結果，並以最大程度去揭示其影響。四分相也是困難的相位——當事人的責任會增加，可能難以獲得生活中重要人物的認可，或者會受到限制及批評。健康問題、惆悵及抑鬱都是土星在困難相位中帶來的影響。

六分相及三分相：在和諧相位下，當事人能有效地表現自己。然而，雖然這些相位是正面的，但由於土星的參與，當事人仍需努力工作及付出以維持進步及達至成功。土星的相位並不會輕易地帶來成就。當事人需為成功付上代價，但成果是永久及穩固的。土星的和諧相位會帶來權威人士的支持。當事人能較輕鬆地承擔責任，接受它們並且做所需的事情——那麼被批評的風險便會降低。

過運土星與本命行星的相位

土星－太陽：由於土星及太陽都與權威有關，所有土星－太陽的相位都強調了當事人與權威的關係，以及他自身有多大威望。過運土星與本命太陽的合相顯示出責任即將找上門，而當事人亦無處可逃。如果當事人擁抱所需的責任，他將會享受長久的成果，但這過程並不輕鬆，因土星從來不喜歡輕易達到的成就。當事人需要努力工作及付出代價。土星－太陽的合相教導我們人生課題，讓我們變得耐心及成熟。這時最好樂於接受責任。這些責任可能會把一些關於目標或男性人物，比如父親、丈夫、老闆等方面的問題顯露。當事人在事業上會很忙碌，可能會作出新投資。在此時期，他需要有條理地工作才可獲得成功。土星要求的是自律及使命感。保持現實及謹慎是尤關重要的。當事人可能會受孤立並感到寂寞，尤其當太陽在十二宮或守護該宮位時。過運土星及本命太陽的困難相位會拖慢進程——權威人士可能會妨礙當事人，而並非提供支持，令當事人面臨沉重的批評，以及喪失聲譽的風險。當事人可能會因責任而感到疲累不堪，但此時應當保持耐心。困難相位也可能會帶來健康問題，包括發生在父親、丈夫或其他男性人物身上。假如過運土星與本命太陽有和諧相位，當事人會較易達至成功。可是，他依然需要保持條理及努力工作。他亦可能會得到權威男性的支持，事業地位得以提升。

土星－月亮：土星的本質是強硬的，同時代表著保持一定距離，所以它無法與月亮融合，因月亮是富有同理心的，而且強調安全感及歸屬感。在土星－月亮合相時，情感會受到壓抑。當事人在情感上會很拘謹，也無法得到所需要的同情。他可能需要負擔起與母親、妻子等女性相關的責任；可能在飲食習慣上要限制自己，因他需要為身體負責任。對健康來說，這是一個困難的過運——當事人會容易患上抑鬱，尤其當相位是負面時，而且他可能會患上跟胃部、肺部、乳房、胸部及荷爾蒙相關的問題。他需要面對殘酷的現實及責任，亦可能會跟生活中的女性產生問題，而家居及家人都需要他來負責。舉例來說，當事人可能要搬家，或改變家裡某些東西的擺放方式。假如是和諧相位，當事人可以輕易解決因責任而引起的問題。可是，他不會獲得情緒上的自由。這是一個維持客觀及現實態度去處事的時期。此相位很適合為家居作安排、買賣房子，以及重整家庭關係。當事人可能會作出一些跟設宴款待、家庭事務、結婚及其他與住宅有關的安排。

土星－水星：土星的紀律會引發水星的系統性思維及專注力。當這兩顆行星合相時，其影響會極度明顯。由於當事人能全神貫注，他可能會去學習新東西，全情投入心智活動而沒有絲毫分心。此過運令人果斷且富有邏輯。當事人在策劃能力的幫助下會獲得成功，但也可能會很悲觀及焦慮；視野可能會過於狹窄。他可能在溝通上遇到問題，害怕被誤解，尤其當兩者形成困難相位時。在困難相位下，他無法輕易地表達自己，而且說話的自由可能受限制。他可能會有神經系統、說話及聆聽、心智方面的問題。當事人可能難以證明自己的想法。在合約協議及其他需要簽署的東西上，他會經歷延遲及限制。在溝通時也可能遇到問題及誤解。當事人可能會變得古板及偏頗，在處理生活的現實層面時會感到困難，而變得現實及物質主義更會令他感到憂鬱。然而，這兩顆行星的和諧相位會讓當事人輕易表達自己及證明他的想法。他可以毫無難度地集中注意力，並輕鬆地順應現實而生活。此過運對於制定計劃、組織團體、簽合同和作出長期決策來說，也是一個好時機。

土星－金星：這是最困難的相位之一。帶來限制及距離的土星，跟愉悅、親切的金星形成合相或其他相位時，總是為關係帶來嚴肅及距離。此時在關係中應保持認真及現實，而當事人也要為這些關係負上責任。從正面角度來看，這類相位會帶來像婚姻般命中註定、穩定及長久的關係。當事人可能會在關係中更受控及穩定，即使他以前從來沒成功做到。從負面角度來看，這時期會為關係帶來束縛及壓抑。當事人會寧願在關係中耽擱並孤立自己。他也可能會在飲食方面上限制自己。當這兩顆行星有困難相位時，關係可能會破裂；一般來說，會引發問題及分離。當事人會意識到這段關係並非他所期望的——對此感到不滿足、焦慮及驚恐。他可能會對他的人生感到不滿，不想將時間花在生活的樂趣當中。他可能會在合作經營及審美方面遇上問題，例如裝潢之類的。當這兩顆行星形成和諧相位時，當事人會輕易地維持關係及當中的信任；他會用現實的態度面對所需的責任，並從關係中獲取所需。此時會透過關係，以及與年長、成熟人士的交往而變得成熟；很大可能通過合作計劃而獲得良好成果。

土星－火星：這兩顆行星都代表壓力及挑戰，所以它們的相位會帶來困難、麻煩及挑戰性的情況。土星的限制本質與火星的活躍特質並不相容。當它們會合時，當事人想採取行動卻有心無力。要迅速行動並不容易，且需要一些耐性——此時應緩慢而謹慎地行動。當事人會面臨挑戰，此時需要的是耐力；透過刻苦努力及付出才會得到成功。由於能量下降，當事人的健康可能會受到不好的影響。他會感到疲憊、受限及壓力，並且會失去動力。當兩顆行星形成困難相位時，當事人要付出更多努力去克服問題。他可能會在事業上面對競爭，亦可能會與男性發生問題及衝突、經歷危險的境況、做手術及蒙受一些損失。當能量無法釋放時，受壓抑的能量會帶來痛苦的結果。疲倦、喪失能量及動力、人體防禦系統的健康問題或肌肉疾病都很可能發生。在和諧相位下，當事人有機會去平衡這些能量。他能夠在正確的時機採取行動，耐心地推動事情進展，作出必要的干預，並承擔適量的風險。假如當事人付出努力、行事有條理，便會獲得成功。

土星－木星：土星限制及收縮的本質與木星擴張及尋找自由的本質互相違背。因此，土星－木星的相位是困難的，即使它們有可能以正面的方式彰顯。比如，合相會帶來機會去作出平衡、有規劃及組織的發展。這時期需要的是耐性，而這個相位會為當事人發展出一套人生觀。當事人可能會獲得智慧及變得成熟，卻限制了樂觀的態度。他需要注意的是——應當現實地實踐計劃，而不再當一個夢想家。他可能會達成實際層面的成功，但卻無法完全實現他所希望的擴張及發展——有些限制依然存在。在教育及財務上，他可能會受到限制，或至少會出現一些延遲現象。當形成困難相位時，當事人在成長中的發展及自由會受限。他可能沒法輕易地運用其資源去達到成功，在平衡信念及價值觀上也可能會感到困難。從正面角度來說，這些困難相位可防止過度及不平衡的成長——土星的過運會中和木星的極端。在和諧相位下，可能會發生有規劃及條理的成長。計劃變得更加踏實，並且確保成長是有計劃的。當事人可能會贏得有影響力人士的支持。與困難相位相比，和諧相位會為職業生涯、財政及教育方面帶來一些良好的機遇。此過運可能會幫助到當事人的靈性發展。

木星過運

木星繞黃道一周的旅程為十二年。它在每個星座逗留約一年，期間會強調該宮位的主題。它的逆行時期大概為四個月。木星帶來擴張、發展及富足，伴隨著和平、保護及合作。它是最大的吉星。在木星過運的宮位，我們會樂於迎接這個宮位所象徵的機遇，並嘗試在此領域中發展自己。這些發展可能是關於靈性、身體、心智或物質層面的，也可能是關係和健康層面的。木星開拓我們的道路，土星則限制我們。它也與教育有關——帶來知識、智慧，以及對學習與研究的渴求。當事人可能會在哲學、宗教及靈性領域上改善自我。古代的占星師會將木星跟財務關聯，因此和諧相位也會帶來財務上的好消息。過運木星會帶來自信，機會也會送到當事人的懷抱中；也會令他的社交圈子擴闊，帶來團隊精神；木星也與道德及法律事務有關。由於當事人可能會過度歡愉或自信，因而受到此過運的負面影響——因過度而遭遇風險。

木星在本命宮位的過運

木星在第一宮：這個過運象徵著幸運的降臨。當事人會實現他的願望，靠近他想要達成的目標，並有機會按意願去掌控情況，自信心也會得以提升。當事人會贏得他人信任、親近之人的支持、別人的資源，並以有利的方式去運用它們。當過運木星與上升主星、天頂主星、十一宮主星、八宮主星或太陽有和諧相位時，他會輕易地享受這些好處。當事人對冒險的結果及成功抱有樂觀態度。可是，他應當劃清樂觀的界線——他會遇到很多機會，並因過份樂觀自信而糟蹋這些機會，尤其當過運木星與上升主星、太陽、水星或天頂主星有困難相位時。木星會為新興趣、旅行、教育帶來裨益。對學習及體驗新事物來說，這是一個有利的過運。如果木星在本命盤上有良好配置，而過運的木星亦與本命行星形成和諧相位時，當事人可能會開展新事業或新冒險。這個時期對個人及靈性發展、道德及宗教議題來說也是正面的；會讓當事人擴闊視野。然而，這個過運也會讓身體膨脹，意味著當事人可能會體重增加。沉迷享樂及過度開支也是這個過運的風險。

木星在第二宮：傳統上來說，此過運代表著賺錢及變得富有。木星在此處的這一年會令當事人增加收入，更會發展出賺錢及管理金錢的才能。他可能會發現到提高收入的新途徑及新的投資方式。他可能會收到新的商業及買賣建議。在此過運期間，當事人會為他的財產感到滿足——賺取到滿意的收入，並能夠財務獨立。他的財產會升值。假如過運木星與本命二宮或八宮的主星合相或形成相位，當事人在財務方面會遇上機會及機遇。由於收入增加，他會變得更自信及勇敢，但也可能會在投資中冒險或採取誇張的舉動，尤其當木星與上述因子有困難相位時會特別明顯。當事人應認清他真正想要的東西，並通過此領域去賺取收入，而不是分散在各個範疇上。過度開支及傲慢是這個過運帶來的問題。假如木星與下降點主星或八宮主星有和諧相位，有經驗的金融界人士或專家可能會給予當事人有助益的建議。他可能從可信賴的同伴身上得到支持及忠告。此過運是投資的最佳時機。

木星在第三宮：這個過運代表當事人會經歷與兄弟姊妹、親朋密友、心智活動、溝通、短程旅行、教育、寫作閱讀方面的重要發展及機遇。當事人的人生觀會擴展，偏見會減少。他會為未來策劃。他的想法可以接觸到很多人，尤其當過運木星與三宮或九宮主星、水星、太陽形成和諧相位或合相時。他對人生抱有樂觀的態度，亦會以樂觀的想法感染他人。他會有一些機會去表達自已的想法，比如透過授課、現身於社交媒體或撰寫及出版書籍，也可能會有機會發展他的心智技能。當事人可能會投入於研究、搜集資料及充實他的項目計劃；對於神的智慧、靈性及哲學感興趣；也可能精通於商業協議，並在事業上運用這些經驗。在此過運期間，他樂於接受親友的意見，並從他們身上得到財政、精神上的支持及助益。木星會為它所進入的宮位帶來和諧及和平，因此這個過運會幫助當事人與親密的朋友及親戚達成和解，並有機會與住在遠方的親戚見面。除了當事人之外，他的兄弟姊妹也會從此過運中獲益。當事人會更常出外旅行，並於旅遊期間抓到一些機會。這是進行重要會議及簽立合同的好時機。

木星在第四宮：當事人可能會在家庭及房屋相關的事情上得到機會及機遇，例如當事人可能會買房子或置產，或者搬到其他地方去，尤其當過運木星與上升主星、四宮主星或七宮主星，或者任何在四宮的本命行星有和諧相位或合相時。此過運會為家庭關係帶來正面影響——增加家庭成員，或者與家庭有關的機會。當事人會從家人身上獲得支持，而家庭成員彼此之間也慷慨對待。家居會充滿平靜、安穩的氛圍。假如過運木星與四宮主星、上升主星或月亮有和諧相位，這對於維持內心平靜、與家人的和平關係來說是一個美好的時期。

木星在第五宮：在這一年的過運裡，當事人會經歷與孩子、浪漫、創意想法、藝術才華、享樂活動及假期相關的正面發展。如果當事人想要生小孩，這便是一個正面的時期。假如他本身已育有孩子，便會看到孩子們的正向發展。他可能會為小孩作出投資，尤其當過運木星與五宮或十宮主星有和諧相位時。這個過運會增加當事人的創意。他可能會透過一種強力而全面的方式，或者藝術作品去表達自我，並創造出更多收益。他會投放更多時間在興趣及體育運動上。當事人也可能在愛情生活上經歷正面發展——愛情與性愛會帶來更大愉悅，甚至可能會與不同文化或富有經驗的人建立浪漫關係，又或者現存的關係會變得更刺激。他也可能更熱愛社交，參與很多社交活動及派對，尤其當過運木星與上升主星、五宮主星或十一宮主星形成合相或相位時。然而，當事人可能因過度玩樂而遇上風險。在股票市場交易之類的投機領域上，也可能會出現風險，尤其當過運木星與二宮主星、五宮主星、八宮主星或火星有困難相位時。

木星在第六宮：在這一年的過運中，當事人會經歷與健康、商業關係及環境的正面發展，並且會得到同事及下屬的支持。他會在工作環境中得到機會。尤其當過運木星與上升主星、十宮主星、六宮主星或太陽形成和諧相位時，可能會發展出工作技能及條件。當事人在此過運時，會在辦公室中感到愉快。他所獲得的成功與承擔的責任成正比。然而，由於六宮是果宮，所以這並非巨大的成功——木星在十宮會比六宮帶來更大成就。由於六宮代表當事人的下屬，也有可能他的下屬會升職及獲取成功，尤其當過運木星與六宮主星或三宮（第六宮起算的第十宮）主星形成和諧相位或合相時，當事人的部下可能會有出眾的表現，並通過他們的技能而受益。由於六宮是代表生病及疾病的宮位，木星在此宮過運時會帶來療癒。如果當事人在此過運時正接受治療，便可能會很快康復，尤其當過運木星與上升主星或六宮主星，或者月亮及其他星盤上象徵健康的因子形成和諧相位時。木星在第六宮的過運也有利於戒掉壞習慣。當事人應重新安排他的日常作息，花一些時間來做運動。

木星在第七宮：當事人在七宮相關的事情上會獲得機會，因這個代表合夥的宮位會充滿能量——此過運對於婚姻及商務合作來說是完美的。如果本命盤也支持這一點，當事人會遇到一個有良好財務前景的合夥人或配偶。他可能會認識到重要的名人，不論在私生活還是事業上。由於木星代表外國人，當事人也可能與外國人結婚或成為商業夥伴。七宮是一個讓我們顯露於人前的宮位，所以當木星在此過運時，當事人的成就會容易被察覺得到。他會受到社會的支持，受他人敬重。在商業諮詢上他也可能會獲取成功。他可能會從醫生、律師、財務顧問、占星師等專家身上獲得正面的建議。來自不同文化及背景的人會開闊當事人的眼界。法律問題在此時得以解決。木星的過運並不會為此宮位帶來負面影響，但開空頭支票或過高期待也可能帶來風險，尤其當上升主星或七宮主星與過運木星有困難相位時。

木星在第八宮：這個過運與共同資源、死亡與遺產、形上學有關。這個宮位代表那些當事人的財務議題，包括那些超出他可控制的財務、因他人的機會而獲益，或者面臨因他人的損失而帶來的損失。這個過運顯示了生活中的人物（例如他的合作夥伴或配偶）將經歷資金流動方面的擴展，尤其是當過運木星和上升主星、下降主星、二宮主星或八宮主星形成和諧相位時。八宮也是一個危險的宮位，但由於木星是最大吉星，所以當過運木星在這個宮位時會幫助當事人抵抗危險——假設當事人需要進行外科手術，木星在第八宮的過運便會幫助及保護他。這個宮位也和信貸、債務以及支付款項有關，所以木星在這裡的過運對這些支出亦有所幫助。當事人會發現來自他人的支持。他也能在這個過運期間拿回別人欠他的東西。保險款項、撫養孩子以及贍養費也是這個宮位的主題——在這些領域上取得正面進展，克服所有問題。由於第八宮代表了共同資源，當事人可能會運用共同擁有的金錢。假如過運木星和本命行星，比如上升主星、二宮主星或八宮主星形成困難相位，那麼便會過度地開銷，而當事人可能會因負債和支付信貸而吃苦頭。然而，假如木星和本命行星形成和諧相位，這時便是擴張信用來借貸的好時機。

木星在第九宮：在這個過運期間，當事人可能會在長途旅行、外國人、教育、出版與傳播、宗教信仰及哲學等方面經歷正面發展。旅行——不論是為了生意還是玩樂，都可能會帶來幸運及機遇，而且會令人感到愉悅。尤其當過運木星和上升主星、九宮主星、三宮主星、太陽、木星或水星形成和諧相位時，這些旅程將開拓當事人的視野。當事人可能會為了宗教而旅行。九宮也代表和外國人、旅遊業、國際事務及外貿相關的活動，所以它在此處的過運代表了相關的優勢和助益，尤其當過運木星與天頂、二宮主星、八宮主星或十一宮主星形成和諧相位時。木星本質上代表智慧和知識，會提升學習和研究的欲望，所以當事人可能會在哲學、宗教和靈性領域有所發展。這個過運對於開設講座也有助益。教育方面的事務可能會帶來成功，海外教育亦是如此。所有這些事情會在過運木星和上升主星、三宮主星、九宮主星或水星形成和諧相位或合相時會更為明顯。如果過運木星和上述的象徵因子形成困難相位，當事人可能會在相關領域上遇到困難。他可能會愚蠢地浪費掉所有機會。

木星在第十宮：當事人可能會在這個時期經歷跟商業生涯、事業、目標、與外界及權力人士溝通有關的正面發展。他能夠有效地採取行動，顯露於公眾眼前。此過運帶來的是社會地位、名譽及威望的提升。當事人在工作及管理人力上的才華會得以發展。他可能會獲得獎勵或獎項。此時是為事業走上新道路的理想時機。當過運木星與天頂、十一宮主星、上升主星、太陽或事業象徵因子形成和諧相位時，當事人會設下更高的目標。他可能會得到權力人士的支持，或得到與事業有關、富有意義的機會，也可能會在職業進修上獲益，或會接受一些培訓讓事業邁前一大步。由於木星象徵旅行，他可能會以公務為由去旅行，亦可能會與外國人簽訂合同，或將事業帶上國際舞台。過去他不在乎的計劃項目，可能會排到他的會議日程上。木星與上述的因子形成困難相位時，會為當事人帶來挑戰。他可能會過度冒險，或者投入於難以達成的創業計劃。

木星在第十一宮：當事人會在群體活動及社交生活上有積極的發展。第十一宮是代表幸運的宮位，而木星也是代表幸運的行星，因此木星是十一宮的自然守護星（譯註：十一宮為木星的喜樂宮）。他能夠在此過運中抓住很多機會。十一宮也是願望及希望之宮，當事人會增加他的願望及理想，享受到過去冒險的成果。他可能從社交關係中獲益，並且會遇上一些能幫助事業發展的人。他會受到朋友的支持，從尊敬的人身上得到忠告。他會投入於社交場合及慈善活動，此過運也是一個創立這類團體的理想時期。他在事業上的收入會提升。當過運木星與上升主星、天頂主星、十一宮主星、七宮主星或太陽形成和諧相位時，這些正面影響會更為明顯。木星與這些因子的困難相位，則會因傲慢及誇大而帶來風險。

木星在第十二宮：在此過運期間，當事人會經歷與此宮位相關的正面及負面發展。木星在這個宮位的影響，並不及在其他宮位般顯著，因為這裡是星盤中最隱藏的位置。當事人會更了解自己、發現自己隱藏的才能。這是一個為未來做準備的時期。他可能會發現內在的智慧及創造力；會為未來設下目標，並為此作準備。這是感受內在寧靜的時刻。當事人可能會因木星在此宮而在心靈上得到治療。伴侶的健康問題也得以解決。當事人可能會戒癮及解決自己的問題，甚至為別人的幸福而工作。他可能會去幫助有需要的人，卻是用一種遮遮掩掩的方式。他也可能會得到別人的幫助。由於十二宮與隱藏的敵人有關，當過運木星與本命盤的上升主星、天頂主星、十二宮主星、火星或土星形成困難相位時，便可能會觸發隱藏的敵意或幕後行動。

過運木星的相位

合相：木星的合相一般來說會帶來正面的結果。與木星合相之行星，其本質會被木星所擴大、發展及釋放。舉例來說，如果木星與水星合相，當事人的視野會擴展，會學習獨立思考及染上樂觀主義。當然，這種過度自信也可能會付出莫大代價，因當事人會投入無數冒險當中。木星的合相會帶來繁榮及富足，而這些可能體現在情感、心智或肉體層面上。

四分相及對分相：木星是大吉星，讓我們期待它帶來善美，其困難相位不會帶來太多傷害。因此，它的困難相位不會帶來束縛及限制，反而會帶來擴張及繁榮——扭曲、變質及揮霍的形容對此相位更為準確。

六分相及三分相：木星的和諧相位，尤其是三分相，會有助情況順暢發展。這些相位與木星的本質相符，因此三分相會令其影響倍增。當事人能較輕易地展開努力及計劃。木星的影響會透過快速發展、正面及提前的結果而體現出來。致富、獨立、啟蒙及靈性議題也會受到木星和諧相位的影響。

過運木星與本命行星的相位

木星－太陽：太陽的本質與木星相似——兩者都與自信、願望、誠實及慷慨有關。故此，過運木星與本命太陽的相位一般來說是正面的。它們的合相會在個人發展上帶來重要的機遇。當事人會顯現出身體及精神層面的提升。他會變得更樂觀，自信也會提升，而他的自我意識也會增強（因而引發問題）。此過運也會帶來名譽及認可，尤其當合相發生在始宮（即第一、四、七、十宮）。當事人可能會得到權力人士的支持，他的魅力及權力會增加，跟父親的關係也會改善。也可能會輕易獲得成功及名望。他可能會成名，假如本命盤也支持這一點。他可能會抵達事業上的關鍵位置，不用採取強制手段，別人便會自然地接受他的領導及同意他的決定。這個過運也對健康有好處。當木星與太陽有困難相位時，當事人難以獲取別人同意，而且會誇大任何事情。他可能會跟父親、像父親般的人或其他男性權威發生權力爭鬥。然而，假如他可以找到平衡，便可能會達到成功——甚至突然成名。這時的關鍵在於當事人應避免自我膨脹及傲慢，不要愚蠢地錯失優勢。

木星－月亮：月亮及木星在本質上有些類似——兩者都具有關懷及成長的特性。當過運木星與本命月亮合相時，當事人會有關愛及被關愛的需求；對歸屬感的渴求會增加。他可能需要建立一個家庭，也可能會比從前更情緒化、誇大自己的情緒，同時也會變得擅長表達這些情緒。對於一些過去無感的事物，他可能會作出情緒化的反應。他會感到樂觀及精神上的強大。與女性會有良好關係，尤其是母親及妻子。他可能會在健康、家庭及個人情感方面有正面發展。對於女性星盤來說，此過運很適合懷孕。這個過運也很適合結婚、搬家及買賣房地產。出現困難相位時，當事人的情緒會被誇大，會在不當的時間與地點爆發。當事人可能會與女性，尤其是母親或妻子存在不平衡的關係。他可能因突然要搬到另一所房子而情緒失調。不過，木星的困難相位並不會帶來負面影響。

木星－水星：木星的本質及水星是相對的——木星代表相信，而水星代表疑問及邏輯。過運木星及本命水星會帶來心智發展。當事人會開始變得更樂天而不是質疑人生，對生活狀況抱有樂觀的期待及信任。在寫作及演講方面有才華的人會透過此過運而獲益。當事人會建立語言技巧及手工技藝。他的自信會提升，眼界會擴闊。這是一個啟發性的過運。在和諧相位下，當事人能輕易地擴展他的視野——其擔憂及焦慮會減低，甚至會暫時消失，他對未來充滿希望，得到了自由。這也是一個適合去旅行、教育、出版及傳播的過運。當事人能輕易地說服別人。這是一個簽約合同、進行演講及討論的好時機。當出現困難相位時，當事人會因大量的想法而變得散亂。他可能因參與太多項目，而令精神疲憊乏力。他會面對各種不同的意見，並難以從中作出抉擇。他會被太多想法擾亂，並對所有事物抱有疑問。他可能會用一種誇張、跳脫的方式說話，難以集中在一個主題上。大量資訊會拉扯當事人的神經——當這些行星有困難相位時，他應注意言辭。

木星－金星：木星及金星同為吉星，這兩顆行星形成的任何相位一般來說都會帶來正面結果，包括在愛情、情感、浪漫際遇及關係，以及創造力方面的提升。過運木星及本命金星的合相會為當事人帶來正面的氣質和吸引力。他可能會透過同理心、吸引力，以及與他人良好的關係而獲取成功。他會愛上玩樂，喜歡上奢華及高品質的生活。他也可能會表現得懶惰。他會在愛情及關係上遇到機會。這也是結婚及商業合作的完美時機。在和諧相位下，愛情及關係中的能量可以順暢地流動。此時期最適合結婚及商業合夥。當事人可能會為了美觀而接受手術，或參與其他跟個人護理及美容有關的事情。他與任何人都有良好的關係，到哪裡都廣為人所接納。此過運讓創意順暢地流動，為藝術方面帶來正面影響。假如木星及金星形成的是困難相位，當事人可能沉迷於大吃大喝、揮霍金錢在買衣服上，並且在生活中過度享樂；很有可能會變得奢侈浪費。當事人可能將幸運虛耗在愛情及關係上。過度的社交關係及活動也會影響他的健康，令他體重增加。然而，如果他能夠取得平衡，就不必經歷這些負面影響。

木星－火星：木星及火星有相似及相異的特質。相似的地方是愛冒險、創新、勇氣及誇大。然而，木星傾向於相信，而火星則基於其反抗的本質而難以產生信任。木星關乎倫理道德及信仰；火星則有打破常規的傾向。過運木星與本命火星的相位會挑戰現況。它們的合相會觸發出勇氣及探索的需求。當事人的能量及力量會增加，身體的防禦系統會運作良好。對體育運動，尤其是增長肌肉、身體成長來說是一個有助益的過運。當這些行星有和諧相位時，會看到類似的影響——當事人會展開新冒險、展現出領導能力及勇氣，並在工作上有快速及重大的成果。在健康方面也會帶來正面影響。當事人會展現出適度的勇氣。然而，困難相位會帶來風險——他可能會展現出過度的勇氣、強行推進情況、陷入麻煩之中，在競爭及比賽中落敗；結果令他偏離主要目標。在體育運動上也可能發生同樣事情——例如過度操練肌肉，或者在極限運動中冒險。他可能會在宗教、道德及神聖主題上過於狂熱。他也許會在財政上冒險。當然，所有這些事情都要按火星在本命盤的位置來作評估。

木星－土星：木星與土星在本質上是相反的——木星代表擴張，而土星代表限制；木星代表樂觀，土星代表悲觀。當過運木星與本命土星形成相位時，當事人會嘗試跨越悲觀、限制及焦慮。他也許會嘗試解決財務困難。他會以穩健及安穩的步伐走向未來，尤其在事業相關的事情上會更為顯著。假如本命土星與其他行星有良好相位，便會較容易走出明智的腳步。假如有行星與本命土星形成困難相位，要解決及改變現況便會更困難及費時。在和諧相位下，當事人會輕易地在那些受限的生活領域中跨越挑戰、維繫自由及進行擴展。過運木星與本命土星之間的和諧相位也會為財務及事業帶來正面影響。當事人的信念會恰到好處，在教育、旅行、法律方面的事情上也予以正面的期望。在困難相位下，這些發展都難以達成，當事人必須挑戰現況才行。事情不會輕易地發展，當事人需要經歷一些艱苦才可達成他所渴望的願景。他會在財務上感到困難。憂鬱、壓力、恐懼及焦慮可能會增加。當事人需作出更多努力去平衡這些感受。

火星過運

火星在黃道上的過運要花上廿二個月，在每個星座大約停留兩個月。火星大約每兩年逆行一次，每次持續八十天。這顆行星具有引動和激活的能力。它代表了我們如何運用自己的能量，以及如何採取行動，也包括了我們的生存能力、身體耐力、肌肉力量和身體的防禦系統。火星給予我們所需要的身體力量。當這種能量在過運期間過分活躍時，我們就容易發生意外和爭執。另一方面，由於它也掌管身體的免疫機制，在困難相位的影響下，身體對疾病的抵抗力可能會瓦解，使我們容易患上傳染性疾病。火星也和發高燒有關。火星過運的宮位顯示出應在哪個生命領域中奉獻自己的能量和付出努力、會在何處遭遇危險。如果火星過運發生在始宮（第一、四、七、十宮），它所帶來的影響並不像土星般強硬，因為火星在宮位逗留的時間不如土星般長。

火星在本命宮位的過運

火星在第一宮：這個過運觸發了採取行動、彰顯個性、對事情作出新嘗試的動力。當事人感到活躍、有動力和精力充沛；也會因這種高壓能量而無法保持耐心，可能會因此遭遇意外和受傷。他會擁有很強的自信，喜歡採取主動並追求獨立。他也許會以一種專橫的態度去為自己的需要尋求許可，並強逼當下的局勢按照他的方式發展。如果本命盤亦有此徵象，他也會變得粗暴。他可能會很有進取心、咄咄逼人。這個過運負面的一面是因輕率而作出極為大膽的決定，從而帶來風險。另一個負面特質，就是當事人會因自我膨脹而無視他人。

火星在第二宮：火星的能量會因這個過運而導向財務方面。當事人會主動賺錢，並且在財務投資上更具勇氣、更進取。然而，他需為維持財務安穩及應得的收入而努力爭取。他可能在常規收入方面經歷一些波動。火星也會讓他在這個過運期間花費更多金錢，使他的開銷增加。假如過運火星和上升主星、二宮主星、八宮主星、幸運點或者星盤上的財務象徵因子有困難相位，當事人可能會因猶豫不決而蒙受損失。若然過運火星和這些象徵因子之間有和諧相位，那麼當事人就能成功作出新嘗試，也承擔得起財務風險。

火星在第三宮：在這個過運期間，當事人與親友圈的關係會成為重點。基於火星的本質，他可能會在這些關係中被挑釁。假如過運火星和本命盤的三宮主星、九宮主星、上升主星、下降主星、火星、太陽、月亮或水星有困難相位時就更加明顯。過運火星會激發當事人渴望擁有行動的自由。他可能對很多事情感興趣，想要學習很多新事物。由於小圈子裡的事情不斷變化，他也許需要快速地作決定。他可能想竭力表達自己的想法，同時還會表現出一副愛爭辯的樣子，跟那些與他意見不合的人展開辯論。當事人可能會在交通和旅行中遭遇事故，尤其當過運火星和本命行星有困難相位時便會更加明顯。在和諧相位的影響下，當事人可能會在教育、旅行、與小圈子的關係上有積極的態度。這個過運也代表了對兄弟姊妹和近親的付出。

火星在第四宮：這個宮位主管了住宅、家庭，而火星代表憤怒、爭論和競爭。因此，這個過運可能會導致壓力、爭辯、麻煩，甚至是家庭內部的分離。這時候在家庭關係上應當更加寬容。由於火星會觸發問題，任何困難都可能轉變成大問題，尤其當過運火星和四宮主星、太陽或月亮有困難相位時會更為顯著。這個過運也和住宅安全有關。由於古典占星學中火星和小偷有關，所以在這個過運裡，應採取必要的安全措施以避免家居意外。假如過運火星和本命盤的上升主星、天底主星、太陽、月亮或火星形成困難相位時，他需要極其小心。當過運火星和本命行星形成和諧相位時，當事人會在未來的重要計劃中採取行動。他有機會搬到其他房子去，或者進行裝修或翻新。

火星在第五宮：在這個過運期間，當事人會樂於投入愛情和浪漫關係、與孩子有關的事情、藝術才能、體育、投機及風險投資。火星在此過運期間，他尤其喜愛參與體育運動。假如過運火星和本命行星之間有和諧相位，當事人可能會把他的精力用在運動上，以變得更加強壯，使能量達至平衡。創意會被激發，他喜歡以積極的態度去行動。愛情和性愛也會被強調。當事人需要關注孩子的健康、預防意外發生；如果過運火星和五宮主星或宮內行星有困難相位的話，應當避免大膽的冒險，而且對於和孩子有關的新冒險來說這並非好時機。第五宮與樂趣及娛樂有關，所以在此期間，當事人可能樂於參加派對，玩得非常愉快；當然他需要保持平衡，不能玩樂過度。如果過運火星與二宮主星、八宮主星或幸運點形成困難相位，當事人需要避免在彩票和股票市場冒險或進行任何投機行為。

火星在第六宮：這個過運和日常作息及活動有關，所有活力及精力都會用在這些事情上。在這個階段，有太多工作需要完成，生活節奏加快。火星會侵略它所在的宮位，所以迅速的決策可能會給當事人帶來負面結果。假如過運火星和六宮主星、十宮主星、太陽或職業象徵因子形成困難相位，當事人便會在工作上經歷一些動盪。他也許會與同事和下屬產生問題，並發生一些誇張、激進的競爭。由於這時有太多項目需要完成，當事人可能會產生莫大的進取心——無法對同事保持耐心，並因一意孤行而將問題化大。他需要鍛煉身心，以避免把自己神經緊張的問題投射給別人；舉重能有效利用這些增強了的能量。當事人應當關注自己的健康，尤其當過運火星和六宮主星、十二宮主星、太陽或月亮形成困難相位時。如果過運火星和六宮主星、十宮主星、上升主星或太陽形成和諧相位，當事人可能會在事業上獲得成功，並受到同事和下屬的支持。

火星在第七宮：在此，所有能量和努力都集中在一對一關係上，如婚姻及合夥關係。假如過運火星和上升主星、七宮主星、月亮或金星形成困難相位，關係中就會出現侵略、競爭和爭鬥。當事人可能會在關係方面作出冒險的決定，產生分離，因為在關係中的自由比起假裝滿足更為重要。當過運火星和上述象徵因子形成和諧相位時，就能較輕鬆地平衡這股能量。在此期間，關係會充滿活力、積極主動，同時也令人精疲力盡。當事人需要在關係中避免快速而魯莽的行動，否則便有機會樹敵。在此過運期間，當事人會吸引具攻擊性、充滿活力和積極主動的人。從正面的角度來看，這些人可能會推動和鼓勵當事人。

火星在第八宮：在這個過運當中，當事人可能會經歷跟共同價值以及共享資源有關的行動。傳統上，第八宮和死亡有關，所以繼承及遺產也是這個過運的主題，而火星會在此時把這類事情帶進當事人的生活當中。然而，這不必然意味著當事人的死亡，只是死亡這個主題會變得顯著。舉例來說，當事人可能會在他的圈子裡目睹死亡發生，或者對死亡、超脫、形上學及神秘學感興趣。第八宮也跟花費及支付款項有關，基於火星的影響，當事人會在這個過運中增加開銷，可能需要支付更多款項。他也可能會遇到一些與共享資源有關的問題，尤其當過運火星和二宮主星、八宮主星、幸運點、太陽或月亮有困難相位時就更為明顯。

當事人可能會在還債方面遇上困難，或者因而陷入困境中掙扎。他應當注意稅務、信貸、開銷以及支付款項等方面的事情。另一方面，第八宮也與恐懼、困難、苦痛、危險及醫療手術有關，而這些主題在本質上亦與火星一致。由於火星是凶星，當事人應當小心面對危險及分歧。若當事人打算在過運火星和本命行星（八宮主星、六宮主星或十二宮主星、上升主星、太陽或月亮）形成困難相位時進行外科手術，最好推遲手術，直至火星離開第八宮。

火星在第九宮：這個宮位跟旅遊、與外國人的關係、海外貿易、教育、出版與傳播，以及法律事務有關。火星會帶來力量，讓人在這些事情上積極爭取及採取果敢的行動。當事人可能會回顧外在的目標，並決定在這個階段要做甚麼。他會把能量用在上述的領域中，並找到行動的勇氣。當火星過運經過第九宮時（代表當事人的人生觀），又與本命太陽、月亮或火星形成和諧相位的話，他可能會擁有力量和活力去獲取更多的成功。這時候需要耐心而果敢。然而，他必須避免過分好辯和焦躁；需要平衡自己對成功的渴望，做出最佳表現。在此過運期間，如果火星和三宮主星、九宮主星、上升主星或八宮主星有困難相位，可能會遇上意外事故、小偷、疾病和打鬥等風險。他也許在宗教議題上會遇到挑釁。當事人可能在表現他的信仰以及對於生命的觀點時顯得專橫。學生在這個過運期間會參加重要的考試，或者面對與教育有關的挑戰。

火星在第十宮：此過運代表當事人應為理想和未來的目標而奮鬥。當事人充滿勇氣，能量處於巔峰狀態。決斷力和動力會讓他取得成功，尤其當過運火星和上升主星、天頂主星或太陽形成和諧相位時會更為明顯。這些相位給當事人帶來更多魄力。假如當事人正確運用這種能量，並專注於自己的目標上，成功率就會大增。當事人樂於在職場上展現權威。然而他需要牢牢記住，火星和焦躁及傷害有關——若過運火星和本命行星形成困難相位，當事人就會經歷過度競爭、激烈的討論，並與權威人士發生爭執。他可能會因為快速行動和大膽冒險而引致料想不到的局面。因此，當事人在此過運期間必須非常小心，愛惜自己的名譽地位、謹慎行事，並且要平衡自己的野心。

火星在第十一宮：這個過運增加了在社交舞台上對自由的需求。當事人在此過運的影響下會喜歡在團體中活動。因火星的攻擊性能量佔據主導，當事人應該平衡自我，不然便會和朋友及社交圈子裡的人發生爭吵。他可能會由於觀點的差異而經歷分離。當事人可能會吸引火星型的人，並且在團隊活動中表現出個人主義及反叛的態度，尤其當過運火星和上升主星或十一宮的主星形成困難相位時會更加明顯。另一方面，火星和本命行星的和諧相位令人懷著理想主義去努力。當事人可能會在社交舞台上展現出更強的領導才能，也會鼓舞別人。十一宮也主管了透過事業所賺取的金錢，所以此過運的和諧相位可能會幫助當事人在該領域上大膽前進。

火星在第十二宮：在這個過運期間，當事人的活力會下降，感到精疲力盡。火星主管免疫系統，所以當它落入一個虛弱的位置時，免疫系統也變得虛弱，當事人必須小心受病毒感染。他可能無法疏解自己的壓力，並由於所有壓力都在內部囤積而引起疾病。十二宮也跟隱藏敵人有關，假如過運火星與上升主星或十二宮的主星，或者太陽有困難相位，那麼當事人可能會遭受敵視。由於當事人形象虛弱，隱藏的敵人會從中獲益。疾病、醫院以及其他形式的離群索居都會受到強調。當事人可能會因為一些超乎控制的因素而蒙受損失。當這種能量以正面的方式運作時，他會轉向內在，發掘自己的內在智慧，對未來作決策時會聽從自己的直覺。這個過運適合瑜珈和冥想之類的活動——這些都能幫助當事人找到自身的內在力量。

太陽過運

太陽在黃道上繞一圈的旅程為一年，每天行進 1°。它在每個星座大約花上三十天的時間，並且不會逆行。太陽的過運在預測占星學中極為重要——太陽過運至任何宮位，我們都必須關注那個宮位的主題，並且在那些主題上表現自己。

太陽象徵健康和生命力。它代表了具有權威及掌控權力的人。因此，在太陽過運的宮位，我們會遇到與此宮位相關的權威人士。

太陽在本命宮位的過運

太陽在第一宮：太陽從上升度數開始的過運，代表著一個新循環正在重新充電和復甦。當事人會感到身體的活力提升。這個過運適合任何冒險。在這段日子裡，當事人的自信會增加，他可能會強烈地表現自己的權力，並以更有效的方式表達自己。他在運用才能、掌控局面和引人注意方面的潛力和能力均有所提升。這個過運的主要風險在於過分自信和傲慢。當事人可能變得自我中心，他會在這段時期專注於個人事務。面對他人時，他可能會顯得居高臨下。所以，當事人應當適當地控制自我。

太陽在第二宮：在這個過運期間，財務方面的事情會成為重點。這個過運幫助當事人管理他的收支狀況。當事人可能獲得男性（父親、丈夫、老闆等等）的幫助和支持，配合技能和意志來賺錢。他應當信任自己的預算能力，並有信心能靠個人技能賺取收入。他的收入會在這個過運期間增加，就如他的自信一樣。他也會變得更加慷慨。如果過運太陽和上升主星、二宮主星、八宮主星或幸運點主星有和諧相位，他可能會獲得短期的利潤。相反，困難相位會造成開銷增加。

太陽在第三宮：這是一個適合學習新事物的時期。當事人會透過寫作或交談來表達自己的想法。他對這些議題非常有自信。然而，他應當避免干涉別人的觀點、變得古板，並把自己的想法凌駕於別人之上。當過運太陽與本命行星形成困難相位時，便可能會有這些表現。比如，和上升主星或水星的困難相位可能會觸發類似的態度。當過運太陽和本命行星形成和諧相位時，當事人可能會出席重要的會議和簽訂合同。他會在親近的圈子裡得到認可，並利用這個過運來做廣告及市場營銷。在這個過運期間，兄弟姐妹之間的關係也很重要；當事人會對他們施加影響。他也可能會在親戚、鄰居以及其他親密圈子之中扮演重要角色。

太陽在第四宮：家人、家庭生活及住宅在此過運期間佔據重要地位。當事人可能會經歷與父母有關的重要發展。他的家人可能會需要他，讓他幫忙解決家庭問題。在這個過運期間，與家人的關係會變得牢固。當事人可能會證明自己才是家中的「老闆」。如果過運太陽和本命行星形成困難相位，他便會想在家中當主導，並可能會發生一些權力鬥爭。當過運太陽和天頂主星、本命太陽或木星形成和諧相位時，當事人也許會在家中招待重要而有名望的客人。他可能會搬家，尤其當過運太陽和上升主星、四宮主星或七宮主星形成和諧相位時。這是重建居所和家庭生活的好時機。過去的事情可能會浮上檯面，並且在此時得以解決，這種情況可能會發生在過運太陽對分過運月亮時（即滿月）。

太陽在第五宮：孩子、戀愛、玩樂以及體育等方面的事情會在這個過運期間被引發。對於開展和孩子有關的事情來說，這是個理想的過運。當過運太陽和上升主星、五宮主星、月亮或金星形成相位時，當事人可以很輕鬆地處理這些事情。這個宮位也代表當事人如何展示自己以及他的才能——尤其是藝術和創意方面。舉例來說，當太陽進入一個藝術家的第五宮時，他能夠比過去更優秀地表現自己的才華，尤其是當過運太陽與天頂主星也形成相位時。對於展現運動才能來說，這也是個正面的過運。當事人可能會花更多時間在享受生活和娛樂活動上。他可能會去參加社交活動，調情和性生活也可能變得重要。對於短途旅行以及非例行活動來說，這也是個合適的過運。太陽在這個宮位的過運，代表此時期會把時間花在自己身上。

太陽在第六宮：當太陽進入這個宮位時，日常作息與責任變得更為重要，並佔據主要地位。當事人應承擔比過去更多的責任，並且要處理更多問題、擔當更多職責。他可能需要處理過去所忽視的問題。當事人可能需要為他人而工作，因為這個宮位是為別人工作的地方。即使當事人就是自己生意的老闆，其他人也會指示他該去做甚麼。他可能需要關注別人的職責，而使健康受損。也許在責任的妨礙下，他無法處理自己的需求。他應當在此時期耐心地工作。另一方面，他可能因為要處理那些自己不喜歡的工作而感到不快。無論如何，為別人工作及幫助他們會讓他覺得這是「官方」事務，就好像是例行公事。由於這個宮位和同事及下屬有關，當事人可能會和這些人產生問題，尤其當過運太陽和本命上升主星、天頂主星、六宮主星或本命太陽有困難相位時。另一方面，當事人需要照顧好自己的健康，應嚴格控制和管理自己的飲食，尤其當過運太陽會合本命六宮內的行星，並且和十二宮內的本命行星對分時。

太陽在第七宮：當太陽開始在第七宮過運時，關係就會變得重要。當事人可能會遇到一些知名或特殊的焦點人物——他們是否會支持當事人，則取決於過運太陽和本命行星的相位是正面還是負面的。如果是和諧相位，當事人就會因與別人共事而獲得好處。他可能會簽訂重要的商務合約。當事人需要在一對一關係上發展一套策略，應保持覺察和樂於分享。在這個過運中，他可能突然需要支持一些在生命中非常重要的人，並要處理他們的需求。他永遠不可能在這個過運中獨善其身；他無法處理自己的個人事務。這時候應該和別人交流互動、幫助他們或者獲得他們的幫助與支持。他也許會去請教那些有商業合作經驗的人。當事人可能會在這個過運時搬家。

太陽在第八宮：在這個過運中，共同收入、配偶或合作夥伴的收入，以及債務、信貸、抵押和其他支付款項會成為重點。當事人可能會依賴別人，或者等待別人給予。傳統上，第八宮與死亡和繼承有關，所以這些主題也會成為重點——當事人可能要面對危險、手術和死亡。由於第八宮是財務宮位之一，他必須留心所有類型的支付款項，如稅務及信用卡。如果過運太陽和二宮主星或八宮主星，或者是上升主星形成困難相位，當事人必須對這些事情加倍小心。第八宮也和形上學以及超越死亡的事情有關，所以當事人可能會對這些主題產生興趣，並探索其中奧秘。

太陽在第九宮：在這個過運期間，旅行、海外貿易、教育、宗教及神聖主題會成為重點。為學習新事物而去旅遊，能為當事人帶來裨益。他可能會把生意擴展到國際市場。他需要深思長計，嘗試新的挑戰。當事人也許會享受人生中的哲學面向。他可能會專注在一些特別的議題。這個過運對於著書出版、學習新事物、拓展視野、開設講座之類的心智活動是有利的。當事人可能會宣傳自己；來自不同文化或國家、富有魅力及權勢的重要人物將在生活中扮演重要角色。這是個美妙的過運，讓人去旅遊、擺脫例行公事，或在不同主題上建立興趣。

太陽在第十宮：太陽甫進入這個宮位，當事人就會以商務、事業、社會地位及大眾認可等事情為主要目標。這是個引人注目、達到成功、取得進步的時刻。他可能會看到因過去成就而得來的後續效應。當事人可能會受到恭維及讚賞。他會展露才華、追求成功，甚至獲頒獎項；也可能會升職，登上強勢地位。當過運太陽與本命上升主星或天頂主星形成和諧相位時，當事人會在自己的目標上享有積極的發展。他需要檢視自己，因為此時所有事情都變得清晰，很容易就能察覺得到。假如過運太陽和本命行星有困難相位，當事人便要小心——這個過運會對未來產生影響。此時最好回顧一下自己的生活和目標。

太陽在第十一宮：這個過運會帶來更多社交活動。當事人周遭都是一些有權力及影響力的朋友，因為這是個提供支持的過運。當事人可以透過良好的社交關係，包括在過運期間遇到的人身上獲得好處。這時候不該獨處——當事人需要盡量參加更多社會機構。在未來規劃上，他會獲得意料之外的支持。他會在社會團體中展露自己的領導才能，並很容易獲成員所接受，亦會從團隊中獲益。朋友和社交變得更加重要，尤其當過運太陽和上升主星、天頂主星或十一宮主星形成和諧相位時。這個過運可以用來推動大型和重要的組織。

太陽在第十二宮：此過運適合用來回顧過去的一年，並為新事物作好準備。太陽的過運照亮了這個昏暗的宮位，所以一些過去沒有意識到的問題會在此時顯露出來。當事人可能會有一些秘密的敵人。他不該讓過去的事情對生活造成負面影響。他可能會透過獨自工作而獲得成功。

十二宮代表了損失和悲傷，所以當事人的恐懼和擔憂會在此時增加。太陽在十二意味著這時候採取行動有點兒過早。在開始新計劃之前，當事人必須先強化現況。要是想避免損失的話，就不應作出倉促的決定。他必須留意自己的健康。這是個進行冥想或這類練習的理想時期。

金星過運

金星在黃道上的旅程大約需要一年，在每個星座大概花上一個月的時間。它每天的平均速度略大於 1°，每十八個月逆行六周。

金星會為它訪問的宮位帶來短期的好處——社交活動、喜悅、人緣及戀愛關係。整體來說，金星與欣賞和讚美有關。在金星過運的地方，關係會順暢地流動。它代表了調解與契約等事務，婚姻也和金星有一定的關係，因為這也是一種契約關係。在社交方面，金星代表了平和的方式、態度及合作。它也和創造力有關，尤其在音樂和繪畫方面。金星代表了對奢華享受的熱愛。化妝品、服飾和珠寶都和金星有關。金星的過運會顯現在購買東西給自己或接受別人的漂亮贈禮上。

金星在本命宮位的過運

金星在第一宮：在這個過運中，金星能自如地表現出魅力和同情心。當事人會基於它的和解姿態及良好的人際關係而引人注目，並以自己的方式來控制場面。對於做水療、徹底改變外表和穿衣風格來說，這是一個好時機。這些改變會輕易得到別人認可。當事人也會樂於在這個過運期間表達自己和參與交際活動。對於跟朋友共度美好時光、玩樂，甚至去旅行來說，這是個理想的過運。當事人可能會在那些無法融洽相處的人之間擔當調解人。

金星在第二宮：這個為期一個月的過運對於財務問題有著正面影響，也適合購物和投資。當事人可能會透過藝術和創意領域，以及紀念品、服飾和珠寶等金星物品而賺取收益，尤其當過運金星觸及本命二宮內的吉星，或者與二宮主星、八宮主星或幸運點形成和諧相位時會更為明顯。這時候適合在服飾、宴會、珠寶、藝術品、家居裝飾和玩樂等方面花錢。

金星在第三宮：這個過運有助於社交能力以及和諧的親友關係。當事人可能會積極地進行溝通。由於在這個過運期間會保持平和與平衡，他也可能會為身邊的人充當調解人。當事人可能會通過寫作或言語溝通來表達自己的想法，在廣告、市場營銷、銷售、新聞以及網絡方面會獲得成功。這是進行重要會議和協議、旅行、教育，以及運用溝通技能的良好時機，尤其當過運金星和上升主星、三宮主星或水星形成和諧相位時。

金星在第四宮：這個為期一個月的過運給住宅和家庭方面的事情帶來正面影響，當事人在家居和家庭中會感到安全與平靜。由於金星代表和平，它給家庭關係帶來了正面的影響。對於解決任何家庭問題以及維持合作來說，這是個理想的時機。當事人不會到社交環境中尋找樂趣，而是更喜歡花時間和家人在一起，可能會在家舉行派對。他可能會在精神上感到平衡，但是身體卻不太活躍——他會花大部分時間留在家中。他可能會改動家居的裝飾、搬家、重新裝修、打理花園，或者買些新家具，當過運金星和上升主星、四宮主星或月亮形成和諧相位時會更加明顯。

金星在第五宮：這個過運給愛情和關係帶來正面影響，因為金星代表五宮的事物。第五宮是金星的喜樂宮，所以此過運會帶來非常正面的結果。當事人的性生活變得更加愉悅。他可能會想要一個孩子，尤其當過運金星和上升主星、五宮主星、金星或月亮形成和諧相位時。他可能會得到和孩子有關的好消息（如果他有孩子）。由於這個宮位和創意活動及藝術才華有關，當事人會展現出他的才能。他會把時間花在自己的興趣愛好上，並樂在其中。這個過運也是短途旅行、社交以及跟朋友玩樂的理想時機。

金星在第六宮：當事人在這個過運時會受惠於他的下屬，或者在工作中借助與同事的良好關係而獲得成功。當事人可能在辦公室衝突中出面談和。如果他剛巧轉換了工作，便能夠在此過運期間快速適應新環境。平和的態度會讓他深受同事歡迎。他可能會樂於助人及為人做事。當金星在這個宮位時，健康也會受到一定的保護，但是當事人還是要留心，避免吃垃圾食品。他也許會在這個時期變得懶散，所以千萬不要忽視運動的重要性。也是照顧寵物的理想時期。

金星在第七宮：當事人可能在一對一關係上經歷良性發展，有機會去改變他在這方面的負面經驗。這對結婚來說是理想的過運，對於任何關係而言，金星亦是落於最佳的位置上。對於建立合夥關係以及簽訂商務協議亦有莫大助益。過運金星能夠輕易地在這個宮位展現其本質。然而，當事人可能會過於隨和，只懂按他人的意願來行動。這個過運也會增加一個人在法律事務上的機會，並且給談判帶來正面影響，尤其當過運金星和上升主星、七宮主星、太陽或水星形成和諧相位時。

金星在第八宮：此過運代表別人的期許得到了滿足。當事人可能會有機會償還債務，並且從事談判事宜。由於八宮也代表了夥伴的財務狀況，其財務情況可能會得以改善。他所持有的股票和債券可能會升值，繼承等事務也會出現進展。當事人可能會同時獲得財務和道德上的支持。這個時期適合進行合夥事宜。假如本命盤在其他預測方法中也顯示金星所掌管之器官，如生殖器官、卵巢、腎臟等部位可能需要動手術的相關徵象，當過運金星和本命盤的上升主星、八宮主星、金星或火星有困難相位時更有可能動手術。

金星在第九宮：這是個對於海外旅行、與外國人的關係以及教育事務有積極作用的時期。當事人會樂於學習新事物以及花時間在其他文化的人士身上。此刻，他可能會丟棄一些過去的標準，為生活帶來新轉變。他會遇到一些新鮮有趣的人物，他們可能來自外國。這些人和事可以為生活帶來正面的觀念。他會對那些輕鬆、享受生活的主題感興趣，可能會在遠方找到他所尋覓的愛情，也可能會從遠方獲得好處，當過運金星和本命的七宮主星或金星形成和諧相位時便更有可能。（在男性的星盤中，我們也會考慮與月亮的和諧相位；在女性星盤中，則會考慮與太陽的和諧相位。）他可能有機會與外國人一起展開冒險，尤其當過運金星與天頂主星或九宮主星有和諧相位時會更為明顯。

金星在第十宮：這個過運對當事人的事業和職業、聲望、未來目標以及與管理層的關係來說相當有利。他會跟那些與事業有關的人和諧共處，有助於事業成功。這也是一個跟重要人士維持良好關係的好時機。當事人也許會從他的管理者處獲得益處和支持。他可能會對藝術方面感興趣。如果他本來就身處藝術領域，此過運會以一種正面的方式幫助他。他的創造力和才能會受到大眾認可。這個過運也對公共關係有助益。假如過運金星和天頂主星或太陽形成和諧相位，當事人可能在地位上有所提升，並獲取成功。他也可能從有權勢的女性身上獲得好處。

金星在第十一宮：在這個時期，當事人的希望和願望會增加。對於團體活動、與朋友共度時間來說，這是個理想的過運。他可能會參加團體會議、各類活動、聚會，並認識新朋友。假如過運金星和上升主星、十一宮主星或太陽有和諧相位，當事人的目標可能會獲得支持。他可能會在社會團體中得到女性的支持，尤其在過運金星和本命金星或月亮形成和諧相位時。與本命太陽或木星的和諧相位會帶來聲望和社交圈子的擴展。這個過運亦為商業投資和經濟收入帶來正面影響。如果當事人沒有工作或事業，那麼他會和朋友及熟人度過這段愉快的時光。這個過運有利於慈善捐助和參加俱樂部。當事人身邊會出現許多藝術家和多才多藝的人。

金星在第十二宮：金星代表了關係，但在十二宮時卻帶來了孤獨。當事人在這個過運中，可能同時離開浪漫關係和社交關係。戀愛關係也許會有短暫的困難、誤解、損失和秘密事件。金星在十二宮的過運也會帶來柏拉圖式的戀愛。他可能會在表達情感方面遇上困難。另一方面，這個過運也讓人享受孤獨。如果過運金星和十二宮主星會合或有和諧相位，當事人可以透過此過運而獲益。這是最適宜冥想的一個時期。

水星過運

水星繞行黃道需時一年，在每個星座花上十五天至兩個月，平均速度為每天 1.5°，每年逆行三次，每次大約二十至廿四天。

水星和溝通、合約、書面文件、協議、承諾、購買與銷售、談判及教育有關。水星過運期間，很大可能會簽訂協議和進行談判。水星顯示出我們如何與外界溝通交流，它也跟日常作息有關。水星過運的宮位指示出我們要集中注意力的地方，以及進行溝通的領域。短途旅行也由水星掌管。但水星會繼承與它形成相位之行星的特質，所以它的困難相位會帶來負面影響，使言辭和態度變得尖酸刻薄。在而在和諧相位下，能夠成功進行書面和語言表達，清晰地表達自己。

水星在本命宮位的過運

水星在第一宮：這個時期顯示了當事人能夠更有效地表達自己，運用說服技巧、通過言辭和想法來取得關注。如果當事人足夠聰明，他可以通過說服別人來扭轉局勢，令情況有利於自己。如果他按照邏輯而非情緒行事，便可以獲得成功。在這個過運中，當事人會主動運用智慧使溝通方面的事情順利進行。水星過運期間很適合進行重要的演講及簽訂合約。當事人可能喜歡在此過運中安排重要的會議。如果過運水星與上升主星、天頂主星、太陽或水星有和諧相位，當事人可以善用溝通技巧和口才在事業目標上。

水星在第二宮：當事人在這個過運時能正確運用資源、妥善理財，並提高賺錢能力。他能夠找到切實可行的方案。當然，他必須妥善管理好財務事項，並精明地作出開銷。他應該審視自己的收入，判斷收入是否能滿足他的生活方式。他也許會就財務和投資問題去諮詢專家，從而得到關於商務和商業投資的建議。當事人可以通過在商業上的成功，以及閱讀、寫作和教學等溝通技巧來賺錢。

水星在第三宮：在這個過運期間，當事人可能會發展他的心智和溝通技巧。他善於通過演講和寫作來傳達自己的想法。這時候很適合安排重要的會議和協議。當事人如果能夠以一種開放或靈活的態度對待別人的觀點，並保持良好的溝通，便可以和別人維持良好關係。這對於教育、教學、學習外語、手工藝、嶄新溝通技巧、旅行及寫作來說是最合適的過運之一。他可以有效地表達自己的看法，尤其當過運水星和上升主星、三宮主星、九宮主星、太陽或水星形成和諧相位時。

水星在第四宮：制定家居計劃、談論重要的家庭事務及過去的事情、搬家或重新裝修事宜是這個過運帶來的一些影響。這也是重新考慮未來計劃、採取謹慎及明智行動的好時機。當事人需要在這個過運期間重新安排私人生活。他也可能會做出必要的決定以調整自己。前述之事會在過運水星和上升主星、天頂主星、四宮主星或太陽形成和諧相位時更加明顯。

水星在第五宮：這個宮位與孩子、愛情、玩樂、興趣及體育運動有關——所以在此過運期間，當事人的心思全都放在這些事情上。比如，他可能會考慮生育孩子，甚至做出這樣的決定。這個過運有利於建立與孩子之間的健康溝通。在這個過運中，當事人能輕易地說服孩子。他也可能會談論愛情和性愛。他也許會獲得關於伴侶的消息，或者會提出約會的邀請，尤其當過運水星和本命行星有和諧相位時。如果過運水星和上升主星、五宮主星、七宮主星或金星有和諧相位，當事人可能會從這個過運中獲益。這也是個產生創意想法或進行藝術創作的好時機。

水星在第六宮：疾病、日常工作、與下屬有關的溝通和協議會在這個過運期間增加。這個過運適合申請新工作及簽訂合約。當事人與同事的良好關係可以幫助他獲得成功，亦可透過同事的才能而獲益。這個過運能幫助當事人在工作環境中變得更有條理。他會反思其責任，了解自己的失誤，安排好日常工作，並且簽訂與其工作相關的新協議。他可能為了解決工作環境中的問題而制定計劃。這也是個檢查健康狀況的好時機。當事人會因工作環境的節奏太匆忙而感到神經緊張。這個過運對於照顧寵物也有好處。

水星在第七宮：水星在七宮的過運促進了合夥關係。由於七宮也和協議有關，這個過運帶來和簽署有關的事情——當事人可能會簽訂一些關於商業協議、買賣房屋或婚姻的契約。當事人如果跟他人合作，並在一對一關係上發展出戰術和策略，那他就會獲得成功。由於這個宮位也代表客戶關係，當事人也許會發展新的銷售策略並參與重要的談判。他會得到關於商業夥伴或愛情伴侶的消息。這是一個跟伴侶談論重要事情的好時機，也適合建立新的夥伴關係，以及結伴去旅行。

水星在第八宮：這是個討論和策劃財務事項的理想時期。當事人會和別人建立財務合作關係，並很容易為他的項目尋找到支持。為了避免產生任何問題，並且保護自己的權益，他需要把所有事情都用白紙黑字記下來，仔細閱讀合約上的所有條款。當事人也會經手處理別人的金錢，或者是信貸與債務。為了獲得更美好的成果，他最好在過運水星和二宮主星、八宮主星、七宮主星、太陽（日間盤）或月亮（夜間盤）形成和諧相位時才行動。這是鑽研神秘學和形上學的理想過運之一。死亡和繼承等方面的事務也和這個過運有關。

水星在第九宮：這個過運適合所有以教育為目標的事情。出國留學、出版和傳播等方面的事情都成為重點。它所帶來的新想法可能會改變當事人的人生。他會聯繫一些能啟發自己的人，或與他們聚在一起。當過運水星和上升主星、三宮主星、九宮主星或水星形成相位時，當事人可能會參加培訓、舉辦研討會或進行國際演講。當過運水星和本命行星形成和諧相位時，當事人會為將來制定計劃、做出決定，並找到解決問題的辦法。他可能會參加一些對未來職業發展有幫助的培訓。

水星在第十宮：在這個過運期間，當事人可能會簽訂一些和職業有關的協議或參加業務培訓。由於水星掌管短途旅行，當事人可能會到外地公差。他也許會學習新技術、向權威人士分享他的觀點，並在事業方面取得建議，尤其當過運水星與上升主星、天頂主星、十一宮主星或太陽形成和諧相位時。他也可能會安排會議，或接觸重要人物。

水星在第十一宮：在此過運期間，當事人會增加與社交圈子的互動。他適合參與所有類型的社交活動和機構，會跟那些有共同理念的人聚在一起。這個時候有利於考慮未來的計劃。當事人會重新審視他原有的友誼，並在社交環境中經歷一些變化。他也許從可信賴的朋友身上獲得建議和忠告。他身邊會圍繞很多聰明、有才華和樂於溝通的人。他甚至可能因過多的溝通交流而變得忙碌。這個過運對於交流想法、慈善活動、商業冒險及投資來說是合適的，尤其當過運水星和上升主星、天頂主星、十一宮主星、太陽或水星形成和諧相位時。

水星在第十二宮：在這個過運期間，當事人想以緘默的方式來度過。獨自作業對他有所幫助，而且在這時發展的心智技能，會在水星進入第一宮時派上用場。這是一個預備階段，當事人正收集必要的資訊及材料。當水星在十二宮過運時，他無法清晰地表達自己。秘密的敵人會散播關於他的流言蜚語。過去發生的事情可能會再次帶來困擾。由於水星和狡猾及閒言閒語有關，當事人可能因身邊的這些事情而感到抑鬱。他此時會發現究竟是誰在背後講閒話，以及他們這樣做的原因。

月亮過運

月亮環繞黃道一周大約需時廿八日，在每個星座逗留大約兩日半。它的過運代表了情感生活的方向。月亮也和日常作息以及小圈子內的因子有關。按照月亮的過運，能夠很容易理解我們是如何受日常變化所影響的。月亮每天所處的宮位揭露出我們在那個時段的生活主題。月亮過運的有效期通常只有幾小時——無法長期作出影響。然而，這些過運可能會激發本命盤中的其他元素。由於月亮通常代表女性，它的過運會帶來與女性的交流。

月亮在本命宮位的過運

月亮在第一宮：在這兩天半的時間裡，私人問題會成為關注的焦點。這時可以強烈感受到個人需求、情緒表達、同理心與同情心、對歸屬感的渴求，以及情緒的交流。假如當事人的期望沒有過高的話，會較容易獲得他所需要的關注。在這個時期，當事人能夠成功地理解他人，卻無法保持客觀。他可能會投入個人企業事務；此時亦是表達情感的好時機。

月亮在第二宮：在這幾天裡，當事人會以一種情緒化的方式來定義他的財產，以及他所重視的東西，對財務安穩的需求也會大幅增加。他可能會以他所擁有的東西來定義自己，但對於財務問題無法保持客觀，並可能做出情緒化的決定。如果月亮在二宮的過運和本命行星形成和諧相位，當事人可能會參與某些具有風險的投資。這幾天的主題總是圍繞著財務方面的事情。

月亮在第三宮：在這個時期，通訊方面會變得更繁忙。當事人和親密的圈子聯繫時會變得情緒化。他和別人交談時也很情緒化，這方面的溝通對當事人來說非常重要。如果他擅長下意識地控制情緒，並懂得如何保持客觀，就能夠和別人進行健康而有意義的交流。這個過運對於學習、分享資訊、寫作、演講及旅遊來說都是有利的。

月亮在第四宮：在這兩天半裡，當事人可能需要稍為抽身。他喜歡在家中消磨時間以及跟家人相處，或者純粹想要休息一下。在這幾天，當事人會反思自己的態度和情緒，以及對外界展現這些情緒的方式。當事人可能會意識到他的習慣以及過去的環境是如何影響到當下的生活。過去的事情可能會浮上檯面。這是搬家或對家居作出改變的理想過運。

月亮在第五宮：在這個過運期間，當事人會優先考慮愛情、性愛、孩子、創作技巧、興趣、業餘活動，以及玩樂之類的事情。情緒是如此激昂，以至於難以掩藏，使他用誇張的方式將此情緒展現出來。由於當事人被個人感覺所包裹著，他無法識別出其他人的感受。當事人會喜歡上孩子，並在相關的事情上付出努力。這幾天很適合玩樂和進行體育運動。

月亮在第六宮：在這些日子裡，當事人會以日常作息及責任為先。在此時期，與同事、下屬、日常工作有關的事情，都是日程表上最乏味無趣的。由於此過運過於短暫，並不足於用以指示疾病，但他亦應注意健康。當事人會不太在意自己，反而忙於為他人服務。

月亮在第七宮：在此時期，私人及工作上的一對一關係均是重要的。對此，當事人傾向以情緒來表達自我。此過運會影響當事人的婚姻、與敵人的關係，以及其他情感衝突。（當然，在該影響下難以維持客觀。）這個過運可能會用在建立合作關係、促進一對一關係、進行重要會議，以及簽訂合同（在當事人能控制情緒的情況下）。

月亮在第八宮：在這兩日半期間，共同資產、借貸及欠債、死亡及遺產、形上學及神秘學都會成為重點。當事人嚮往屬於別人的東西，並想要在共同財產中擁有更大掌控權。從正面角度來看，他可以收回借給別人的金錢，或者較輕鬆地支付款項。假如過運月亮與本命行星有困難相位，情況則恰恰相反，可能無法收回借出的金錢，或者在支付款項時遇到困難。

月亮在第九宮：在此時期，當事人可能會想跳出日常生活，而旅行會是個不錯的選擇。如果他在現實中無法出走，便可能在無形世界中出走——投入於宗教、哲學、高等教育，以及與外國人的交流當中。他會獲得新想法及新視野。當事人可能會跟外國人成為朋友，或者跟各色各樣的人聚在一起。

月亮在第十宮：此時當事人會專注在事業、工作項目、目標及社會地位上。私人生活會因此過運而變得公開，難以掩藏。如果他沒有想要隱藏的事情，那就不成問題了。當事人可能會跟權威人士建立情感聯繫及真摯的關係。對於在社會上表達自我，這個過運是一個完美的時機。這也有利於公共關係及銷售。

月亮在第十一宮：這個過運帶來對社交的需求。當事人想要花更多時間與朋友及社團的人在一起，在這類環境會感覺良好。與那些有共同理念的人一起時，他會感到舒適自在，更會受到他們的支持。這時期很適合評估一下自己的目標，以及審視這些目標是否跟理想一致。這對社交合作及熱鬧的活動來說是個良好的過運；也有利於透過職業來獲取收入。

月亮在第十二宮：當事人在此時會有一種抽離的需求。他在保持內斂時會更為舒服，不想投身於社團當中。這是一個獨處的時機，讓當事人面對自己的負面特質。此過運亦讓人適於接觸神秘及心靈層面，因為這些教義需要情感上的理解，而非心智上的。另一方面，當事人無法控制的外界因素、隱藏的敵人都可能會暴露。當月亮過運於十二宮時，他可能會出現心理問題。

月亮交點的過運

月亮交點花大約十八年半來環繞黃道一圈。平均交點（Mean Nodes）永遠是逆行的，每年平均移動 20°。當它們觸及行星或敏感點時，事件會以命中註定的方式發生，讓我們無法做出自主的改變。北交點的過運會帶來一些機會，讓生命作出適當的改變及進化；而南交點的過運則會暴露過去問題的軌跡。南交點的過運描繪了一種似曾相識的經驗。

四個案例

在以下的案例星盤中（即我在二〇〇三年離開大市集那份工作的時間），最顯著的過運就是土星在本命天頂的過運。天頂在巨蟹座，土星在此為落陷。因此，它在這個宮位的過運並不會為職業及事業帶來滿意的發展。這是我離開大市集的日期，我在這個伊斯坦堡的中心已工作二十年了。土星在第十宮的過運帶來職業生涯的轉變。這時期也帶來了責任及對未來的擔憂。

放棄這份工作的決定是很突然的。當我下決定時，過運火星剛好通過我的本命太陽，並與本命月亮形成四分相。這是一個重要的過運，因為月亮守護我的第十宮。火星每兩年就會發生相同的過運——通過本命太陽、四分本命月亮，但這一次土星也正好經過天頂位置。次要過運總是會引發主要過運，而它們會互相配合來發揮作用。

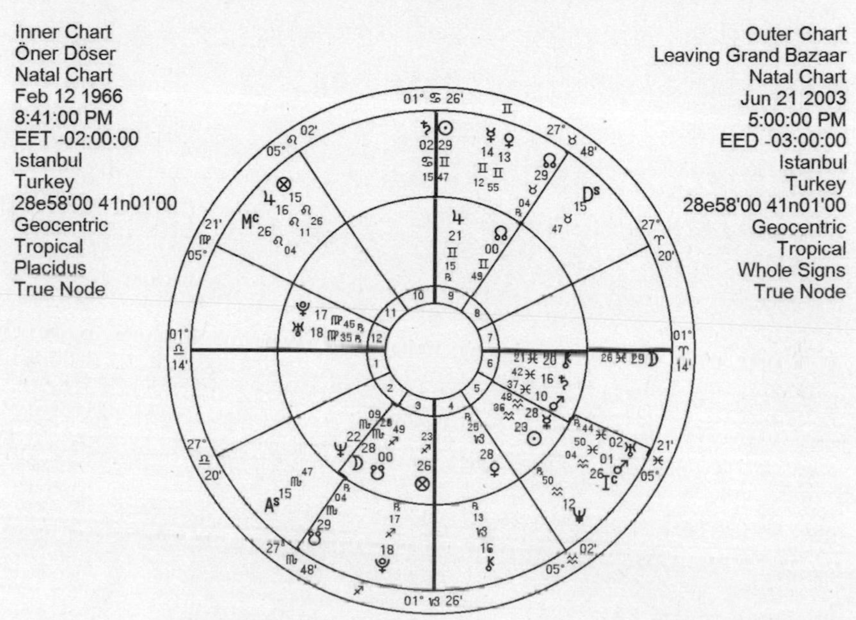

圖表 20：奧內爾．多塞，二〇〇三年六月廿一日的過運

接下來是我到溫哥華聽世運占星講座時的過運盤（二〇〇四年），這個研討會是由我的老師左拉所講授的。在此，可以看見過運盤上始宮的過運。

位於我本命盤第九宮的木星，正過運於我的本命上升點。對此我認為是：「九宮的事項來到我這裡。」過運行星會彰顯它在本命盤的主題，當它們在始宮過運時會更為明顯。過運木星位於天秤座，擁有三分性力量，所以它在上升點的過運是帶來益處的，具有啟發性及教育意義。在我逗留加拿大的八天裡，實在是獲益良多。木星在本命盤的第九宮，代表我的老師。上升代表我自己，以及圍繞我身邊的事情。講座結束後，我跟老師共度了兩天，學習了很多東西。另一方面，我的本命木星處於逆行，並四分土星，所以在我的生命裡，學習從來不會依計劃順利進行——我感受到木星的支持，但同時也感受到它的能量在我的本命盤中受到限制。在這幾天裡，過運土星亦跟本命月亮形成相位。這代表著一個讓我變得成熟的時期，但同時也挑戰著我的情緒。即使這是一個三分相，但不要忘記參與這個相位的土星位於巨蟹座，是其落陷的位置。

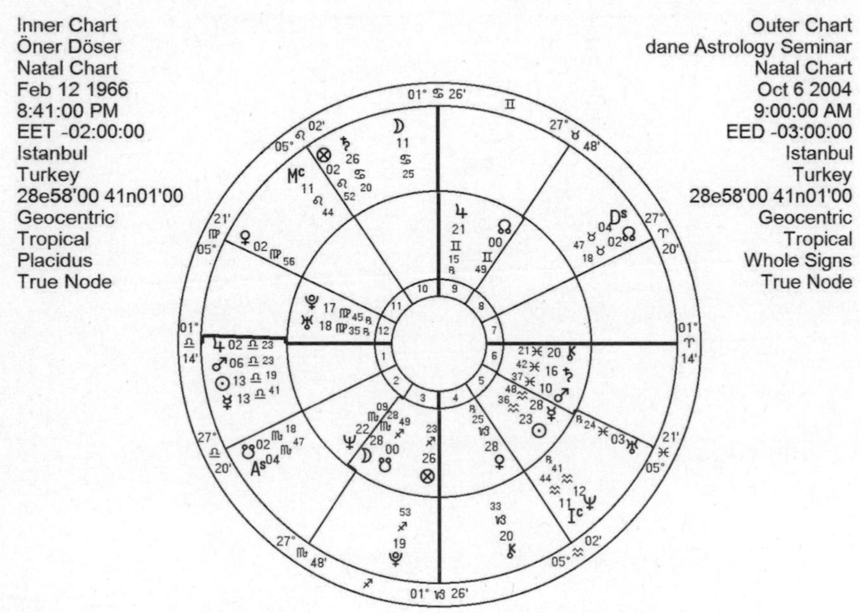

圖表 21：奧內爾．多塞，二〇〇四年十月六日的過運

另一個案例如下，是我妻子到美國旅遊時的過運盤（二〇〇六年六月）。這趟旅程的開始，對我妻子的事業來說相當重要——主管事業宮（本命第十宮。譯註：應為主管 MC 位置）的火星正過運於上升點。（在本命盤中，火星也位於第十宮內。）這意味著十宮的主題當時在她的生命裡變得尤為重要。由於火星代表行動，這個過運顯示出她會開展一件事情，例如一趟旅程。與此同時，過運土星也在她本命盤的上升點，這意味著某種終結，而一些重大的事情即將發生，究竟會是怎樣的事情呢？

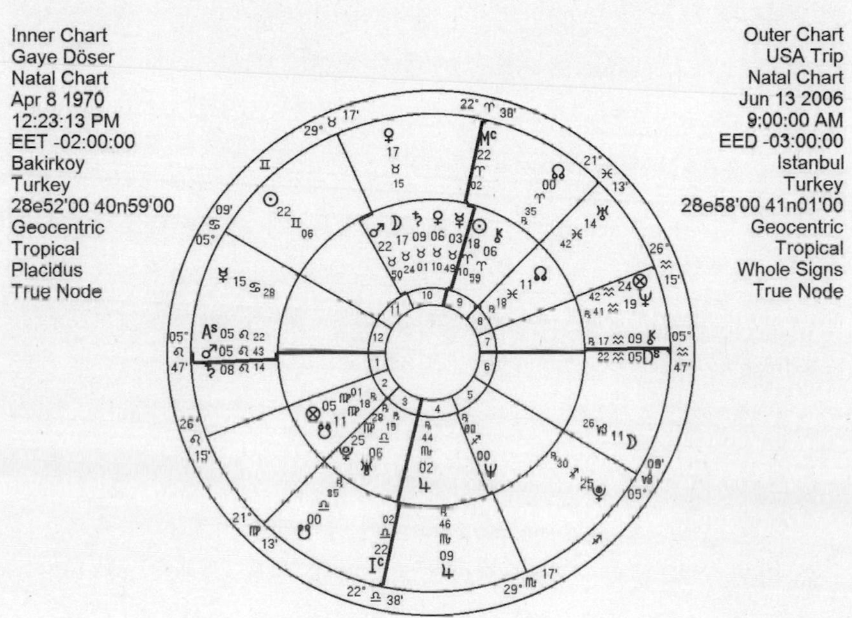

圖表 22：蓋伊．多塞，二〇〇六年六月十三日的過運

首先，因土星是本命十宮內的行星，而它正過運於其落陷的位置——獅子座，所以就事業來說，這不是個令人滿意的時期。她從工作了五年的公司離職，且由於土星過運在上升點，她感到受限制。即使她勤奮工作、才華橫溢，工作卻沒有迅速的進展。這些都是土星過運於本命盤的獅子座上升所帶來的影響。但這個趨勢即將終結，因土星已經開始離開上升點，也不會逆行回來。

另一個顯著的主題與健康有關，因第六宮的宮始點落在摩羯座，而兩顆主星（土星為廟主星；火星為旺主星）均會合本命盤的上升點。過運土星更與本命盤六宮的主星（土星）形成四分相。因此，她需要注意健康問題。土星代表感冒（譯註：因為土星帶有乾冷的性質）；火星則代表發熱。

我建議她在飛機上要妥善照顧自己，並備好充足的藥物。可是，要發生的事情總是難以避免的。由於她的航程甚多（八段航程），而飛機內也總是開著空調，她最後患上了感冒。在身體虛弱的情況下，隨後也發燒了。土星及火星位於她本命盤的金牛座（象徵喉嚨及頸部）也代表喉嚨的問題。這類問題在此時會一一顯露，因兩顆凶星正過運於上升度數。土星尚未與主管十二宮的本命月亮形成相位。這意味著她之後還可能會患上跟乳房、肺部及胃部（由巨蟹座及月亮所象徵）有關的疾病。

我妻子的旅程也是月交點過運的好例子。當她的過運盤放在我的本命盤上時，便會發現正過運於她第九宮（旅遊）的北交點，同時也落在我的第七宮（配偶）宮始點上。北交點代表她會多次出外旅行。當然，這並不是一般的旅程——這對她的事業極為重要，會影響其命運。還要強調的是，她的過運太陽（我本命第七宮的勝利星）正過運於我的本命第九宮，此宮位象徵著長途旅行（並在此宮與我的本命木星合相）。

在第四個案例中，當過運土星對分本命土星時，當事人會質疑生命，捨棄對生命來說不合適的事物，並要為他的關係及人生焦點作出重大決定。土星回歸到本命盤上的度數，代表著成熟的時刻。這類回歸的影響可以是正面的，也可以是負面的，取決於它在本命盤的配置。

在以下的案例裡，過運土星對分本命土星。本命土星位於第六宮雙魚座，守護第四宮及第五宮。由於這是一個夜間盤，加上土星守護第四宮，所以土星可能與當事人的父親有關。在對分相形成的一個半月之後，當事人的父親再婚——因此，土星過運於其本命位置衍生的第七宮，顯示出父親在關係上會經歷重要的人生階段（譯註：作者想表達，當土星過運到本命四宮主土星所在位置的衍生第七宮時，父親產生了重婚現象。）。

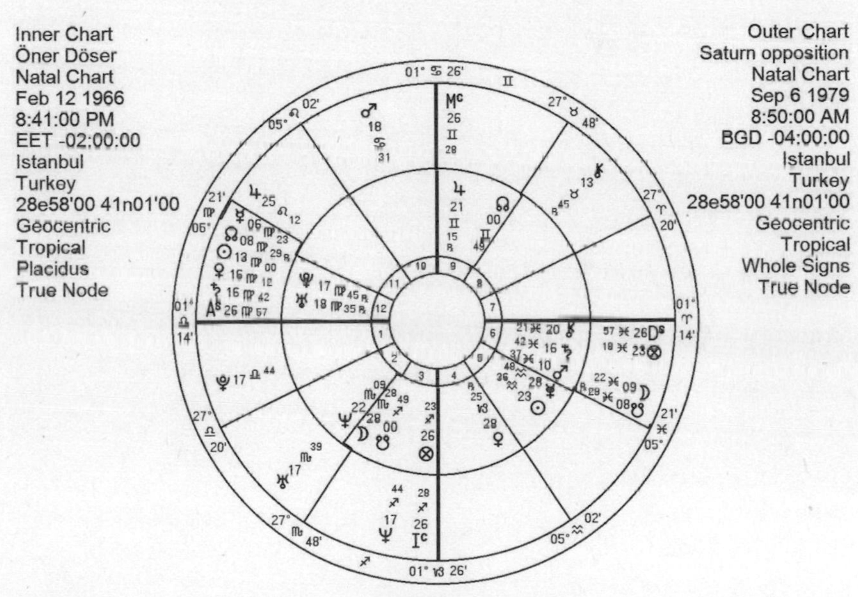

圖表 23：奧內爾・多塞，土星對分

本命盤的象徵在過運中重現

根據莫林（Morin）對過運法的研究[3]，我們應將過運及推運帶來的影響與本命盤作出比對，因為只有本命盤所支持的象徵，才會真實地彰顯出來。假如跟本命盤中類似的組合在過運時出現，其影響便會更大。我用幾個例子來說明這個重要的法則：

在戴安娜王妃逝世當天（請參看本書第三章），本命月亮正與過運火星形成四分相。在她的本命盤上也有類似的組合——主管八宮的月亮對分第八宮內的本命火星。因此，本命盤本身已顯示出火星型態的死亡（意外或手術）。在意外當天，天空上也有類似的行星組合。這顯示出當事人有很大機會遇上危機。

另一個例子是詹姆士・狄恩（James Dean）之死[4]。在他的星盤中，主管第八宮的月亮與八宮內的本命火星有一個緊密的四分相。這意味著他會經歷殘酷的死亡。在致命事故發生之時，月亮與火星有一個緊密的對分相。當然，這並非唯一的象徵因子——我們還需要觀察其他過運。然而我想表達的是，本命盤的徵象與天空中過運徵象的相似性。

再來看另一個例子，觀察約翰・甘乃迪總統（President John F. Kennedy）的本命盤，他在一九六三年九月廿二日被刺殺而死[5]。本命火星落在第八宮，代表他可能會慘烈地死去。本命月亮落在第十二宮的

3 請參看莫林 2004 年著作，第十二章的案例。

4 根據軟件 Solar Fire 的資料庫，狄恩生於一九三一年二月八日，上午二時十一分，美國印地安納州馬里昂縣；死於一九五五年九月三十日，太平洋時間約下午五時四十五分。

5 根據軟件 Solar Fire 的資料庫，甘乃迪生於一九一七年五月廿九日，下午三時，馬薩諸塞州魯克萊鎮。

宮始點，也是火星所在位置的勝利星，並與火星形成三分相。火星亦同時與第十宮內的土星形成六分相。當審視他死亡時的過運盤，便會發現過運月亮再與火星連結，而火星又與土星連結。當天，行星在天空中的排列與他的本命盤相類似。過運土星四分第八宮內的本命火星，而過運火星與上升主星（象徵生命）金星對分，亦是顯著的相位。同樣地，天空中過運時的徵象與本命盤上的徵象相近。

過運與太陽 / 月亮回歸

左拉同樣也宣稱[6] 過運法並不能夠單獨使用，而應該同時透過其他方法作出評估：「過運……會將根本的原因引發出來，而星盤的其他因素，例如法達運程法、小限法、太陽回歸法、主限向運法及推運法等，則會產生出事件來……過運能修飾影響力，並且是最後才考慮的因素。」

現在來看看一個例子：假如木星在本命盤第九宮，位於水瓶座 10°。如今木星於太陽回歸盤內也落在水瓶座 10°。就木星在太陽回歸盤中回到本命位置而言，這是一個重大的回歸，而它在本命盤的意義便會變得更為顯著。當事人當下有機會去處理宗教及靈性的課題，為學習而出遊，並在高等教育及海外貿易中獲得成功（按木星的情況而定）。

假如一顆過運行星在太陽回歸盤內回到在本命盤上所落之星座，而非精確度數（例如木星只走到水瓶座 1°），這也是重要的，因為這會支

6 左拉 2003 年，第十七課，第 12 頁。

持本命星盤象徵的事情實現出來。儘管過運木星回到本命星座時並未剛好會合其本命位置，但當事人依然能深切地感受到其影響。

如果過運行星在太陽回歸盤內與另一本命行星（即是自己以外的行星）以準確度數會合，我們便應觀察這個行星是吉還是凶，以及這個合相是正面的，還是負面的。

最後，過運應當與主限向運法及回歸法一併評估，由於過運通常帶來的是觸發效能，以及提供一個時間，指示出向運或太陽回歸所象徵的事件會在何時何地彰顯。舉例來說，一個代表生病的過運，會在主限向運法也顯示出疾病時才會具體生效，尤其當過運行星與本命位置或允星（promittor）形成相位時。又或者，假如一顆行星在太陽回歸盤上顯示出成就與卓越的名望，當它在那一年過運於本命上升位置時，這些良性影響會更為顯著。

GUIDO BONATTI：古德．波那提

第六章
太陽弧向運法

在太陽弧向運法裡，星盤中的所有象徵因子在特定時間內前進的距離，都與太陽所推進的距離相等。太陽作為太陽系的中心，是代表著我們存在的天體。它的日常運行象徵著我們生命中所能實現的發展。在太陽弧向運法裡，太陽一天的運行相等於生命裡的一年，而我們會分析向運盤及本命盤之間的連結。

太陽弧的技巧

太陽是太陽系的中心，在星盤上亦擁有同樣的象徵意義。太陽是最重要的天體，象徵著我們的存在。它的日常運行象徵著我們生命中所能實現的發展，其表現的公式「太陽運行一天相等於生命中的一年」，亦應用在其他行星上。計算這些運行的方法共有三種，而第三種最為準確。

第一種方法，是運用太陽每天的平均運行速度 59’ 08”。但由於它的運行每天都有所變化，對於超過三十歲的人來說（即是運行三十天之後），以平均值計算所得的位置，可能與實際位置相差 1°。導致此情況的其中一個原因是，太陽的運行會按季節而有所不同——太陽在三月至九月期間會運行得較緩慢，而在十月至二月期間的運行則會較快。因此，精確的時間預測需要按照太陽真實的日常運行速度來計算（由電腦自動運算），但若然是概括性預測的話，則可以使用平均速度作計算。

第二種方法，就是簡單且被廣泛應用的「一度等於一年」計算方法。在這種方法中，太陽運行 1° 相等於生命中的一年（由太陽的本命位置作起點），其他行星亦是如此。舉例來說，要將星盤推進至廿七歲，便要將本命太陽的度數順著黃道加上 27°（在太陽弧中並無逆行），然後再為其他行星加上相同的度數。因此，當事人在廿七歲時，整個星盤就會按太陽弧（或稱「SA」）推進 27°。行星、天頂及上升都可能向著彼此或始宮推進。此方法經常用在生時校正上。

在第三種方法裡，要謹記「一度等於一年」的公式也只是一個平均數值。因此，若追求最精確的預測，便要採用太陽每天的實際移動速度，大約是從 57’ 至 1° 01’ 這個範圍。比如，假如你想預測四十五歲那一年，那麼只要找出太陽在出生時的位置及四十五日後的位置之間的實際差距——這就是你需為本命盤上其他位置所加的弧度或數值。

建立好太陽弧星盤後，將它與本命盤作比對，並觀察任何行星、四尖軸及中點之間的合相與其他主要相位。在太陽弧向運法中，容許度為 0°，而 1° 相等於一年。當這些精確的位置被過運及月亮的次限推運所觸發時，便會發生重大事件。

由於土星與其他世代行星的運行速度非常緩慢，當這些行星推進至四尖軸或其他行星時，便會帶來重大事件。舉例來說，當 SA 土星走到本命上升點時，當事人會感到受限制及阻礙；他可能要面對健康問題，或者會感到悲觀及抑鬱。

若要用太陽弧作出準確預測，則需要考慮將甚麼推向甚麼。比如，從上述的例子來看，SA 土星與本命上升的合相，跟 SA 上升與本命土星的合相是有差異的。SA 土星會合本命上升時，會帶來限制及健康問題；而 SA 上升會合本命土星時，則會帶來成熟及進步，讓當事人邁向智慧。

然而，對於要作出準確預測，最重要的是本命行星的位置。再考慮 SA 上升點推向本命土星的例子，本命土星的尊貴力量、所落宮位及相位便會顯示出當事人會在哪個領域變得成熟，以及成熟的質量是如何的。由於行星與其他敏感點的位置也會改變，它們亦應被列入考慮當中。

關鍵字及解讀提示

在這裡只概括性地列出一些關鍵字，而沒有進一步解說。在進行快速分析時，這些行星的象徵意義相當有用。

☉	啟蒙、進步、發展
☽	情緒、情感態度
☿	智力、想法
♀	美感、愛、良善
♂	能量、精力
♃	進步、繁榮、擴張
♄	嚴肅、紀律、挑戰、重建、死亡、策劃、控制
♅	個人主義、崇高理想、矛盾、重組、突變
♆	模糊不清、失去目的及目標、融入群體、靈感
♇	轉化、權力
MC	職業生涯、事業計劃、人生目標、幼童時期、母親
IC	家居、家庭、搬遷（包括買賣房地產）、新開始、幼童時期、父親
ASC	身份、人格、性格傾向
DSC	配偶、合夥人、關係

生命前十四年是人格發展的重要時期——所以我們應查看在太陽弧的前 14° 裡，是否有重大事件發生。這些事件也可能與父母生活的境況有關。

土星、天王星、海王星及冥王星與始宮的合相、四分相及對分相也是很重要的。

如果在同一時間裡，活躍的太陽弧多於一個，這可能會是一個關鍵的時期。當這些太陽弧被過運引發，尤其被月亮的次限推運所觸發時，我們便可以找到事件發生的時間。

假若用太陽的實際速度來觀察太陽弧，那便可以假設事件會在精確推進的大概三個月內發生。如果使用「一度等於一年」的方法，便要將應驗期放寬至六個月。

在太陽弧向運法裡，不會解讀 SA 行星所推進的宮位。但若涉及的位置在本命盤上也得以強調，便應該加以關注。例如當天頂主星朝天頂移動時，便可能強調事業方面的事情。

太陽弧的分析應該與時間性及事件的本質保持一致。舉例來說，對於一個七歲的小孩子，就不應預測他會結婚了。那時期的推進偏向反映父母生活上的事情。

當研究中點時，應關注太陽弧朝太陽－月亮的中點，以及土星及外行星（土星－天王星、土星－海王星、土星－冥王星）的中點的推進。當星盤推進時，假如外行星與這些中點形成合相或其他相位，便強調了當事人生命中的重要階段。你應當提前去找出這些中點。舉例來說，天王星－冥王星的中點帶來動盪、改變及轉化；土星－冥王星的帶來損失及破壞後的重生；木星－冥王星的帶來收穫及權力。如果任何推進的位置與這些中點形成相位，便應按照推進的行星及四尖軸的本質來作出分析。比如，土星－水星的中點與抑鬱有關——假如推進的海王星觸及這個中點，而海王星又跟十二宮有關，當事人便可能因精神問題或抑鬱而需要接受治療。

最後，基於神聖的因果法則，如果本命盤上沒有顯示某種可能性，那麼該類事情就不會實現。因此在進行預測之前，應先確認好本命盤中的可能性。

真實案例

在太陽弧向運盤內，由於每顆行星、宮始點、月交點及幸運點都以太陽的速度推進，星盤上沒有任何因素是可以單獨被解讀的。雖然行星、月交點及幸運點會推進至不同星座，但仍需以它們在本命盤所落的宮位來考慮。

我們來檢視一個以太陽弧推進至某一天的星盤，並將它合併到本命盤上。下方為將一九九一年五月十五日的太陽弧星盤疊加到本命盤上。SA 金星在水瓶座 23°，與本命太陽合相。另外，SA 月亮在射手座 23°，亦與本命太陽形成六分相。這些推進表示當事人的社會地位[1]及關係會受到正面影響（SA 金星－ SA 月亮為太陽作出正面影響）；由於太陽是第十一宮的主星，亦是第七宮及婚姻點（獅子座 16°）的勝利星，這顯示出當事人會經歷婚姻（金星、月亮）之類的事件。當事人在當天訂婚，並於大概一年後結婚了。

1 **戴克註**：月亮守護本命第十宮。

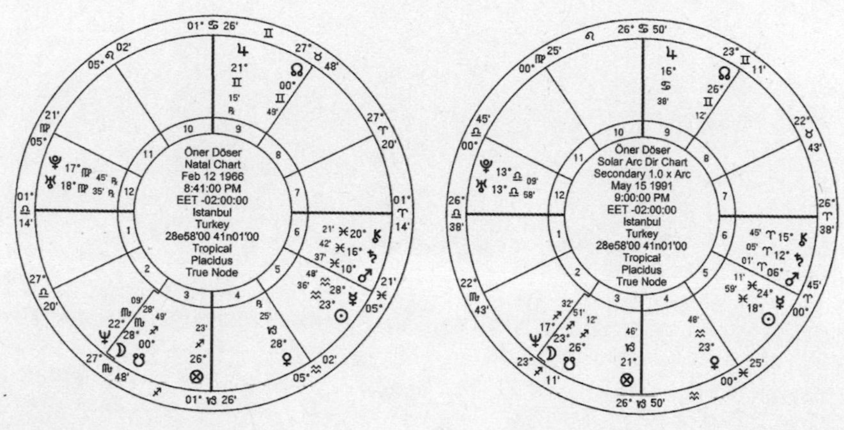
Öner Döser
Natal Chart
Feb 12 1966
8:41:00 PM
EET -02:00:00
Istanbul
Turkey
28e58'00 41n01'00
Tropical
Placidus
True Node
Öner Döser
Solar Arc Dir Chart
Secondary 1.0 x Arc
May 15 1991
9:00:00 PM
EET -02:00:00
Istanbul
Turkey
28e58'00 41n01'00
Tropical
Placidus
True Node

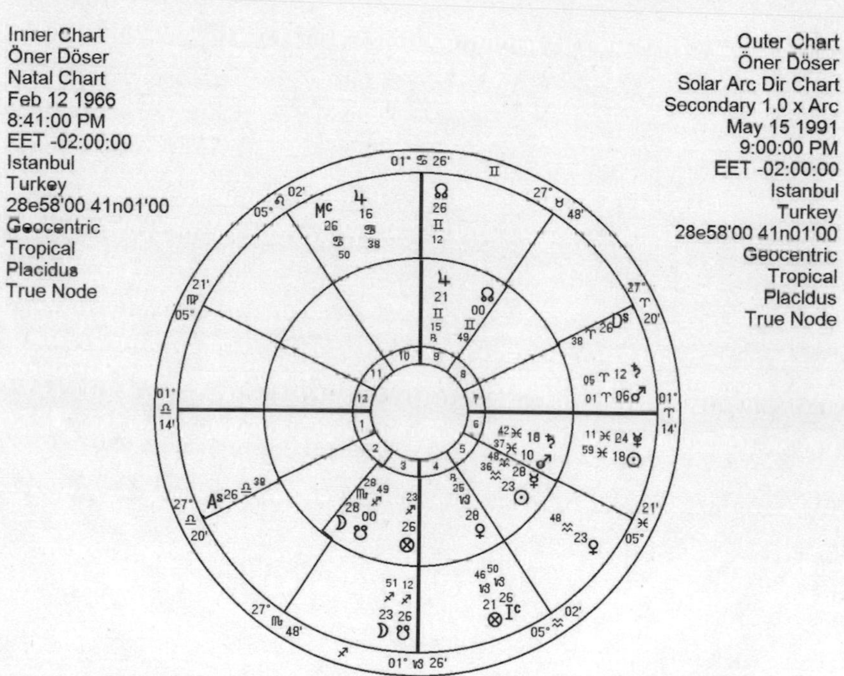
Inner Chart
Öner Döser
Natal Chart
Feb 12 1966
8:41:00 PM
EET -02:00:00
Istanbul
Turkey
28e58'00 41n01'00
Geocentric
Tropical
Placidus
True Node
Outer Chart
Öner Döser
Solar Arc Dir Chart
Secondary 1.0 x Arc
May 15 1991
9:00:00 PM
EET -02:00:00
Istanbul
Turkey
28e58'00 41n01'00
Geocentric
Tropical
Placidus
True Node

JOHANNES SCHOENER (REGIOMONTAUS)：約翰內斯．舍納（雷格蒙坦納斯）

第七章
次限推運法

次限推運法是一種重要的預測方法。它以行星的「次限」運動，即它們在黃道帶中的運動（對應「主限」運動，即天體的周日運動）為基礎。在次限推運中，一天等於一年：因此，行星在出生後二十四小時的實際位置構成了一歲時的次限推運盤。每顆行星根據自己特定的速度推運[1]。次限推運與當事人的內在發展相關，並幫助我們理解他可能有的反應。

1 對於推運的天頂和上升點，參見下文。

次限推運法與過運法的差異

從解釋的角度來看，過運法代表外部的動力，而次限推運法則代表當事人的心理發展。過運法涉及外在的事件，因為過運的行星實際上就出現在天空中的特定位置：它可以被觀測到。但是次限推運不能被直接觀測，因為它們的測算是以某種象徵性的假設為基礎的。儘管如此，這個技巧在評估當事人的心理歷程上非常成功。在心理情境中，所有事物都是從想法的層次以及伴隨而生的情緒開始的，然後反映在人的態度上。因此，次限推運法可以準確地預測態度。

同時，過運法是普遍的：換言之，行星的任何過運對地球上的每個人都有作用[2]。但是，行星進入星座的次限推運，它與本命行星的相位，或它的逆行運動，不會以同等程度影響每個人，因為其影響力有賴於它與每張本命盤的連結。次限推運法具有個體效應：推運的所有影響——行星星座和宮位的變化，逆行或順行，以及推運盤與本命盤之間的所有連結——都是個人化的。

過運法和次限推運法之間最顯著的差異在於行星的速度。因此在詮釋過運法時，慢速行星比較重要，而在次限推運法中，快速行星則扮演主角。在推運盤中，月亮的速度是每年 13°，水星和金星每年 1°，火星每兩年 1°，但是木星是每六至七年 1°，土星每九至十年 1°（在快速運行且順行時）。

次限推運法中使用 1° 的容許度。對於入相位，最後的 12' 更有效，

2 **戴克註**：舉例來說，如果水星當前在雙子座，對於每個人來說它都在雙子座。

因為它顯示出事件的開始已經相當接近了。當形成正相位時，心理需求及其伴隨的情緒會增強。入相位的作用總是比離相位的作用更強。

為了使次限推運法的作用適當地體現出來，可能需要過運來觸發。因此，應當將次限推運法與過運法一起評估。此外，除了評估次限推運星盤本身，還必須將它與本命盤的相位徵象列入考慮。最後，也應考慮推運行星之間的相位。推運的太陽和月亮之間的相位特別重要。

特別是在推運和本命盤之間有相位時，當事人有機會完成一些事。

推運行星的含義

月亮顯示變化中的情感需求和情緒傾向。

水星顯示認知結構和溝通方式的變化。

金星顯示當事人在他的社交關係和審美價值觀上的變化。

火星顯示當事人如何展現自己以及改變行動。

上升點顯示當事人的習性、原始動機和作風正在改變和發展，產生了新的特點。例如，當推運的上升在天秤座時，當事人會粗淺地處理事件，但是當推運的上升進入天蠍座後，就會變成以一種更深入的方式去處理。推運的上升點和推運行星之間的相位將顯示相關方式和方法的訊息。

天頂，由於它代表著社會地位，比起上升較少個人化。基本上，天頂告訴我們當事人的職業、目標，和接近它們的途徑。當天頂在推運時，當事人的目標和他的社交形象會改變。例如，天頂在巨蟹座的當事人傾向於不樂意為了實現目標而冒險；但是當天頂推運到獅子座，當事人會變得更大膽和果斷。

太陽代表了一個人的創造性表達，意志的展現，以及組織性結構的發展。推運的太陽通常代表人生的歷程。例如，太陽在牡羊座的人會依序經歷金牛座和雙子座的特性。因為後續的星座有能力發展前面星座的潛力，推運的太陽從一個星座到下一個星座的移動中將會幫助當事人發展個人修養和靈性成熟。

- 推運太陽和月亮之間的月相是什麼？
- 推運月亮的星座和宮位是什麼？
- 推運太陽的星座和宮位是什麼？
- 是否有推運行星進入另一個星座或宮位？
- 是否有推運行星改變了方向？
- 推運星盤中是否有正相位？
- 推運行星之間的相位或它們與本命行星之間的相位。
- 過運法對推運星盤的影響。
- 本命盤和推運的宮始點，特別是始宮之間的相位。

| 與本命盤的相位 |

為了展現其影響，次限推運法應當使用正相位，容許度不超過 1°；影響的持續時間根據行星的速度會有所變化。例如，太陽每年推運大約 1°，它會在形成正相位之前一年開始發揮作用，並將在正相位之後一年完全離開。此外，注意那些已經在本命盤中形成相位的行星會通過次限推運法實現正相位。

合相代表能量的顯現。例如，太陽的合相會提升意識層次的動機：太陽－天王星代表一種啟蒙，太陽－月亮將家庭問題提到中心地位，而太陽－土星代表額外的責任和成熟。

四分相代表挑戰、衝突、野心和行動。

對分相代表矛盾、不滿和對立想法之間的互補性。例如，火星－金星代表關係中的衝突，太陽－月亮則是情感與理智之間的衝突。

三分相代表輕鬆的流動、機會、平衡與和諧。例如，月亮－土星表示在職業、責任和家庭生活之間的和諧。

六分相代表分享、支持和學習：太陽－金星代表一個人社交關係的支持。

補十二分相代表需要被轉化的命中註定的危機和精神壓力。例如，太陽－月亮代表意識與潛意識之間的互不相容，及因而產生的危機。

以下是一些觀察相位時的要點：

- 應當仔細研究本命盤，評估其潛能。
- 可以根據過去形成過的類似相位，以及它們呈現出的狀況來評估和理解相位。
- 推運盤和本命盤之間的相位很重要，並有長期的影響。應當特別研究本命太陽和上升主星的相位。
- 注意當本命相位被引發時的情況。例如，推運的太陽可能與一個本命三刑會衝相位的頂角相交。或推運的金星可能四分已經形成了對分相位的本命行星，因而創造出一個新的三刑會衝相位。

- 單一相位可能不會引發顯著的表現。應當運用過運法、太陽回歸法和其他技巧來確認某種預測。

| 宮位和星座轉換 |

當行星從一個星座轉換到另一個星座，後者的元素和四正性質變得較為重要。例如，當太陽從雙魚座轉換到牡羊座，火象元素和啟動星座的性質將會取得舞台上的主動權。當事人會放棄自我犧牲的特性（雙魚座），開始展現自我導向的態度（牡羊座）。他的自信心和活力會增加。當事人現在將會展現策略性的態度，並需要採取行動，而不是依賴於其他條件。此外，由於太陽在牡羊座入旺，太陽會輕鬆地展現牡羊座的功能（身份、創造性表達、意志力等等）。

當行星轉換到另一個宮位，可以總結出這顆行星的能量現在流入了另一個人生領域裡。同時，如果這顆行星從果宮轉換到始宮，它的力量也會增加。

推運的太陽

太陽象徵生命力和當事人表現其意志力的方式，以及他對於接納和創造性表達的需求。推運的太陽代表這些主題的發展。當事人的精神沒有改變，但是他的性格中結合了新的特點。例如，太陽在牡羊座的當事人會依序經歷太陽在金牛座和雙子座的特性：因此，在火象的特性之外，土象，然後是風象的特點會添加到他的個人特徵中。當太陽從火象星座推運到風象星座時，當事人會在他的溝通交流中使用先前的火象和土象品質，並通過分享他的觀點來表達自己。最後，當他的太陽推運到水象元素，他會學習如何自發地表達情感，精神價值將會變得重要。

太陽平均每年推運 1°，但是在冬天較快，在夏天較慢。因此，對於那些出生在春分和秋分（三月和九月）附近的人來說，每年的推運差不多就是 1°，但是對於出生在接近冬至和夏至（十二月和六月）的人來說，這個度數就會稍大或稍小一些。

｜推運的太陽在各星座中｜

牡羊座：太陽入旺在此星座，所以可以輕鬆地展現它的功能，變得強大。這個推運帶來了直接表達的能力、領導力、創業、愛的喜悅、自信和勇氣。從負面看，它可能帶來衝動、自私和攻擊性。當事人可能更聚焦於自己的願望，而對他人的權利不敏感：這可能對他的關係的穩定性及和諧性造成問題。如果當事人的星盤中缺乏火元素，那麼當推運的太陽進入牡羊座時，會帶來某種意義上的充足感，當事人可能會從此輕鬆地理解和運用火象能量，也許會表現出外向的態度，帶著自信和勇氣行動。

金牛座：這幫助當事人繼續他始於牡羊座的冒險。現在他有了一種更平和的能量，並通過沈默的行動達到具體的結果。物質需求將佔據舞台中心，當事人需要感覺到財務上的安全。從負面意義上看，這個推運可能帶來固執，對改變的抗拒，以及偏執。如果當事人的星盤中缺乏土元素，那麼當推運的太陽進入金牛座時，不足感會在某種程度上被彌補：當事人可能會輕鬆地理解和使用土象能量；他可能以一種實際的方式行動，並實現具體的成果。

雙子座：當事人的適應能力和學習能力提高了。溝通和心智活動開始在他的生活中更為重要。他可能比以前更健談，閒不下來。他會擺脫固執和偏執，在個性中結合更多的靈活性和多面性。從負面角度看，當事人可能有某種心智上的執著，他可能很容易分心。如果本命盤有很多變動星座的性質，當事人可能很難保持他的持續性冒險。

巨蟹座：在雙子座之後則進入巨蟹座，當事人學習如何傾聽他人，因為巨蟹座會用同理心的方式傾聽他人並給予情感支持。當事人現在無條件地保持情感牽絆和愛，需要情感上的穩定，並且增強了自省的能力。家庭和母親的問題變得更重要。在這個時期，當事人想要花更多時間和家人在一起。從負面看，他可能表現出害羞，難為情和誇張的情緒，因為他害怕被拒絕，害怕不被愛。

獅子座：進入獅子座後，當事人需要被接受、被欣賞，並以一種創造性的方式表達自己。為了吸引他人的注意並被欣賞，他想要透過意志力來管理他的生活。他可能展現出更精力旺盛、自信和外向的態度。從負面看，他可能是自私的，高度以自我為中心，自負，自認為高人一等。

處女座：在這裡，當事人的生產力和表現力都提高了，對於分析的需求和解決問題的才能也增長了。與獅子座相反，處女座對於他人的需求很感興趣；他想要幫助他人。他可能陷入細節的分析，以便使生活更富成效。由於過度的自我批評，他可能在自信心方面有些問題：他會因為害怕犯錯而避免冒險。工作和健康問題總在當事人的日程表上，他可能還想要節食和進行體能訓練。

天秤座：當推運的太陽進入天秤座時，當事人可能想要與他人產生社交連結，他對審美、平衡與和諧的需求也增加了。他可能能夠建立持久和平衡的關係。夥伴關係問題和婚姻可能出現在他的日程上。但是，由於太陽在天秤座入弱，當事人可能會在組織他的生活和表達意志力上經歷一些困難。因為他非常願意和解，可能會忽視自己的願望，在試圖平衡他的外部世界時喪失自己的內在平衡。在此期間他必須學會脫離對關係的沈溺，採取主動。

天蠍座：當事人需要清理他生活中不必要的結構，聚焦於更新，變得更強大，以及轉化。深度、慾望和精神主題會變得重要。在此期間當事人可能會運用他的直覺獲得更好的效果，轉危為機。但是，由於此星座的固定特性，當事人可能很難展現靈活的態度；他可能以孤注一擲的方式行動。此外，由於過度的懷疑、痴迷和報復心，他可能發現自己被捲入權力鬥爭。他需要抑制獲得權力的慾望。

射手座：在這裡，當事人需要探索生命，找到存在的意義，獲得原生哲學，汲取智慧。他享受從一個更寬廣的視角觀察生命，並與他人分享他的經驗。但是，從負面看，由於冒險和過度的樂觀，他可能要面對一些意想不到的後果。他還可能變得傲慢、教條主義和誇大其詞。當事人應當學習如何在可接受的範圍內冒險。

摩羯座：當事人會需要更多成功、權威性、秩序和控制。在此期間，事業和責任會被強調，當事人會成為一個完美主義者，有野心，有計劃，以目標為導向。他會更有耐心，更安靜。從負面看，當事人可能成為悲觀主義者，焦慮不安，因為他害怕不成功與不完善。

水瓶座：在這裡，當事人會需要改變、進展、啟發，獲取更多社會認同和願景。在這期間他可能參與新的社會組織。他可能想要變得更自由。從負面看，由於與他人情感上的距離，他可能會在關係中經歷一些分離和混亂。

雙魚座：當事人會需要超越、奉獻和大愛。靈性和神秘學的主題對他會更為重要，他將能夠積極地運用他的創造力和想象力。但是，在負面方向，當事人可能會迷失方向；他可能感到困惑，想要鬆開與現實的紐帶（他應當避免這樣做）。

| 推運太陽的相位 |

太陽－水星：因為太陽與水星之間的距離不會超過 28°，它們之間不會產生太多主相位。要形成六分相也需要很長時間，但是當它確實形成時，當事人會有機會連結到教育和溝通的領域。他可能做出有效的決定，形成新的項目，他的心智能力可能會提高，也可能頻繁地旅行。

太陽－金星：社交關係、感官的愉悅、婚姻、伴侶關係、藝術活動和審美價值得到重視。詮釋這個相位時，應當聚焦於本命金星所在的宮位以及它所掌管的宮位。例如，如果它主管第七宮，那它自然象徵的主題就將更加顯著，因為在現代占星學中，金星是第七宮的自然主星[3]。當太陽合相金星時，它們所在的星座非常重要。例如，如果合相發生在天蠍座，則關係中的渴望和一些權力鬥爭可能會浮出表面。由於金星和太陽的距離不會超過 48°，它們的相位代表關鍵的時期。但是，這兩顆行星可能一起推運，因為它們的速度幾乎是相當的。當它們形成 45° 相

3 **戴克註**：多塞的意思是在現代占星學的「占星學的序列」中，牡羊座和它的主星火星從原型上推斷代表第一宮，所以天秤座和金星代表第七宮。當然在古典占星學中金星也代表第七宮的事物，例如關係，但是**天秤座**和第七宮之間並沒有對等關係。

位時，在社交關係中可能會看到一些壓力和衝突。

太陽－火星：領導力和創業特質會佔主導地位。當詮釋這些相位時，應當聚焦於火星所在的宮位以及它所掌管的宮位。太陽－火星合相可能增強當事人的力量，但是也會增加意外的風險。和諧相位（三分相和六分相）可能提高當事人的競爭力和行動力。當事人可能以一種直接和清晰的方式表達他自己。困難相位可能帶來壓力和衝突。當事人可能很難管理他的憤怒。如果困難相位發生在第六宮、第八宮，或第一宮，當事人可能會有一些健康問題。

太陽－木星：個人發展、樂觀、希望、幸運、繁榮、對生命更寬廣的視野、宗教和哲學主題，都是這些相位的主題。應當聚焦於木星所在的宮位和它主管的宮位。和諧相位為當事人帶來歡樂和喜悅；他會以一種創造性的方式表達自己，並向他人傳播他的人生哲學。他可能遇見許多機會來幫助他在靈性和身體上發展。困難相位可能帶來風險、誇張、傲慢、教條主義和對冒險的鍾愛。如果困難相位發生在續宮，當事人可能過於浪費，或可能由於冒過多的風險而經歷財務損失。

太陽－土星：職業、責任、成功、權威性、對秩序的需要、以及重建是這些相位的主題。應當聚焦於土星所在的宮位和它主管的宮位。在和諧相位中，當事人可能輕鬆地重構他的生活。他在職業中可能實現成功和穩定。他知道自己的責任，並用一種有組織的方式聚焦於自己的目標。困難相位可能對他的創造性表達帶來困難，因為他可能感覺有壓力和沮喪。在此期間當事人可能喪失自信，容易意志消沉。他可能還有一些健康問題。

太陽－天王星：改變、發展、開悟、以及非凡創造力的潛力都是主題。應當聚焦於天王星所在的宮位和它主管的宮位。在和諧相位中，當事人可能對他的人生做出一些重要的改變，從團隊工作中受益，以及探索新的環境。創造力和活力在此期間佔有優勢。如果這些相位發生在第一宮或第五宮，當事人可能以一種意想不到和原創的方式展現他的創造力。困難相位可能帶來某些突然和令人震驚的發展，起伏和矛盾。如果這些相位發生在第六宮或第十二宮，當事人可能會有健康問題；如果在第一宮和第七宮，他可能在關係中有分離的情況，如果是在第二宮和第八宮，則會有財務上的起伏。

太陽－海王星：靈性和神秘學事物、理想主義、創造力、靈感、超越和臣服是這些相位的主題。聚焦於海王星所在的宮位和它所主管的宮位。在和諧相位中，當事人可能拋開自我，戰勝二元性，實現合一的愛、臣服、理想主義、靈感、直覺和創造力。如果這些相位發生在第一宮或第五宮，當事人可能在創造性的項目中表現他的想象力。困難相位可能帶來不確定性、困惑、迷失方向和分離。如果這些相位發生在第十二宮，當事人可能有藥物或酒精上癮的問題；在第一宮和第七宮，他可能在關係中有些問題和失望，如果是在第六宮或第十二宮則是健康問題。

太陽－冥王星：當事人可能經歷某些重要的改變，以及一個獲得權力和轉化的時期。聚焦於冥王星所在的宮位和它主管的宮位。在和諧相位中，當事人可能轉危為機，或展現出領袖才能，通過權威人物的支持而獲得權力。他可能經歷一種象徵性的重生。困難相位可能帶來執迷、懷疑、操縱、嫉妒、仇恨和權力鬥爭。這個轉化的時期還可能包含嚴重的危機。如果推運盤處於殘月（Balsamic lunar phase），這個時期可能相當艱苦。

推運的月亮

推運的月亮幫助我們確定好時機和計劃；它有一種觸發效應。作為運行最快的行星，它能夠與星盤中的每個特徵產生聯繫：所以，它的推運是占星師最重要的工具之一。它顯示了當事人情緒上聚焦的主題。

推運的月亮每兩年半改變一個星座，每月大約推運 1°。它的速度會變化，有時快，有時慢，但是推運月亮每年的平均速度是 13° 10'。它的推運展現出與其成相位的行星的自然徵象、宮位，以及所主管的宮位。當它的相位觸發本命盤中的相位模式時會帶來重要事件。例如，它會將四分相轉變為三刑會沖。

推運月亮的宮位代表了當事人感覺需要改變的生活領域，而它的星座代表了他的情感期待的性質。如果推運的月亮從星盤的上半球進入到下半球（或相反），也會帶來重要的發展。

| 推運月亮在宮位中 |

以下描述說明了月亮通過各個宮位的推運，但是原則上也可以應用於其他行星：

第一宮：當事人開啟了一個新的個人週期，獲得了主觀的觀點，並聚焦於自己的願望。他關注原始動機、習慣、個人發展和外表。他的當務之急是做出人生的改變，現在正是行動的時機。實現自我的動機是以第一宮的星座之元素和四正性質為基礎的。

第二宮：在這裡，當事人聚焦於他的財務資源和價值。他需要財務自由，但是可能會在這方面經歷一些起伏。他可能做一些投資，並在財務上冒些風險。因此，它與五宮內的行星形成四分相或與八宮內的行星形成對分相很重要，因為第五宮主管風險和投機，而第八宮主管與他人共同持有的投資。

第三宮：改變的能量聚焦在心理過程上。這是一個投入心智活動和教育目的的好機會。著眼於規劃短途旅行以及兄弟姐妹和鄰居的關係。在此時期溝通也很重要。

第四宮：情感安全、紮根的需要，與家人、家庭相關的元素都是重要的議題。當事人可能希望移居到其他地方或者重新裝修房子。他可能購買或出售不動產。這是內省和尋找內在平和的時間。當事人可能重新評估他的家庭關係：他可能會經歷一些分離，或者與家庭成員重聚。

第五宮：當事人享受以一種創造性的方式表達自己。強調子女，愛好，樂趣，愛情和性的議題。可能規劃浪漫的旅行。

第六宮：當事人在此期間想要幫助他人，解決問題，並且變得富有成效。他可能參與一些發展其才能的活動。但是，他的任務和必須要處理的問題的數量會增加。這是一個進行節食、開始體育和健身活動的理想時期，但是當事人應當小心他的健康。有些與工作環境和下屬相關的問題會變得重要。這還是一個對工作環境及使用方法做出調整的期間。

第七宮：關係在當事人的生活中變得重要。婚姻、離婚和合夥關係可能成為行動的主題。當事人可能在他的關係中發展出新的態度模式。公開的敵人和衝突也可能浮出表面。當事人會比以前更多參與社交活動。

第八宮：強調分享的資源。例如信用、抵押貸款、共同投資和繼承可能會有相關規劃。當事人可能傾向於形上學和神秘學主題。他可能發現自己處於權力鬥爭中，並且被過多的慾望所制約。他可能還會遭受某些情感危機。

第九宮：當事人會質疑存在的意義，並變得更明智，具有寬廣的視野。他希望獲取能夠提供人生意義的知識，並構建自己的人生哲學。他可能通過另類的學習得以進化。為了分享知識和經驗，他可能還會開講座和寫作。信念、靈性和哲學主題都變得重要。他可能還會帶著探索人生和外國文化的目的旅行。

第十宮：強調目標、職業、社會地位、以及當事人在社會上的形象。他可能會嚴肅地看待人生，並負起更多的責任。他在社會上的曝光率增加了，社會地位可能會改變；可能得到提升或變得出名。

第十一宮：激進的想法，社會環境的改變，參與慈善事業或者俱樂部，或結交新的朋友都是這個時期的主題。當事人想要與有著相同理念的人一起行動。另一方面，由於第十一宮是從第十宮起算的第二宮，當事人可能因為事業成就而掙得財富。

第十二宮：創造性、想像力、靈感、孤立、神秘學的主題在當事人的生活中會變得重要。他可能對另類療法、冥想和人道主義問題感興趣。他可能更願意待在幕後。從負面看，他可能從現實中出走並迷失方向；所以當事人必須小心。

| 推運的月亮在各星座 |

推運的月亮進入另一個星座並不意味著當事人會完全獲得那個星座的性質，而更像是他在情感上需要那個星座的特性。

牡羊座：當事人聚焦於採取行動和主動權。他喜歡挑戰。他可能輕鬆地展現領導才能。他感興趣的是自己的願望，而不是他人的需求。他對生命充滿熱情，開始迅速地行動。從負面看，他可能過於衝動，怒氣沖天地行動，再被迫帶著損失平息下來，面對因為他不假思索的行動而帶來的意外後果。

金牛座：當事人聚焦於獲得具體的成果和穩定性。只有當在財務上有保障時他才感到安全。他需要更多的安靜與平和。他不會不假考慮就回應；他對周圍的人表現出沈默。從負面看，他可能固執，拒絕改變。但是，由於月亮入旺在金牛座，這些負面的可能性不會被過多強調。

雙子座：當事人聚焦於交換具體的知識，溝通，並忙於研究。他現在更好奇了。許多知識湧向他。因為在此時期變得更加外向和愛交際，他不會享受安靜地坐著，總是很快行動。從負面看，當事人可能很緊張和焦慮。因為他總是要做多方面的事情，心智可能很容易就分散。

巨蟹座：當事人聚焦於家庭事務，情感連接以及情感安全的需要。在此期間，他想要花更多時間待在家裡，注意力放在家庭問題上。同理心、情感支持和情感連結增加了。從反面看，當事人可能過於敏感和憤憤不平。但是由於這個星座的主星就是月亮本身，它的負面不會被過多強調。

獅子座：當事人聚焦在以創造性的方式表達自己，被他人接受和欣賞。他樂觀、外向、有自信行事的天賦。他能輕鬆地表現出領導力和權威性。從負面看，他可能很自私，並且太自以為傲。

處女座：當事人聚焦於實現更有成效，做出具體的分析。與日常工作和健康有關的事情被強調。當事人對情感問題採取一種機械性的方法；他只關心以此方式解決這類問題。因為他太熱衷於細節，見樹不見林；並且因為他的強迫症更加嚴重，所以感覺自己承受很大壓力。他還可能失去自信。有時當事人可能對特定的健康問題，例如節食和鍛鍊非常著迷。

天秤座：當事人聚焦於審美價值，關係和婚姻。他需要透過關係，保持一對一的連結和社交來瞭解自己。因為他想要建立一種穩定和平衡的關係，便會展現出和解的態度，或充當他人的調解者。他不喜歡爭吵。審美價值得到重視，當事人想要變得美麗，也想使環境變得漂亮。

天蠍座：當事人聚焦於清除生命中不必要的事物、更新、獲得力量和轉化。在情感層面，他可能有一種深刻、激情和分享的態度。他的直覺有所發展，想要通過深入的研究來學習每件事物。他可能顯得神秘且內向。從負面看，當事人可能偏執、懷疑、嫉妒、報復心重，因為月亮在此星座並不是一個良好的位置。

射手座：當事人聚焦於探索生命、信仰系統和個人擴展。他很樂觀，充滿希望，愛冒險。教育、與國外的關係、旅行和法律事務是主題。在情感層面上他可能表現出對事件只有廣度，但缺乏深度的看法。從負面看，由於太過冒險，並且過於樂觀，他可能會面對意想不到的結果。他還可能是教條主義和傲慢的。

摩羯座：當事人聚焦於事業、成功、權威和秩序。在此期間，優先考慮工作和責任，因為當事人可能在情感層面上相當冷淡。當事人可能壓抑他的感覺，與他人保持情感上的距離。當事人可能很被動和焦慮，因為這對月亮不是一個好的位置。無論如何，他可能都無法實現他渴望的成功。

水瓶座：當事人聚焦於改變、進步、改造、開悟和新的願景。因為他需要擁有一種社會認同，所以會結交新朋友，擴展他的圈子。由於對自由和與眾不同的渴望，他可能與權威有些衝突，甚至可能是反叛的。因為水瓶座對月亮不是一個良好的位置，當事人可能經歷某些情感起伏和不穩定。從正面角度看，當事人可能在此期間做出改變，因為他容易接受新的想法。

雙魚座：當事人聚焦於靈性和神秘學主題。他需要超越、臣服、和大愛。他投入、共情、關懷他人，並與他人分享。他的直覺很強烈。從負面看，由於過度的理想主義，他可能會感到失望和困惑，並迷失生活的方向。

推運的水星

水星代表當事人對世界的看法、他的溝通方式和認知過程。水星的推運向我們顯示當事人的心智發展到了哪種水平。當推運的水星和其他行星之間有許多相位時，當事人需要獲得具體的知識，他開始忙於各種學習活動，過多的溝通交流充滿了他的生活。因為水星也與旅行、商業活動、交通和兄弟姐妹相關，這些主題也會被強調。

｜推運水星的相位｜

水星－金星：強調社交能力、愛、快樂、浪漫的表達、創造性過程和藝術主題。但是，這種關係可能很膚淺。和諧相位帶來關係中的和諧、有效的溝通和教育。困難相位帶來關係中的不和諧以及溝通的問題。

水星－火星：強調了溝通和教育有關的冒險，以及結合了體力與心智的努力。如果有和諧相位的幫助，當事人在心智工程中會獲得成功，並將其運用實施；他獲得了用直接的方式表達自己的技巧。它們的困難相位帶來精神壓力、不得體、以及不假思索就做決定。當事人可能有憤怒管理相關的問題。

水星－木星：教育，以及具象和抽象知識的結合在這裡被強調。這兩顆行星之間的和諧相位帶來教育和溝通領域的機會；當事人可能可以輕鬆地向公眾表達自己，還能通過旅行來發現世界。另一方面，困難相位可能帶來精神的壓力，誇張和不切實際的想法，教條主義和傲慢。因為當事人會在教育和溝通方面冒險，他可能會經歷一些問題。

水星－土星：教育和溝通上的嚴謹性和持續性被強調。當事人可能在他的受教育生涯中認真地對待每一步，做出富有成效的決定，並在這兩顆行星的和諧相位幫助下強化他的集中力。他可能很有組織性和紀律性，並運用他的規劃技能找到事業中的成功。另一方面，困難相位可能帶來悲觀情緒、焦慮、教育以及溝通上的問題，難以集中，以及強迫症。因為他的羞澀以及缺乏自信，可能在獲得他想要的成功上有困難。

水星－天王星：教育及溝通上的轉化和啟發被強調了。通過這兩顆行星之間和諧相位的影響，當事人可能產生非凡及激進的想法，發展出對事物更快速的理解力，並在教育事務上體驗正面的發展。困難相位可能帶來教育和溝通上出乎意料的發展、烏托邦式的方法以及反叛。當事人可能有神經衰弱的毛病。

水星－海王星：認知過程，例如創造性、靈感和想象力反映在了溝通中。在和諧相位中，當事人可能從無限的想象力和直覺的賜福中獲益。另一方面，困難相位導致混淆、難以做決定、逃離現實，並在極端情況下出現錯覺。

水星－冥王星：這個相位代表教育、溝通，以及認知過程議題的轉化。兩者之間的和諧相位將增強觀察力，淘汰無用的心智模式，轉化現有的認知過程，隨著教育上的正面發展變成更有領導力和效率的溝通者。困難相位可能帶來偏執、懷疑和對死亡的恐懼，以及溝通中的權力鬥爭。當事人可能強迫他人接受他的觀點。

推運的金星

金星與審美價值、和諧、平衡、愉悅、性欲、關係和社交性相關。金星還代表當事人自我欣賞的能力。通常來說，它的推運顯示當事人在一對一的關係和社會關係上的方式。

| 推運金星的相位 |

金星－火星：創造力和性方面的自信、慾望和男女關係，以及藝術類事物被強調了。這兩顆行星之間的和諧相位使性生活協調，兩性之間能量輕鬆流動，並帶來藝術事物的創造力。困難相位可能帶來關係上的衝突、競爭和攻擊、極端的慾望和過於衝動的性生活。

金星－木星：機會、幸運以及由於關係而帶來的繁榮被強調了。它們的和諧相位帶來社交關係上重要的機會，新朋友和財務的機會。困難相位可能帶來社交關係上的誇張，揮霍無度的習性、頭腦發脹的現象，以及對於性和其他感官享受的過度需求。

金星－土星：社交關係中的嚴謹性和持續性，審美價值上的傳統主義，以及對歡愉和性欲的控制都被強調了。在和諧相位中，當事人可能有遠距離關係；他是忠誠和可信賴的，偏好長久的關係。他知道他在關係中的責任，並能夠控制他的性欲。困難相位帶來關係上的困難，對愛持悲觀態度，缺乏自愛，缺少性衝動，並壓抑快樂。當事人可能飽受金星類型的健康問題（糖尿病，腎臟和生殖器官疾病）和財務困難困擾。

金星－天王星：強調社交關係中的創新和人道主義，感官歡愉和審美價值。這兩顆行星的和諧相位帶來對社會群體權利的敏感，並可能有太多的朋友。因為當事人對於審美價值和感官歡愉有一套獨創性方法，他可能參與到不一般的藝術活動中去。他還會敞開接納性生活中的新體驗。困難相位帶來不穩定、令人震驚的發展，突然開始或結束社交關係，財務狀況的起伏以及不正當的性生活。

金星－海王星：浪漫主義、順從、大愛、神聖的愛，還有藝術活動中的創造力被強調。和諧相位帶來投入、原諒、社交關係中的順從、以及非常浪漫的愛情生活。當事人可能通過神秘主義尋求神聖的愛。他能夠無差別地愛每一個人。由於他在審美價值和歡愉方面運用強大的想象力，而可能參與到藝術活動中。困難相位帶來社交關係上過度的理想化、寬恕、或投入，當事人因此可能遭受失望、困惑和欺騙的打擊。他可能沈迷藥物或酒精，因為這些物質會幫助他逃離現實。

金星－冥王星：通過關係的轉化被強調了。和諧相位帶來深刻與佔有欲，但是當事人可以化危機為機會。他可能看到來自有影響力的人物帶來的財務和情感支持，並在社會中佔據有力的地位；在與他人的關係中運用其力量和魅力。困難相位帶來懷疑、偏執、嫉妒、仇恨和權力鬥爭。當事人可能在性關係中墮落，並可能由此導致施虐癖（極端情況下）。他還可能經歷嚴重的財務危機。

推運的火星

推運的火星及其相位顯示出當事人要如何展現自己，採取主動，進行新的冒險和活動，並以新的方式運用他的能量。

｜推運火星的相位｜

火星－木星：運動、新冒險的機會和個人發展的嘗試被強調。和諧相位帶來熱情和勇氣，當事人會展示出這種態度，也會有效地運用他的領導力技巧。在此期間他可能對體育活動感興趣，並開始一些教育相關的冒險。他可能還會參與到個人發展的活動中去，也可能面對許多機會。困難相位帶來風險投資、狂熱、教條主義和傲慢。當事人可能參與此後會對他產生負面影響的活動。

火星－土星：持續的冒險精神和憤怒管理都與「本我」和「超我」的和諧相關，因為土星代表社交規則和我們的內在判斷（超我），而火星代表我們的原始面向（本我）。兩者之間的和諧相位可能帶來有效的憤怒管理、持續和穩定的冒險，從而變得以目標為導向和有決心。困難相位帶來憤怒管理中的被動攻擊行為和難以主動的問題。身體健康方面的問題也會被注意到。

火星－天王星：導向改變的冒險、勇氣、創新性活動和獨立性被強調了。和諧相位帶來新的開始、改變、獨立和創新。困難相位帶來事故、拒絕改變、前後不一、勃然大怒和反叛的行為。

火星－海王星：強調為了精神價值和目標，還有理想主義而鬥爭。和諧相位帶來當事人冒險中的想象力和創造力：他可能創造出新的藝術項目，或在精神活動中展現自己。困難相位帶來方向的迷失、懶惰、努力後卻失敗的失望，以及缺乏動機。由於火星代表生存的力量，當事人可能經歷某些健康問題（特別是與免疫系統相關的）。

火星－冥王星：強調了有助於化險為夷的冒險。冥王星就像是高八度的火星，所以當這兩顆行星形成和諧相位時，它們帶來了領袖魅力、勇氣、領導力、持續變化的冒險、以及打擊對手的天賦。困難相位可能帶來權力的濫用、殘酷、虐待和冒險中嚴重的危機。

月亮－太陽的關係

推運的月亮和推運的太陽之間所有相位都將創造一種結合兩者自然意義的連結：例如陰陽兩極，意識與潛意識，感性與理性等等。這些相位形態所在的宮位很重要。

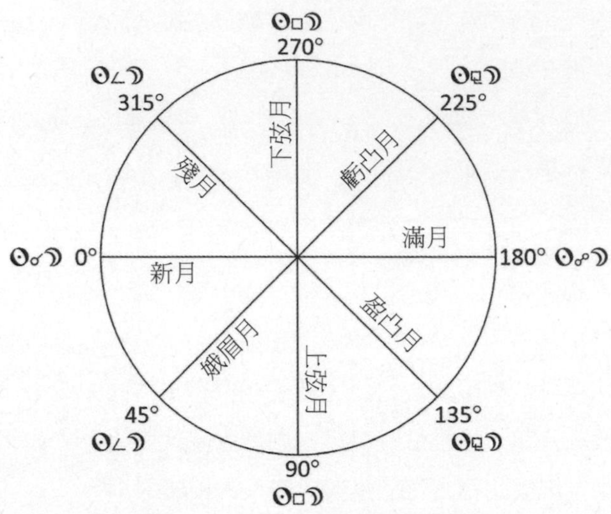

圖表 24：日月週期中的相位和月相

這張圖顯示了推運的月亮和推運的太陽之間的月相。當月亮和太陽合相（0°）時，指的是新月時刻。因為月亮比太陽運行速度快，繼而與太陽形成不同相位，直到再次合相。當太陽和月亮之間的距離達到 45°，就有了一個娥眉月，90° 是上弦月，135° 是盈凸月，180° 是滿月，315° 是殘月。當月亮完成這個 360° 的循環，再次達到太陽的度數時（譯註：即與太陽合相），就形成了另一個新月和一個新的週期。

簡單來講，從新月到滿月的階段是開始和建立的時期，而從滿月到新月的階段是完成和退出的時期。單獨看每個月相，新月是起始，娥眉月是擴張和固化，上弦月是行動，盈凸月是完成，滿月是滿足與收穫，虧凸月是與他人分享其能力，下弦月是重組，殘月則是釋放階段。讓我們仔細研究每個月相：

新月（0° － 45°）：推運的月亮和太陽每 29.5 年合相一次。此時當事人可能有一個新的開始，但是由於這個月相的過程並不清晰，當事人可能不知道想要走向哪個方向。他可能不知道採取措施的結果。他會問：「我在做正確的事情嗎？」然而他還是想要採取行動，把過去留在身後，因為他在上一個殘月已經察覺到了改變的需要。新月發生的宮位很重要，因為新的開始將與這個星座和宮位的需要相關。

娥眉月（45° － 90°）：這個月相強調從開始於新月的冒險中所獲得的反饋，以及根據這個信息使目標具體化和穩固。現在當事人可能使自己擺脫了過去的影響，並決定：他可以有意識地前進以接近他的目標，並對保護自己的資源有了野心。儘管一開始這是一個困難的階段，一旦相位達到 60° 時，就會變得較容易組織並且得到成果。

上弦月（90° － 135°）：這是測試的階段；當事人應當既有野心也有紀律，並努力顯示他的進步。他應當積極地工作，為在推運的新月時（上述提及） 產生的新開始奠定良好的基礎。在此階段當事人應當積極主動，為自己的存在而鬥爭。這正是保護在新月時開始的冒險之時。當事人還應當得到他人的贊同，即使他可能有時會感到沒有被完全理解或被欣賞。因為這個相位是由四分相開始的，一開始可能會經歷一些困難，但是當變成三分相時，這些困難就將開始消退，能量會更輕鬆地流動。

盈凸月（135° － 180°）：在此月相中，當事人開始顯現出創造力、生產力，開始向社會展現他的工作。他可能努力尋找能夠增加他的生產力，並用一種更有效的方式利用他的資源的新方式。這是擴展生意的時期。當事人可能努力做到最好，並容易從他的努力中看到成果。現在目標更加重要了。當事人問自己：「我的目標還有沒有什麼被忽略的細節？」他應當對自己和所立目標有信心，因為補十二分相（150°）可能導致懷疑和優柔寡斷。因此當事人可能經歷某些危機，而其實應當轉換其為機會。

滿月（180° － 225°）：當事人可能遇見十四年前的新月時開始的事物之努力所產生的結果。所以，這是一個收穫的時節。如果當事人做出了積極的嘗試，他現在會接近成功；如果他不事生產、還不夠成熟，結果可能是令人失望的。當事人在這個月相期間更加客觀，並樂於分享，他可能在關係的幫助下有所發展。在此時期可能會有婚姻或合夥關係的計畫。

虧凸月（225° － 270°）：在滿月月相之後，當事人生命中的能量會減退，個人野心開始逐漸消失。當事人現在與社會分享他的經驗，想要和他人分享他的哲學觀、展望，和現在對於生命更寬廣的認知。在此月相中，他會問自己：「我在嘗試接近自己的目標時，為社會做了什麼？」此外，他可能經歷人生中的一些改變：例如，他可能離開或變換工作。

下弦月（270° － 315°）：虧凸月的月相之後，當事人想要向社會展示他的工作。他可能忙於他的工作生活，並尋求獲得實質的成果。在此月相中當事人可能實現成功，獲得名譽。當這個月相接近四分相的度數時，他可能需要更努力，更奮鬥。在此月相的結尾，當事人可能會問：「接下去我該做什麼？」

殘月（315° － 360°）：這是淨化和從過去的努力中恢復的時期。當事人可能難以開始新的事物並感到困惑。離開舊的習慣和嗜好可能很困難。儘管他會有所克制，但仍舊難以保住財產。有些命定的損失會發生。當事人需要獨處，傾聽自己內在的聲音：然後他可能會有順勢而為的感覺。他可能享受學習靈性的主題、冥想和祈禱。

推運的逆行行星

太陽系中的所有行星都是正向運動的，但是從地球上觀察時，大部分行星看起來會慢下來，然後反向移動。（月亮和太陽不會逆行。）行星的逆行導致它們的能量被堵塞：不能良好地運用。所以，能量向內流動，最終當事人的自省能力提高了。這些行星停滯、逆行或再次轉向順行的日或年，以及它們所掌管的宮位非常重要。

水星逆行：推運的水星代表認知過程和一個人的溝通方式的改變。當推運的太陽和推運的水星在不同星座時，當事人可能感到他的心靈和表達心靈的方式之間有衝突。當推運的水星逆行時，當事人可能有溝通、學習和做決定的障礙。因此，當事人會感到被誤解，或不能充分表達自己。這個階段會持續十九至二十三年。從正面角度來看，當事人有機會轉向內在並自省。當水星轉向順行時，他開始更容易地表達自己並執行在水星逆行期間產生的想法。水星轉換順行的宮位，以及主管的宮位很重要。

金星逆行：推運的金星大約會逆行四十二年。在此期間，當事人可能有一對一和社交關係上的問題。在金星主題的事物，例如婚姻、性行為和伴侶關係上可能見到拖延和不滿。當金星逆行時，它的能量流向內在，因此人們可能看到柏拉圖式的愛情。從正面方面看，當事人可能發展出自愛的覺知，他的藝術創造力可能增加。審美價值對他很重要，他可能對愛和審美價值有獨特的要求。

火星逆行：推運的火星逆行大約八十年。在此期間，當事人可能在開啟事物或新階段，以及憤怒管理方面有困難。

火星之外的行星會覆蓋人生中更長的時期，從而不便於應用或說明。例如，木星會逆行一百二十年，而土星則是一百五十年。

宮始點的推運

人們可以觀察他們星盤中處於不同星座的宮始點的推運，以及這些宮始點與本命和推運行星的相位。但是，因為天頂和上升是最重要的個人指標，它們應當被強調。

找到推運的天頂很簡單：它與太陽以同樣的速度推運。因為上升點是天頂和出生緯度的函數，因此應先將天頂推運到想要的位置，再使用宮位表或電腦程式計算相應的上升，從而找到推運的上升。例如，人們可能以電腦程式計算出一張星盤，再隨時間動態向前推運：程式會自動根據選擇的天頂位置計算上升點。

推運的天頂：它代表了當事人的目標、展現自己的方式，他的職業、社會地位和社會形象。當天頂推運時，它與行星形成的相位代表當事人生命中的事件和改變。例如，當推運的天頂合相本命月亮時，則處於一個人的事業和目標中做出改變的時間，因為月亮代表改變。當它與本命月亮四分時，改變還會帶來情感危機。當它與本命月亮三分時，當事人可能從女性或母親那裡得到支持。

推運的上升：它代表當事人的基本動機、天賦和習性。當推運的上升與行星形成相位時，會發生與這些相位相關的重要事件和改變：行星的能量反映在當事人生命中第一宮的主題裡。在六分相和三分相中，能量流動很輕鬆，而四分相和對分相會將某些挑戰和壓力顯露出來。例如，推運的上升和本命火星的合相意味著當事人應當參與新的冒險並採取主動。但是，由於上升位置代表身體而火星主管意外，這個階段可能存在健康問題上的風險；這種風險在推運的上升四分本命火星時更大。此外，當事人可能需要為他的目標而鬥爭，也可能因為處於壓力之下而變得咄咄逼人。當推運的上升與本命火星三分時，當事人可能輕鬆地表現出積極主動，因為能量的流動有助於他開始行動。

JOHANNES SCHOENER：約翰內斯・舍納

第八章
界行向運法

界行向運法或配置法是最古老的預測技巧之一。界是將每個星座劃分為五個不均等的區間，每個區間由五顆古典行星之一守護（不包括發光體）。界主星是這種技術的核心因素：當上升點或其他點向運通過界時，界主星即意味著在這段期間會發生的事件的類型和發展。

在這種方法中應用埃及界的表格（見下圖）[1]。例如，當上升點在天秤座 1° 14' 時，落入土星的界，這個界的範圍是從天秤座 0° 到 5° 59'。所以當我們推進上升點，土星仍是剩餘的 4° 46' 所對應的年份的界主星，直到在 6° 時進入下一個界。然後上升點會進入水星的界，它會主管當事人對應天秤座 6° 到 14° 這幾年的人生。木星是下一個界主星，在天秤座 14° 到 21° 之間。金星是再下一個界主星，主管當事人在 21° 到 28° 之間的人生。最後，火星將主管天秤座 28° 到天蠍座 0° 之間的界，然後火星再一次從天蠍座 0° 到 6° 59' 開始作為界主星，如此等等。

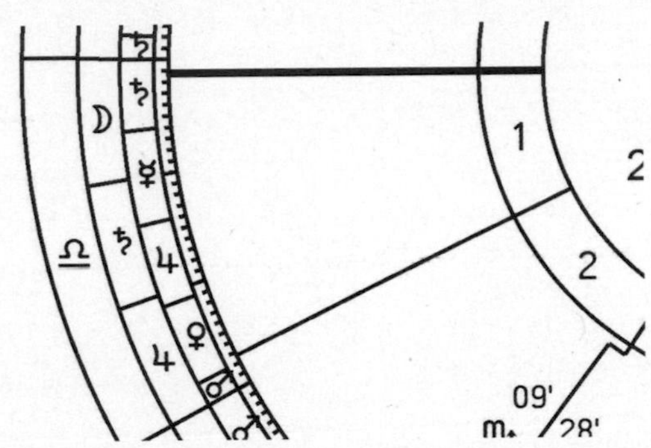

圖表 25：上升落在天秤座的土星界

1 **戴克註**：歷史上有幾種界的版本，但是「埃及界」是從古代直到中世紀阿拉伯時期應用最廣泛的。

♈	♃ 0°- 5° 59’	♀ 6°- 11° 59’	☿ 12°- 19° 59’	♂ 20°- 24° 59’	♄ 25°- 29° 59’
♉	♀ 0°- 7° 59’	☿ 8°- 13° 59’	♃ 14°- 21° 59’	♄ 22°- 26° 59’	♂ 27°- 29° 59’
♊	☿ 0°- 5° 59’	♃ 6°- 11° 59’	♀ 12°- 16° 59’	♂ 17°- 23° 59’	♄ 24°- 29° 59’
♋	♂ 0°- 6° 59’	♀ 7°- 12° 59’	☿ 13°- 18° 59’	♃ 19°- 25° 59’	♄ 26°- 29° 59’
♌	♃ 0°- 5° 59’	♀ 6°- 10° 59’	♄ 11°- 17° 59’	☿ 18°- 23° 59’	♂ 24°- 29° 59’
♍	☿ 0°- 6° 59’	♀ 7°- 16° 59’	♃ 17°- 20° 59’	♂ 21°- 27° 59’	♄ 28°- 29° 59’
♎	♄ 0°- 5° 59’	☿ 6°- 13° 59’	♃ 14°- 20° 59’	♀ 21°- 27° 59’	♂ 28°- 29° 59’
♏	♂ 0°- 6° 59’	♀ 7°- 10° 59’	☿ 11°- 18° 59’	♃ 19°- 23° 59’	♄ 24°- 29° 59’
♐	♃ 0°- 11° 59’	♀ 12°- 16° 59’	☿ 17°- 20° 59’	♄ 21°- 25° 59’	♂ 26°- 29° 59’
♑	☿ 0°- 6° 59’	♃ 7°- 13° 59’	♀ 14°- 21° 59’	♄ 22°- 25° 59’	♂ 26°- 29° 59’
♒	☿ 0°- 6° 59’	♀ 7°- 12° 59’	♃ 13°- 19° 59’	♂ 20°- 24° 59’	♄ 25°- 29° 59’
♓	♀ 0°- 11° 59’	♃ 12°- 15° 59’	☿ 16°- 18° 59’	♂ 19°- 27° 59’	♄ 28°- 29° 59’

圖表 26：埃及界

根據烏瑪・塔巴里的說法，為了對當事人的生活做出整體性的預測，應當推進本命上升點的度數[2]。在確定了上升點的準確度和分之後，就能確定界主星，上升點和下一個界之間的黃道度數之差應當被轉化為斜赤經上升[3]。「斜」赤經上升（或常簡稱為「赤經上升」）是天球赤道穿過上升－下降軸線的度數：它們不是簡單的黃道度數。因此在黃道帶上一個 6° 的界不會持續六年，而是持續與這個界在赤經上升度數上的度數所對應的時間。這主要取決於出生地緯度。一旦知道了赤經

2 **戴克註**：詳見我的《波斯本命占星 II》，II.5 中翻譯的烏瑪關於本命星盤的書。

3 **戴克註**：見下。

上升的度數，每 1° 赤經上升等同於人生中的一年。以下將給出任一緯度上每個界的赤經上升度數的簡單數學說明。

無論上升在哪個界中，界主星都被烏瑪．塔巴里稱作 jārbakhtār，在波斯文中的含義為時間的「配置星」或「除數」[4]。第一個界主星將主管這個界涵蓋的度、分和秒所對應的年、日和時的運程，下一個界主星將主管對應於他的界的年數，以此類推。

界的解釋

為了解釋界的時期，應當考慮配置星的性質和所在界的黃道帶位置。如果這顆行星是吉星，或與吉星有相位，這些年會比較平靜、擴張和繁榮。相反，如果界主星是凶星，或落陷，或在一個不好的位置，當事人在人生的這段期間將會面臨困難和危險。

古德．波那提也說[5]，我們應當評估與界形成相位的行星，以及這個相位的性質。在下面的星盤中，假設上升點的向運來到了天秤座 21°，金星的界，而本命木星在雙子座 21°。木星三分這個界，即與一顆吉星的界形成和諧相位，代表當事人在關係上會有一段成功和美好的時期。確實，下面的當事人（我）在此期間訂婚，並在二十六歲時結婚了。婚姻是金星類型的事件，因為木星與這個界形成了好的相位，總而言之，當事人將會進入他人生中一段快樂的時期。

4 **戴克註**：詳見我的《波斯本命占星 II》，II.6 中的烏瑪關於本命星盤的書。

5 **戴克註**：見波那提的《天文書》（或稱《波那提本命占星》〔*Bonatti on Nativities*〕）Tr. 9，第二部分，第六章。

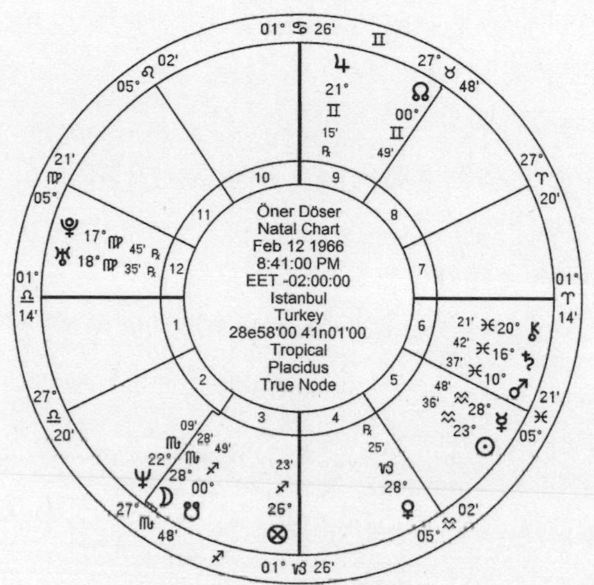

從界中向運壽命釋放星（longevity releaser），或稱 hīlāj[6]，也可以做出預測。假設釋放星在雙子座 16°，金星的界中。當把度數推到雙子座 18°，當事人的健康狀況將會改變，因為界主星會從金星變為火星。當釋放星的界從火星轉移到土星時，當事人可能經歷更多的健康問題。根據波那提的說法，如果釋放星的界主星從一顆凶星推進到另一顆凶星，結果可能是致命的。當然，永遠都要考慮這些行星在本命盤上的位

6 戴克註：Hīlāj（也可拼寫為 hyleg）來自波斯文，含義為「釋放星（releaser）」，翻譯希臘文為 apheta，亦即「釋放星」。通常來講，釋放星不過是我們推進的一些點。但是在特殊情況下，它涉及星盤中指出當事人壽命和生命力的一個點：所以推進它將會對當事人的健康狀況有重要意義。托勒密在《四書》III 第十章或第十一章（取決於版本）中給出了尋找釋放星的指導。烏瑪・塔巴里在他論本命盤的書籍《波斯本命占星 II》，I.4 中也給出了描述。不是每顆釋放星都可以準確相同的方式被推進。

置和它們的相位。如果凶星在星盤中位置良好，或它們主管好的宮位，則解釋也相應改變。

案例：奧內爾．多塞的上升點

如前所述，上升和下一個界之間的度數必須從黃道度數轉化為斜赤經上升度數（OA）。這意味著我們必須知道上升的斜赤經上升（或 OA 上升）和下一個界開始所處的 OA。這兩個 OA 之間的差就是欲知的期間長度。

OA 上升就是天頂的赤經（RA）（或 RA 天頂）＋ 90°。所以，如果我們從電腦程序中知道 RA 天頂是 91° 34’ 35”，那麼＋ 90° 得到的數字就是 OA 上升：

對於上升點在天秤座 1° 14’：
OA 上升 = RA 天頂＋ 90°
OA 上升 = 91° 34’ 35” ＋ 90°
OA 上升 = 181° 34’ 35”

現在我們需要找到下一個界，即天秤座 6° 的水星界開始所處的 OA。儘管可以使用三角函數直接計算這個值，但更簡單的方法是（透過你電腦上的電子或其他計時功能）將當事人的星盤向前推進，直到上升點在天秤座 6° 的位置。然後，找到這張星盤的 RA 天頂，加上 90°。當上升點在天秤座 6° 時，在當事人的緯度上的 RA 天頂就是 97° 35’ 04”。

對於天秤座 6° 00'（水星界）：

OA 上升 = RA 天頂＋ 90°

OA 上升 = 97° 35' 04" ＋ 90°

OA 上升 = 187° 35' 04"

出生到當上升點進入水星界之間的時間是兩個 OA 之間的差：187° 35' 04" － 181° 34' 35" = 6° 00' 29"。具體是多久呢？古人在計算時使用一年為 365 天，假定每個月 30 天。因此：

1° = 1 年

5' = 1 月

1' = 6 日

10" = 1 日

6° 0' 29" 的距離是 6 年 3 天。因此，當事人會在六歲後很快就進入水星期間。

以下計算顯示了在兩個界開始處的 OA，以及從出生 OA 後經過的總時間，告訴我們當事人進入每個界時會是多大年紀。用你自己的程式將上面那張本命盤裡後續的界都放在上升點，驗證這些時間的 RA 天頂和 OA 上升：

對於天秤座 14° 00'（木星界）：

OA 上升 = RA 天頂＋ 90°

OA 上升 = 107° 42' 43" ＋ 90°

OA 上升 = 197° 42' 43"

經過的時間：197° 42' 43" － 181° 34' 35" = 16° 08' 08" = 從出生開始 16 年 1 個月 15 天

對於天秤座 21° 00'（金星界）：

OA 上升 = RA 天頂＋ 90°

OA 上升 = 116° 35' 36" ＋ 90°

OA 上升 = 206° 35' 36"

經過的時間：206° 35' 36" － 181° 34' 35" = 25° 01' 01" = 從出生開始 25 年 6 天

有這些計算的幫助，便有可能確定當事人的行星時期，和在任何年紀時的配置星或界主星。下表顯示了這位客戶從土星界的上升開始，直到 74 歲左右所經過的時間的數值：

界	星座	黃道度數	界的 OA	從出生開始的年
♄	♎	（1° 14'）	（181° 34' 35"）	0 年 -6 年 3 天
☿	♎	6° 00'	187° 35' 04"	6 年 3 天 -16 年 1 個月 15 天
♃	♎	14° 00'	197° 42' 43"	16 年 1 個月 15 天 -25 年 0 個月 6 天
♀	♎	21° 00'	206° 35' 36"	25 年 0 個月 6 天 -33 年 11 個月 11 天
♂	♎	28° 00'	215° 31' 24"	33 年 11 個月 11 天 -36 年 6 個月 1 天
♂	♏	0° 00'	218° 04' 49"	36 年 6 個月 1 天 -45 年 5 個月 19 天
♀	♏	7° 00'	227° 02' 47"	45 年 5 個月 19 天 -50 年 7 個月 6 天
☿	♏	11° 00'	232° 10' 38"	50 年 7 個月 6 天 -60 年 10 個月 10 天
♃	♏	19° 00'	242° 26' 19"	60 年 10 個月 10 天 -67 年 3 個月 0 天
♄	♏	24° 00'	248° 49' 36"	67 年 3 個月 0 天 -74 年 10 個月 11 天
♃	♐	0° 00'	256° 26' 21"	74 年 10 個月 11 天

0－6歲（土星界）

在此時期，當事人有許多炎症的疾病，特別是由咽喉感染引起的。他的體質很弱。土星在第六宮，合相火星：這是炎症疾病的一個指徵。土星四分第六宮主星木星，這一點也威脅了健康。

6－16歲（水星界）

在此期間，當事人對於科學主題很感興趣，特別是太空科學。當他還很小時，就寫了許多故事。他想成為運動員，從很早就開始踢足球，十三歲以後打籃球。在此時期運動是他生命中唯一重要的事情。儘管他在這方面很有天賦也很成功，但是沒有達到他所希望的水平。（另一方面，他的許多隊友都成為了有名的籃球運動員。）直到十三歲時，他的健康仍然很差。他的母親也有一些問題，母親在他十三歲時去世了。

水星三分木星，顯示出他對科學主題和寫作的興趣；水星所在的第五宮顯示了他對體育運動的偏好。他的水星正在離開太陽，但是仍然處於焦傷中：這意味著他還很弱，不能獲得他在體育方面所渴望的成功水平。太陽是第十一宮主星，所以他與水星的合相顯示出當事人與許多出名的籃球運動員是朋友。水星四分月亮，代表了母親的問題，而月亮四分太陽顯示出他父母之間的混亂狀況。最後，水星位於從第十宮（母親的宮位）起算的第八宮：這顯示了母親的死亡。

16－25歲（木星界）

當事人仍然對體育運動很著迷。在一九八二年，因為他忘記了考試，所以有一門課業沒通過，他決定就此休學，為他父親工作。他的父親在那時期是一位極度厲行紀律的人。一九八四年，當事人得了黃疸病；又做了胃部疝氣手術，之後還動了一次腳部小手術，最後他還有腎臟相關的疾病。從高中畢業以後，他開始從商。同時他也參加語言和電腦課程。因為在參加大學入學考試前一晚與父親的討論，他取消了所有的申請，參加了遠程學習課程。他繼續協助他的父親。一九九一年他從遠程課程中畢業，但是並未對此學歷滿意：他總是相信如果他上過正規大學，會更成功。

界主星木星是第六宮的主星，一般來說代表了疾病。木星在雙子座，第九宮，三分位於第五宮的太陽和水星。這顯示出他的運動天賦。土星（第四宮主星）四分第九宮中的木星，代表學業環境上的困難；他在這個方面的不滿源於土星四分木星，並且木星逆行。但是，水星三分木星解釋了他對於更好的教育的渴望。木星落陷說明了黃疸病，因為木星掌管肝臟。雙魚座在第六宮宮始點，代表了與雙足有關的問題。他早期的商業生涯由木星代表，因為木星是第十宮宮始點星座的旺主星。

25 － 34 歲（金星界）

在此時期，他開始和未來的妻子戀愛。服完兵役後，他在二十六歲時結婚了。他繼續為父親工作，在一九九五年一起建立了合夥關係。然後在一九九六年他開始製造成衣，並忙於與另一位合夥人的批發生意。到二〇〇二年為止，他都忙於這個生意和與父親的活動。一九九五年他受到經濟危機的嚴重影響。結婚後他搬了四次家，直到三十四歲為止。一九九七年他的父親在一起交通事故中喪生。

界主星金星在摩羯座，是它自己的三分性主星，且逆行。它與月亮、北交點成相位。上升主星（金星）和月亮之間的六分相代表婚姻。同時金星一般也表示合夥關係，金星所在的第四宮是父親的宮位。所以，很有可能是與父親的合夥關係。金星在從第七宮起算的第十宮：這顯示出他的合夥人是成衣生產行業的。金星在第四宮，並且在啟動星座解釋了他為什麼會搬到這麼多不同的房子去[7]，逆行代表在找到合適的房子這個過程的不滿意。逆行的金星同時代表經濟危機中的財務動蕩。他父親的死亡由金星在第四宮中的位置所呈現。由於土星（金星的定位星）與火星合相在第六宮，可以得出他父親的死亡為火星的性質（交通事故）的結論。

34 － 45.5 歲（火星界）

當事人被二〇〇一年的經濟危機嚴重影響，在二〇〇二年結束了他的製造生意。二〇〇三年他開始學習占星學。二〇〇五年他成立了 AstroArt 占星學院，並與妻子開始了一門藝術生意。他在財務上支持其妻子。

界主星火星落在雙魚座，第六宮，合相土星。火星是整宮制第七宮和第二宮的主星。由於經濟危機，火星主管第二宮一定帶來負面的發展。火星與土星合相在第六宮代表他職業上的變化，以及逃離家族生意。這兩顆行星都主管第四宮（土星是廟主星，火星是旺主星）：他很快開始了在家辦公。

界行向運法應當與其他解釋和預測技巧一起應用。合併使用小限法、主限向運法、太陽及月亮回歸法以及過運法，可以獲得更多的解釋。

7 **戴克註**：啟動或基本星座顯示了從一件事情到另一件事情快速的改變。

JOHANNES KEPLER：約翰內斯・克卜勒

第九章
主限向運法

主限向運法以主限運動或周日運動（天空圍繞地球的明顯的每日轉動）為基礎。在這個技巧中行星或其相位被推進到始宮的宮始點或另一顆行星。這是古典占星學中最強大的預測技巧之一，用於預測當事人生活中的重要事件。

基本概念

主限向運法是一門古老的技法，最開始常用於計算壽命，例如尼切普索－佩多西瑞斯（Nechepso-Petosiris）和都勒斯等最早的文獻中都有描述。其中一段最有名和最具影響力的描述出自托勒密（公元150年）關於計算壽命的章節中[1]。馬丁．甘斯登論主限向運法的歷史和原理的作品（二〇〇九年）令人著迷，裡面探討了不同的占星師是如何使用、調整、改變和誤解主限向運法的。這在西方文藝復興時期和近代早期（十五到十七世紀）特別流行。此領域的著名人物包括雷格蒙坦納斯（一四三六－一四六一年），納伊博德（Naibod，一五二七－一五九三年），莫林（一五八七－一六五六年），里利（一六〇二－一六八一年），和普拉西德（一六〇三－一六六八年）。

上述的每一位占星師都有自己偏愛的方式，某些人的主限向運法可能非常複雜。我們將使用托勒密描述的基本方法，以及十世紀時卡畢希用一種更簡單的方法對其進行的描述：兩者都給出相同的結果，即普拉西德半弧（Placidean Semi-Arcs）。

向運的基本定義

主限向運法以主限運動，即地球每二十四小時圍繞地軸的自轉運動為基礎。行星、恆星和發光體都從東方升起，在子午線達到頂點，至西方落下，並在天底達到相反的頂點。每顆行星在貫穿周日運動中都與所

1《四書》III.10（羅賓斯版）。

有其他行星、恆星、發光體和特殊點形成任何可能的相位，以上所有的位置都被認為是固定的（見下文）。

點與點之間的距離用弧度來測量，是延著天球赤道上的赤經（RA），而不是黃道上的經度度數：主限向運法的全部目的是測量這些弧度。弧的長度確定何時（出生後多少年、月和日）會經歷到某些事件。任何事件的特徵都是以「徵象星」和「允星」的性質、它們在黃道上的位置、以及它們的宮位為基礎的。

因為主限向運法根據主限運動或稱周日運動計算，所以與次限推運法不同，後者以次限運動或稱黃道運動為基礎。在次限運動中，行星在黃道帶上自西向東移動；同樣，次限推運法是用黃道帶（在黃道上）上的經度計算的，而不是主限向運法中所應用的赤道度數或赤經度數。

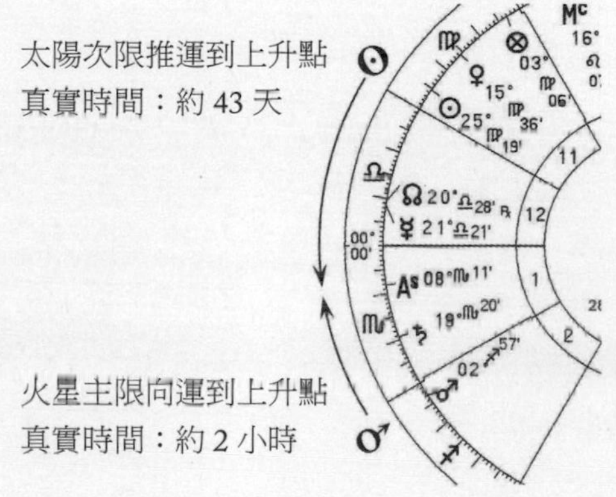

圖表 27：主限向運法及次限推運法

上圖部分地說明了區別。如果我們用次限推運法推進太陽（處女座 25°）到上升點（天蠍座 8°）將需要 43 天，這僅僅是因為太陽實際要花這麼長時間來移動。由於推運一天的實際運動等同於人生的一年，我們可以期待在四十三歲左右發生太陽－上升類型的事件。不過，我們還可以通過主限向運法移動火星（射手座 2°）到地平線或上升點：這是根據天空的每日轉動速率計算的。在這個例子中，出生後需要大約二小時的真實轉動使其星體接觸到地平線或上升點。而這樣做所需要的天球赤道上的實際距離會被轉化為人生的年數。

徵象星和允星

在主限向運法中，一個點被推進到另一個點：保持靜止的那個點（例如上面提到的上升點）被認為是被動的，而通過主運動移動的那個點是主動的（例如火星）。從中世紀時期開始它們就被稱作**徵象星**和**允星**，但不是每一位作者都以同樣的方式應用這兩個詞。我們會遵循馬丁．甘斯登的理解來看古代作者如何理解這些概念。

徵象星是星盤中的一顆行星或一個點，指示生命中的某個方面：它是一個保持靜止的被動元素。托勒密[2]和一些其他作者使用五個徵象星，有時也被稱為「釋放的」（或「生命主的〔hylegiacal〕」）點：上升點、天頂、太陽、月亮和幸運點。他們相信人生的所有重要事件都可以使用主限向運法預測。但是，有些占星師對此持異議：里賈爾（al-Rijāl）、莫林和里利使用全部七顆古典行星作為徵象星[3]。

另一方面，允星是主動的元素，以主限運動被帶到徵象星，定義

2《四書》III.10（羅賓斯版）。

3 甘斯登，第 5 － 6 頁。

了徵象星說明的事件的性質。所有七顆行星和它們的相位都是傳統的允星。有些占星師把恆星也包含進來。

要點：因為天文學現實和理論上看起來的樣子是不同的，所以在閱讀向運的書籍時會有很多困惑。理論上，人們常會想象一個徵象星，比如上升點，正向移動，或逆時針移動通過黃道帶上的星座，與允星（例如火星的星體）相遇。所以在圖示中我們想像月亮（徵象星）在黃道帶上被向前推進到四分火星（允星）的位置，即處女座 2° 57'。但是實際上是相反的：是火星（允星）以四分相通過周日運動或主限運動被順時針推進至徵象星（月亮）。

♂（允星）以四分相推進至
☽（徵象星）

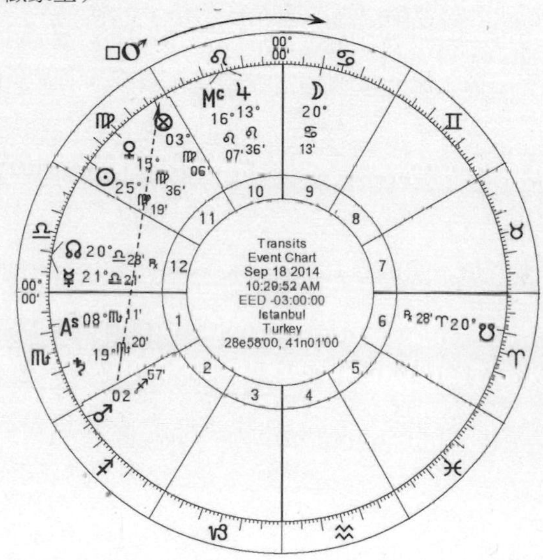

圖表 28：火星（允星）以四分相推進至月亮（徵象星）

正向運動和反向運動

如甘斯登所指出的，托勒密在預測壽命時區分了兩種類型的向運法[4]。第一種類型就是我們上面所描述的（儘管在托勒密的著作中指示壽命的行星僅在星盤東半球出現）：通過主限運動從東向西將允星朝向靜止的徵象星（指示壽命的行星）推進。但是因為理論上想像徵象星逆時針移動，經過各個星座朝向允星更容易，托勒密稱其為「朝向後一個星座的運動」，這被認為是「正」向運動。

在第二種類型中，托勒密的壽命行星在星盤的西半球，它不是保持靜止的，而是用周日運動推進**徵象星**向**允星**運動。這次，托勒密稱其為「朝向前一個星座的運動」，這被認為是「反」向。**儘管如此，這仍然包含主限運動或周日運動，而不是在黃道帶上的移動。**

十九世紀之後，反向推進的含義改變了許多，人們可以透過閱讀甘斯登的書籍來理解發生了哪些變化。彼時，逆行行星和特殊點也以一種特殊的方式被推進，有時是被沒有完全理解這項技巧的人推進的。

在實際空間和在黃道帶上的向運

主限向運法的一個主要區分是 in mundo（「在實際空間」。譯註：秦瑞生老師建議此原文直譯為「世俗」，會讓讀者不知所以然，因

4 甘斯登的資料第 109 － 111 頁。**戴克註**：請注意托勒密**只是**為了壽命的技巧描述了這部分：《四書》IV 中，他**沒有**在正常年度預測的向運法概述中討論反向運動（例如，界行向運法或配置法）。

此採用實際空間較符合其意義。）和 in zodiaco（「在黃道帶上」）的向運，以及與它們相關的相位。

在黃道帶上的向運只有在黃道本身上的位置上，不含黃緯。例如，由於太陽的軌跡定義了黃道，它的向運總是在黃道帶上。在上圖中，火星星體在黃道帶上的向運，就是**在黃道或黃道帶本身**，而不是實際的火星星體推進到射手座 2°57'：因為它可能在緯度上偏向黃道南邊或北邊。

在實際空間的向運則要考慮行星緯度。如果火星的緯度在黃道以北或以南，它的位置會稍微偏離黃道本身射手座 2°57' 的位置：所以，它的星體在實際空間的向運會導致稍微不同的向運弧。有時這會在同樣的在黃道帶上和在實際空間的向運之間產生幾年的差異。

因為相位是在黃道帶上被測量的，因此像火星這樣以四分相的允星可以在黃道帶上被推進（如上圖）。但是它也可以在實際空間上或在天球赤道上被測量。由於黃道的斜交，赤道上（在實際空間上的）的四分相可以對應到一個在黃道帶上的度數，這個度數更接近黃道上的三分相，反之亦然。

在這本書中，我們完全不會推進任何相位，僅使用在實際空間上的位置：這是因為當大多數電腦軟體列出行星位置時（例如赤經和赤緯），都自動應用在實際空間的位置，這會使我們的工作變得簡單。若想獲得更多關於主限向運法的信息和為數眾多的公式，請參見甘斯登的文章（二〇〇九年）。

為什麼要推進特定的點？

在中世紀傳統中，以下意義和這些位置是對應的[5]：

- **上升**：健康與身體狀況。
- **太陽**：名聲與讚譽。
- **月亮**：身體與精神狀況，以及配偶。
- **幸運點**：財富與收入。
- **天頂**：當事人的職業。
- **出生前的朔望月**[6]：如果當事人出生在漸盈的月相下，事件會在中年之前發生；如果是漸虧的月相，事件會在中年之後發生。

三種向運

以下我會解釋某些特殊條件，但是根據徵象星和允星的類型，通常可以有三種方式來計算向運：

- 如果兩個尖軸點之一是天頂或天底，則完全以赤經（RA）測量弧度：即徵象星的赤經和允星的赤經之間的差。這是最容易計算的。
- 如果兩個尖軸點之一是上升點或下降點的度數，那麼在上升點的情況中完全以斜赤經上升度數（OA）測量弧度，而在下降點的情況中完全以斜赤經下降度數（OD）測量弧度。兩個尖軸點的 OA/OD 之間的差即是弧度。這是第二容易計算的。

5 見波那提的《波那提本命占星》1401 － 1403 頁。

6 **戴克註**：即當事人出生之前最近的新月或滿月的度數。

・在所有其他情況中，我們必須使用一種根據以下描述，以比率為基礎調整的 OA 或 OD。這有一點繁複，但是仍然不難。

術語及符號

許多人在計算主限向運法時被嚇到了，這可能看起來相當複雜。但是使用直接由電腦軟體給出的在實際空間上的位置，我們所要做的大部分工作都是加加減減，只有最後需要解一個公式。以下是一些我們在公式中將會用到的縮寫：

Φ = 出生緯度
λ = 黃道經度
β = 黃道緯度
RA = 赤經。「RA 天頂」是天頂的赤經，「RA 天底」是天底的赤經。
OA/OD = 斜赤經上升（用於星盤的東半邊）和斜赤經下降（用於星盤的西半邊）。
δ = 尖軸點的赤緯，表示為一個正數（北邊）或負數（南邊）。

時間對應值：用於轉化向運弧度為時間的對應值。托勒密的對應值是一個常用值：弧的 1° = 1 年，弧的 5' = 1 個月，弧的 1' = 6 天。其他對應值包括納伊博德的版本，為雷格蒙坦納斯向運法的追隨者所使用。

計算案例

如上文所述，根據徵象星和允星是什麼，向運的方法有三種。下面我們將按順序說明：

一、如果天頂 / 天底是其中一尖軸點：僅使用 RA

在下面的案例星盤中，用反向的方式推進天頂到木星[7]。由於天頂是其中一個位置，因此這個弧度就是它們之間 RA 的差（或稱為 MD，天頂距離）：

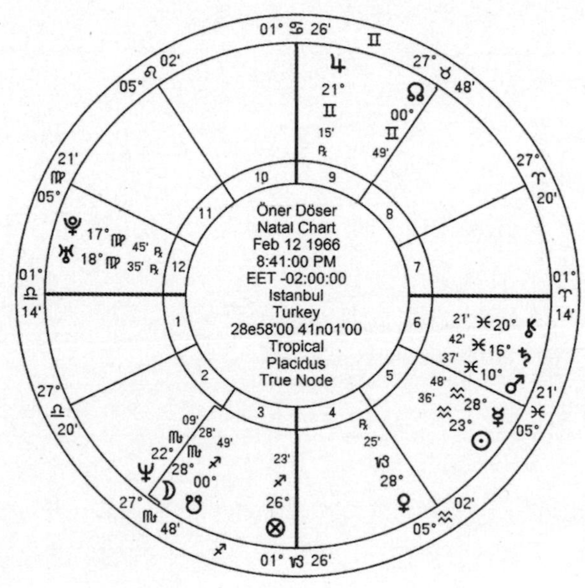

7 **戴克註**：在嚴格的古典應用中這通常是不被允許的，因為天頂是一個固定的大圈：所以它不能被周日運動移動到木星。在這個例子中，多塞實際上是在推進天頂的**度數**。我們還可以將此看為反向推進木星到天頂。無論哪種方式都只需要兩個位置的 RA。

	天頂	木星
RA（來自電腦）[8]	91° 34' 35"	80° 30' 11"

推進的弧度 = RA 天頂（91° 34' 35"）– RA 木星（80° 30' 11"）

= 11° 04' 24"

使用托勒密的時間對應值，這個弧度（大約）是 11 年 1 個月。由於我出生在一九六六年二月十二日，向運法來到了一九七七年三月。在一九七七年三月，我參加了升中學的考試。我在參加的所有考試中都很成功，那時開始進入最好的其中一間學校就讀。

要點：電腦軟體通常僅僅給出天頂的 RA（RA 天頂），而沒有天底的 RA（RA 天底）。如果我們推進某些包含天底的情況，應當使用 RA 天底。RA 天底總是與 RA 天頂相差 180°，所以你只需簡單的從 RA 天頂增加或減去 180° 就可找到 RA 天底。如果這個對應值大於或小於 360°，則在此加上或減去 360°，得到一個 0° 到 360° 之間的數值。

8 **戴克註**：這是來自於占星軟體 Janus 的數值，準確到秒。從主界面「Calculate」>「Planet Positions」中可以找到這些值。

行星	名稱	星座	宮位	赤經	赤緯
☽	月亮	♏	3	236° 16’	-19° 37’
☉	太陽	♒	5	325° 55’	-13° 39’
☿	水星	♒	5	331° 35’	-13° 33’
♀	金星	♑	4	298° 57’	-13° 01’
♂	火星	♓	6	342° 28’	-08° 26’
♃	木星	♊	9	080° 30’	+22° 55’
♄	土星	♓	6	348° 30’	-06° 58’
♅	天王星	♍	12	169° 49’	+05° 15’
♆	海王星	♏	2	230° 12’	-16° 36’
♇	冥王星	♍	12	174° 50’	+18° 32’
⚷	凱龍星	♓	6	349° 34’	-00° 07’
☊	北交點	♊	9	058° 40’	+20° 19’
☋	南交點	♐	3	238° 40’	-20° 19’
ASC	上升	♎	1	181° 08’	-00° 29’
MC	天頂	♋	10	091° 34’	+23° 26’
⊗	幸運點	♐	3	266° 03’	-23° 36’
DSC	下降	♈	7	001° 08’	+00° 29’
IC	天底	♑	4	271° 34’	-23° 26’

圖表 29：奧內爾 · 多塞的赤經及赤緯度數表

二、如果上升 / 下降是其中一尖軸點：僅用 OA/OD

現在，讓我們反向推進下降點到火星的星體。因為下降點是其中一個尖軸點，其中的弧度只需簡單看 OD 下降和火星的 OD 之間的差距。

上升點的 OA 總是 RA 天頂 + 90°，下降點的 OD 總是 RA 天頂 − 90°。

由於軟體已經給出了 RA 天頂，因此很容易計算。讓我們首先找到 OD 下降：

OD 下降 = RA 天頂－ 90°

= 91° 34' 35" － 90°

= **1° 34' 35"**

如果結果大於或小於 360°，則加上或減去 360°，得到一個 0° 到 360° 之間的數值。

現在我們來找火星的 OD，這裡有一點複雜。首先需要從軟體中獲得一些火星的數據，然後做兩步計算：

	火星
RA（來自電腦）	342° 28' 56"
δ（來自電腦）	－ 08° 26' 36"

為了用這些資訊來找到火星的 OD，我們必須使用下面這個公式找到它的赤經差（AD）：

AD = arcsin（tan *δ* * tan Φ）

AD 火星 = arcsin（tan *δ* * tan Φ）

= arcsin（（－ .14844004）*（.869797567））

= arcsin（－ .129112785）

= － 7.418326626（或－ **7° 25' 06"**）

要點：保留 AD 的正負極性，下一步需要使用。

現在應當根據需要的是 OA 或 OD，以及出生地在哪裡，來加上或減去 AD：

	OA	OD
北半球	RA － AD	RA + AD
南半球	RA + AD	RA － AD

此出生地是北半球，我們需要火星的 OD：

OD 火星 = RA 火星 + AD 火星
= 342° 28' 56" +（－ 7° 25' 06"）
= **335° 03' 50"**

向運的弧度是兩個 OD 之間的差：

1° 34' 35"（或 361° 34' 35"）－ 335° 03' 51" = **26° 30' 45"**。通過托勒密的對應值換算出二十六年六個月（約四天）。

根據傳統的規則，當第七宮主星推進到第七宮宮始點時有結婚的可能。在此，火星（第七宮主星）反向推進到了第七宮宮始點。如果在我的出生日期上加上二十六年六個月，大致是在一九九二年八月。我是在一九九二年五月七日結婚的。我們不期望時間絕對精確，所以幾個月的差別很正常。

三、所有其他度數的推運：使用混合或調整的度數

在前面的例子中，向運都包括一個尖軸點度數：上升 / 下降或天頂 / 天底。我們找到每個尖軸點的單一值（RA，或者是 OA/OD），它

們之間的差就是弧度。但是對於所有其他向運，我們需要在最終公式中加入一些其他的數值。

在這個例子中，太陽作為允星（移動的點），推進到作為徵象星的金星（固定的點）。下表顯示了所有我們需要的數值。普通印刷體顯示的數值來自軟體，**粗體**顯示的數值是我們需要計算的——從尖軸的赤道位置開始，即如上文所述，從 RA 天頂加上或減去 90° 或 180°：

RA 天頂：91° 34' 35"

RA 天底：**271° 34' 35"**

OA 上升：**181° 34' 35"**

OD 下降：**1° 34' 35"**

	金星	**太陽**
	28° 25' 20" ♑	23° 36' 22" ♒
λ	298° 25' 20"	323° 36' 22"
β	7° 36' 15" N	0° N
RA	298° 57' 47"	325° 55' 54"
δ	-13° 01' 40"	-13° 39' 16"
MD	**27° 23' 12"**	**54° 21' 19"**
AD	**-11° 36' 37"**	**-12° 11' 55"**
OD	**287° 21' 10"**	**313° 43' 59"**
HD	**74° 13' 25"**	**47° 50' 36"**
SA	**101° 36' 37"**	**102° 11' 55"**

圖表 30：向運的太陽推進到金星的數值

第一步：找到兩顆行星的 MD 或天頂距離。即它們與 RA 或天底（其中較近者）之間 RA 的差。由於與天底更接近，我們使用 RA 天底：

MD 金星 = RA 金星（298° 57' 47"）– RA 天底（271° 34' 35"）

= （**27° 23' 12"**）

MD 太陽 = RA 太陽（325° 55' 54"）– RA 天底（271° 34' 35"）

= （**54° 21' 19"**）

第二步：找到每顆行星的 OD[9]。如上面第二個例子所示，首先需要每顆行星的赤經上升差：

$$AD = \arcsin(\tan\delta * \tan\Phi)$$

AD 金星 = arcsin（（－ .231378902）*（.869797567））

= arcsin（－ .201252806）

= **－ 11.61022928** 或 **－ 11° 36' 37"**

AD 太陽 = arcsin（（－ .242931542）*（.869797567））

= arcsin（－ .211301264）

= **－ 12.19862058** 或 **－ 12° 11' 55"**

然後，使用在第二個例子中用過的 OD 的規則和出生地點：

	OA	**OD**
北半球	RA － AD	RA ＋ AD
南半球	RA ＋ AD	RA － AD

9 由於金星和太陽在星盤的西半邊，我們使用 OD，而不是 OA。

OD 金星 = 298° 57' 47" ＋（－ 11° 36' 37"）= **287° 21' 10"**

OD 太陽 = 325° 55' 54" ＋（－ 12° 11' 55"）= **313° 43' 59"**

第三步：找到 HD 或稱地平距離（Horizonal distance）。這是每顆行星與下降點的 OD 的差。（如果它們在星盤東半側，會使用它們的 OA 和上升點的 OA）。注意必須在這個特定的 OD 下降上加上 360°，以便能有效地從中減掉其他行星的 OD。

HD 金星 = OD 下降（361° 34' 35"）– OD 金星（287° 21' 10"）
= **74° 13' 25"**

HD 太陽 = OD 下降（361° 34' 35"）– OD 太陽（313° 43' 59"）
= **47° 50' 36"**

第四步：找到行星的半弧（SA），即地平線和天頂之間弧度的總數——在此例子中，是在下降點和天底之間，即行星的 MD ＋ HD 的總和。

SA 金星 = MD 金星（27° 23' 12"）＋ HD 金星（74° 13' 25"）
= **101° 36' 37"**

SA 太陽 = MD 太陽（54° 21' 19"）＋ HD 太陽（47° 50' 36"）
= **102° 11' 55"**

第五步：計算弧度。現在使用每顆行星的MD和SA，並做如下計算。記住金星是固定點，徵象星（Sig）；太陽是移動點，允星（Prom）。

弧度 = 允星 MD –〔（徵象星 MD/ 徵象星 SA）* 允星 SA〕

弧度 = 54° 21' 19" –〔（27° 23' 12" / 101° 36' 37"）*102° 11' 55"〕

= 54° 21' 19" –〔（.26952654）*102° 11' 55"〕

= 54° 21' 19" –〔27° 32' 43"〕

= **26° 48' 36"**，或 26 年 9 個月約 18 天

這個日子大約在一九九二年的十一月到十二月間。我在一九九二年五月結婚。因為太陽是第七宮的勝利星，並掌管第十一宮，因此可以預期到這類事件。金星的性質與婚姻有關，太陽作為第七宮（婚姻）的勝利星，在第五宮（愉快、孩子、好運）內。我的未婚妻從一九八八年開始就是我的朋友。太陽在這裡連接結了第七宮和第十一宮，我是在自助餐廳（與第十一宮有關的地方）透過我妻子的朋友們遇見她的。

儘管在實際的婚禮日和太陽向運到金星的日期之間有六個月的差距，這並不意味著向運與婚姻無關。在主限向運法中，我們不會期待看到向運與事件之間逐日的對應。特別是這樣一顆行星被推進到另一顆行星（而不是一個尖軸），在主限向運法中兩顆行星之間的相位不能被用於精確地找到事件的時機——例如，它們不能用於生時校正。但是，它們與事件的象徵意義密切相關，顯示出當事人的生命中正在經歷一個相關類型的**時期**。

解釋主限向運法

首先，在應用主限向運法或其他技巧之前都應當透徹理解本命盤：因為預測回答了某事「何時」會發生，但是本命星盤本身說的是這會是「什麼事情」。本命盤告訴我們一生中所有可能的經驗，但是正面和負面的經驗看起來都混合在其中。向運法和其他預測技巧將這些經驗放在時間順序中，但還必須理解它們會是哪種類型的事件。如果在本命盤中沒有承諾，任何事都不能被實現或被預測。

針對不同的出生星盤，即使相似的向運也會給我們不同的結果，但仍能在包含相同行星的向運中看見類似性，因為每顆行星都是根據它的性質行動的。例如，火星意味著熱、戰爭和暴力；金星意味著愛、美和樂趣。所以，不同星盤中的兩顆火星，向運時仍然會有火星的性質，但是根據每張星盤的不同樣貌，細節可能差別很大。儘管主要改變的事情是每顆行星與宮位和星座的關係，但是行星的尊貴或反尊貴狀態也會影響結果的性質，它們與其他行星的相位也會影響這些宮位關係和性質。

根據左拉的說法[10]，主限向運法中的一顆行星作為徵象星和對比作為允星時，其行為是不同的。允星（及其在黃道帶中的狀況和守護關係）代表了外部的狀況和事件的特定性質，而徵象星是一些主題的普遍指徵。所以在解讀一張星盤時，我們必須首先理解允星承諾了什麼：承諾是專門對應這張星盤的，並且影響一般徵象星。例如，當一顆行星被推進到太陽（名譽的一般徵象星）時可能帶來名譽，但其特定的類型取

10 左拉 2002 － 2003 資料 61 － 63 頁。

決於允星的性質和位置。但是，當把太陽作為允星時，就可能特別涉及與父親相關的狀況，並對某些其他行星的一般含義帶來影響。通過使用這種方法，當事人所經歷的事件可以得到出色的評估。

值得注意的是：主限向運法可以應用在生時校正中，但是記住事件並不一定發生在預期的那一天和那個小時裡。如我們所見，它可能發生在向運弧所指出的時間附近幾個月內。此外，由於許多技巧在相同的時間段可能都很活躍（例如主限向運法、界行向運法、法達運程法和小限法），主限向運法可能並不適合於理解所有可能的事件。所以，逐日的事件不應使用向運法。

JEAN-BAPTISTE MORIN(MORINUS)：尚．巴普提斯特．莫林

第十章
蝕相

在世運占星和本命占星中都會觀測日蝕和月蝕，用於每年的預測。日蝕僅會在新月，並且月亮經過太陽與地球之間，阻擋太陽到地球的光線時發生。月蝕僅會在滿月，並且地球來到太陽與月亮之間，因而擋住太陽到月亮的光線時發生。在這兩種情況中，以上這三顆星體都排列為一條直線。

蝕相的基本原理

要理解蝕相的機制，便將太陽當作一個光源，月亮是反射布幕，而地球是一個不透光的物體，有時站在布幕後面，有時在前面。當月亮（布幕）在太陽和地球之間時，它阻止太陽的光線到達地球，所以地球被置於黑暗中：這就是日蝕。但是當地球在太陽和月亮之間時，地球的物理球體在布幕（月亮）上投射出一片陰影，從而阻擋了太陽的光線到達這裡：這就是月蝕[1]。

在每次新月和滿月期間，這三個天體會排列在同一個黃道經度和垂直平面上，但不在同一個水平平面上：只有當它們都在同一個垂直及水平平面上時才會發生蝕相，因為只有這時陰影才會恰好落在正確的地方。因此，不是每一次新月都是日蝕，也不是每一次滿月都是月蝕。

再說一次，日蝕僅會在新月時發生，而月蝕僅會在滿月時發生。現在每年我們至少有四次蝕相：兩次日蝕和兩次月蝕。有些年份裡可能還有更多：比如二〇一一年有四次日蝕和兩次月蝕；二〇一三年有三次月蝕和兩次日蝕。但是，每一年的蝕相數量是有限的，並且其中許多不是全蝕。如果是日蝕，月亮在一年當中會圍繞黃道走十二次，但它不會在每次都行經太陽的中心，因為它的軌道平面與黃道之間有 5° 的傾斜角（即它在黃道上的緯度）。因而，一年當中會有至少兩次，最多五次蝕相。其中最多兩次蝕相會是全蝕，在占星學上這是需要觀察的最重要的狀況。

1 **戴克註**：在其他時候，月亮會反射太陽的光，所以是可見的（它的「反射」角度扮演了布幕這個角色）。

月蝕

如前所述，在月蝕期間，地球球體的陰影投射到了月球的球體上。由於地球比太陽小，它會以一種圓錐體的型式送出陰影：即「陰影圓錐」。由於光以直線傳播，它們根據地球的尺寸形成了另一道陰影。當月球到達陰影所落的空間區域時，月蝕就發生了。

但是月亮並不總是會到達陰影所落的平面上。當月亮圍繞地球轉動時，它會接近一個交點，而滿月發生在交點附近的 12° 到 24° 之間。月亮越接近交點，蝕相就越大。如果滿月發生在交點附近 12° 15’ 以內，就會形成偏蝕：例如，在交點附近 9° 30’ 以內形成的會是一個月偏蝕，但是在 3° 45’ 到 6° 00’ 之間，就會是月偏蝕加上月全蝕。

月蝕強調情感主題。這些週期適合照顧情緒，完成未完成的項目，以及將不必要的事物拋在身後。

古人相信月蝕是不吉的：它們會喚醒不理性的反應。由於月亮代表家庭、房子和情感問題，因此與日蝕相比，月蝕觸發的是更內部的改變。但是，在社交和政治領域也可以感受到它們的影響。月蝕可能帶來某些私生活中的不安全感。當事人應當避免做出重要的決定，因為此時可能很難保持情緒平衡。當事人可能不會表現出活躍和外向，反而傾向於獨處、觀察自己的內在動力。由於他可能發現對此有一種複雜的反應，甚至來自於他所愛的人，他可能很容易感到灰心喪氣。

日蝕

交點是月亮的軌道穿過黃道形成的點。如果新月出現在交點附近至少 18° 31’，就會發生日偏蝕。在 0° 到 9° 55’ 之間，則是日全蝕。如果距離在 9° 55’ 和 11° 15’ 之間，會既包括偏蝕又有全蝕。

日蝕對於開啟新的冒險和保持快速的發展很有用。這是一個確認新目標，拋棄舊有模式的有益時期。日蝕具有非常強大的影響力，因為它們發生在接近月亮的位置。由於此時兩個發光體會在同一個星座，因而高度強調了這個星座的特性。

蝕相的影響

根據古代占星師的說法，蝕相是負面事件，因為它們導致悲劇性的狀況，某些現有的事物會終結。蝕相帶來壓力和突然的問題。但是，現代占星師傾向於把蝕相看作是一次快速改變和發展的機會。依照現代占星師所說，蝕相給我們帶來做出想要的改變所需要的能量。它們幫助我們重新規劃生活，即使它們會同時加速負面和正面後果的發生。

當事人應當牢記每件事情都有原因，即使表面看來相當複雜、壓力重重。蝕相的目的是將更好的事物帶到我們的生活中。沒有改變，就不會有進步。蝕相將我們聚焦於放棄某些事情，或與以往不同的行事風格，這可能很痛苦，但是對成長來說是必要的。透過覺知蝕相的影響，可以認識到更好的事物會來到我們的生活中，可以降低任何可能的危機的影響力。

蝕相在發生之前幾個月開始顯化它們的影響，並在發生後幾個月還被持續感覺到。根據普遍的觀點，月蝕在之後六個月都有效，而日蝕的效果會長達一年。但是根據蝕相持續的長度，一些占星師聲稱其影響會持續相應的長度。例如，如果一次月蝕持續了四個小時，則它的影響有四個月。同樣，如果一次日蝕持續了兩小時，那麼它的影響在此後兩年中都會被感覺到。

重要的蝕相在天空中留下一種影響的「軌跡」：未來的過運和推運會觸發這個蝕相的影響。一些占星師說這種蝕相的影響主要在觸發之後才能被感覺到。例如，如果一次蝕相落在某人位於雙子座 15° 的本命太陽上，（比如）當火星過運到雙子座 15° 時，或推運的月亮接近這個度數或其對分度數時，會更強烈地感覺到蝕相的影響。

每顆行星都會依照其自然徵象來影響這個過程：

太陽：領導力，權威，權力鬥爭。

水星：溝通，重要的談話，教育，短途旅行。

金星：和平，愛，外交。

火星：競爭，衝突和鬥爭，巨大的壓力，戰爭。

木星：信仰，道德和倫理價值，法律議題，長途旅行。

土星：批評，限制，責任，延遲。

天王星：突然和意外的改變，意外事情，起伏。

海王星：失望，靈性議題，想象能力。

冥王星：權力鬥爭，領袖魅力，轉化危機，重構。

蝕相的影響會根據它們發生的宮位展現出來。此外，蝕相所處的軸線傾向於在本命星盤上向後移動。例如，蝕相發生在第二宮－第八宮軸線上，則下一次蝕相會發生在第一宮－第七宮，然後是第十二宮－第六宮。

沙羅週期（Saros Cycles）

到公元前 747 年，巴比倫人已經可以預測何時會發生蝕相。到公元前四世紀，他們確認了蝕相是以序列發生的。由於一部中世紀希臘百科全書將其稱為紹達（Souda）或蘇達（Suda），日蝕的序列後來就被稱作「沙羅」序列或週期：每次日蝕都屬於一個每十八年又十一天重覆其重要特徵的特定的蝕相週期。巴比倫人還發現月蝕總是在日蝕之前兩週或之後兩週發生。

由於這些序列周而復始地在星盤上運動，當事人每十八年會經歷一次類似的蝕相，每次與前一次之間的距離大約是 10°，並且經常是在同樣的星座和宮位。如果這些蝕相合相本命行星，那當事人可能會有與十八年前類似的體驗。

總結

每年會發生至少兩次月蝕和兩次日蝕，但是有些年份我們會經歷更多（儘管全蝕才是最重要的）。任何一次蝕相都不會與另一次完全相同，雖然它們屬於有著特定週期的同一個蝕相家族。同一個特定沙羅週期中蝕相之間的時間是十八年又十一天。

占星學上，日蝕和月蝕的差別在於日蝕有更多的外在影響，更傾向於創造事件，讓我們的生活更有能量，而月蝕觸發內在和情緒的改變。通常蝕相會把光投射到我們生活的陰暗面上。以前隱藏的事物變得明顯了，我們曾經視為次要或忽略的事情現在必須要改變。蝕相就像地震：它們搖醒我們，告訴我們應當清理、終結和毀掉什麼。一些蝕相可能給當事人的生活帶來永久的影響。儘管張力會持續幾週，但影響會延續更長時間。

對於詮釋它們時所使用的相位和容許度，占星師們有不同的觀點。一些占星師使用蝕相與本命行星形成的所有相位，而另一些主要使用合相和對分相，四分相則是可選的（我自己將四分相視為有效）。一些占星師聲稱所用的容許度應當為對合相 2.5°，對分相 2°，四分相 1°；另一些人則認為容許度可以是 5°。我本人認同 3° 是理想的容許度。

蝕相的重點解釋性問題

1. 蝕相發生在哪個宮位？
2. 蝕相是否接近上升點、天頂，或任何本命行星，容許度在 5° 以內？
3. 蝕相是否影響任何相位型態？
4. 蝕相是否連結任何過運行星？
5. 蝕相所在的星座主星是否與任意過運行星有聯繫？或者，這個星座主星和過運行星是否連結本命盤、推運盤，或太陽回歸盤中的任何其他行星？
6. 蝕相是否與任何恆星有相位？
7. 十八年前發生的事件是否對當前的日蝕有任何提示？

通常來說，發生在啟動星座的蝕相會更快速的改變事件的進程，大約兩週即可顯現。在固定星座的蝕相帶來緩慢但長久的影響。發生在變動星座的蝕相影響較小。它們僅給我們的日常事務帶來一些調整和改變。

最後，記住蝕相的主題與（1）和蝕相成相位的行星的性質，（2）蝕相發生的宮位，（3）成相位的行星主管的宮位有關。以下的通用信息會幫助你在預測中更具體地應用這些原則。

蝕相與行星的連結

與太陽連結：蝕相與任何發光體的連結都是重要的。當蝕相連結本命太陽時，它自然會在太陽上反射其影響。所以，事件會聚焦於父親，或其他代表權威的人物，對我們重要的人，我們的個性，必須展現自己的情況，以及認可和領導力問題。

與月亮連結：當蝕相與本命月亮連結時，當事人可能經歷與女性人物，例如母親或妻子有關的事件、健康、情感生活、潛意識、家庭生活、飲食習慣（和其他習慣）、過去的因素，以及改變與家和家庭問題有關的狀況。

與水星連結：與本命水星連結時，當事人可能進行短途旅行，在與他的小圈子（例如兄弟姐妹，表親或鄰居）、年輕人、教育和心智活動相關的事情中經歷一些突然而快速的改變。這個連結可能影響心智面向，以及行為和溝通方式。

與金星連結：當蝕相與本命金星連結時，當事人可能在關係、價值、帶來愉悅的事物、以及獲得樂趣的方式和服飾打扮等事項上經歷重要的改變。可能還會經歷維持與他人的和諧、性行為、與年輕女性之間關係的改變。

與火星連結：當蝕相與本命火星連結時，當事人可能在行動的方式和引發行動的事情上經歷重要的改變。他可能需要採取主動，做出快速而強大的決策；可能要接受挑戰，並需要大膽行事，或者被推向直接且考慮不周的行為。可能還會容易遭受意外、爭吵和競爭，亦需要在此期間付出大量的體力。

與木星連結：與本命木星的連結指出與宗教或靈性問題相關的突然與意外的發展，還可能出國旅行。強調對擴張和成長的渴望。新的機會可能到來。另一方面，可能難以小心謹慎：當事人會誇大，並過度期待。當事人的人生視野可能擴展，可以保持靈性和金融事務的成長。當事人可能過度理想主義。

與土星連結：在與本命土星的連結中，當事人可能經歷新的責任和意外的困難，或經濟危機。由於土星與死亡相關，可能會發生突然的死亡；亦可能面對使人焦慮的狀況，所以需要小心。當事人可能比以往工作更努力，卻掙得更少。

與天王星連結：與本命天王星的連結意味著突然的分離、意外、或改變。當事人表達其自由和個性的需求增加了。天王星的主題，比如科技、占星學和替代療法可能有所發展，還可能面對奇怪而始料不及的態度。天王星所在的宮位很重要：如果它與四尖軸接近，這些影響會更突出。

與海王星連結：當蝕相連結本命海王星時，當事人可能經歷與敏感、創造性和藝術問題相關的情況。他可能脫離現實，發現自己處於幻象之中。這可能帶來失望、分離和貶抑，或在奉獻中迷失自我。當事人還可能經歷酗酒或濫用藥物導致的問題。

與冥王星連結：當蝕相與本命冥王星連結時，當事人可能經歷急劇且深刻的影響，需要重構他的生活。暴力、死亡、關係中的晦暗，以及深層的熱情可能帶來困難的體驗。從正面角度看，這個相位可能帶來來自有影響力的人物的支持和對成功的渴望，無論當下情況如何，甚至是不可能實現之事。

蝕相的宮位軸線

蝕相發生的本命宮位在預測中很重要。在日蝕期間，太陽和月亮在同一個星座內，所以它們在同一個宮位。在月蝕期間，太陽和月亮在相對的星座，它們構成了一條對宮的軸線。

第一宮－第七宮軸線：如果蝕相發生在這個軸線，當事人可能經歷與關係，婚姻或合夥關係，強調當事人的個性，他本人或其伴侶的健康，或本人及其伴侶新的開始和新冒險相關的情況。這是一種互為因果或相互遷就的狀態。

第二宮－第八宮軸線：這個蝕相可能帶來獲利或損失。當事人可能在個人或公共資源、儲蓄，以及借貸關係上遭受限制或獲得突然的機會。由於死亡的宮位是焦點之一，繼承議題可能是財務影響的一部分。

第三宮－第九宮軸線：與教育、心智活動、兄弟姐妹、親戚、旅行、想法、寫作和出版活動、演講、法律問題相關的事宜會被強調。

第四宮－第十宮軸線：與維繫家庭和職業生活之間的平衡、住房、職業、與未來有關的至關重要的決定（及其中的一些起伏波動）有關的事宜會被強調。

第五宮－第十一宮軸線：與一個人獲得樂趣的方式、社交生活、親密好友和社交環境、孩子、愛與浪漫、希望與期待、依賴於從他人獲得的支持有關的議題會被強調。

第六宮－第十二宮軸線：疾病、虛弱、生活不受控制和麻煩的一面，無法展現自我的領域，或加以努力卻獲得更少回報的方面，麻煩的狀況，損失，以及強迫性的工作被強調。

實例：兩次日蝕

為了說明這些重要的影響，讓我們看一下發生在我人生中的兩次重要蝕相以及它們的影響。

在我的本命盤中，兩顆凶星火星和土星都在第六宮（疾病、虛弱和日常事務），合相凱龍星，還對分位於第十二宮（損失、不受控制的事件、醫院）的天王星和冥王星。這意味著包含火星和土星的宮位相關的主題，以及這些行星所主管的主題會在我的生活中凸顯，帶來壓力和困難。

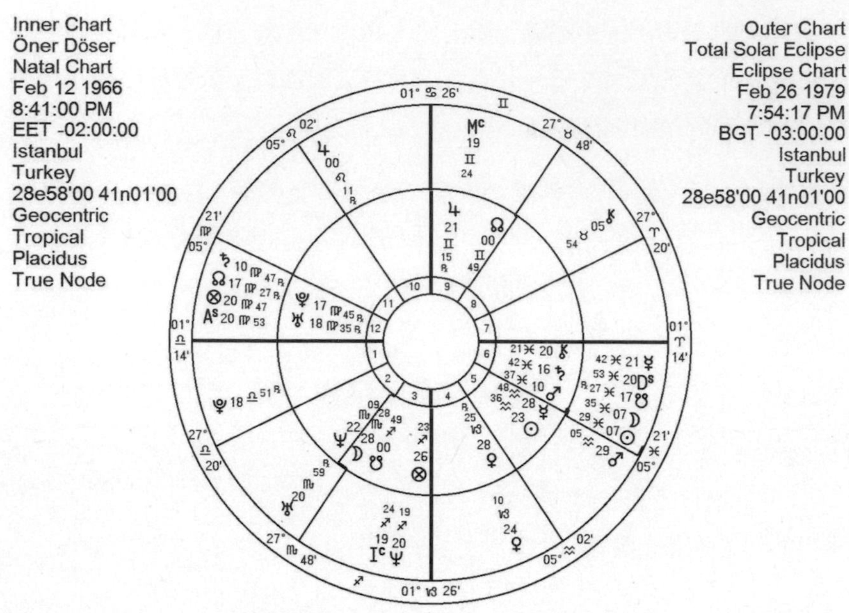

圖表 31：奧內爾．多塞，一九七九年日蝕

火星在我的星盤中是第三宮、第七宮和第八宮的主星，它與兄弟姐妹、配偶和關係，以及死亡有關。由於土星是第四宮和第五宮的主星，與家庭、孩子、愛相關的問題也被強調了。火星是第四宮的旺主星，土星是第一宮和第二宮的旺主星。所以，火星和土星都是第四宮的主星，與家庭和父母問題相關。月亮作為母親的自然徵象星位於天蠍座，也被火星主管。這意味著在我的星盤中，火星和土星的位置與母親和父親密切相關。

檢視發生在我人生中關鍵日期上的天體事件時，我驚訝地看到兩次蝕相發生在雙魚座（火星和土星所在的位置），間隔十八年，均與我母親和父親的死亡相關。在上面的星盤中，你可以看到一九七九年二月二十六日的日蝕投射到我的星盤上。這次蝕相發生在雙魚座 7°，非常接近火星（位於雙魚座 10°）。日蝕之後兩個月，我的母親去世了。記住這顆火星是第四宮的主星之一，還是月亮的主星。

十八年之後，在一九九七年三月九日，我又一次經歷了雙魚座的日蝕，這次蝕相發生在接近土星的位置（見圖）。日蝕之後三個月，我的父親去世了。在這裡，記住土星是我第四宮的主星之一，同時也是我的本命太陽（父親的一般徵象星）的定位星。

這些例子說明間隔十八年發生的蝕相的重要性，可以幫助我們做出當事人人生中關鍵性事件的預測。當然，我們不是必須面對負面的結果。有些蝕相會帶來出生、婚姻、職業或成功與獲利，其他一些則可能帶來死亡、分離、失敗和損失。

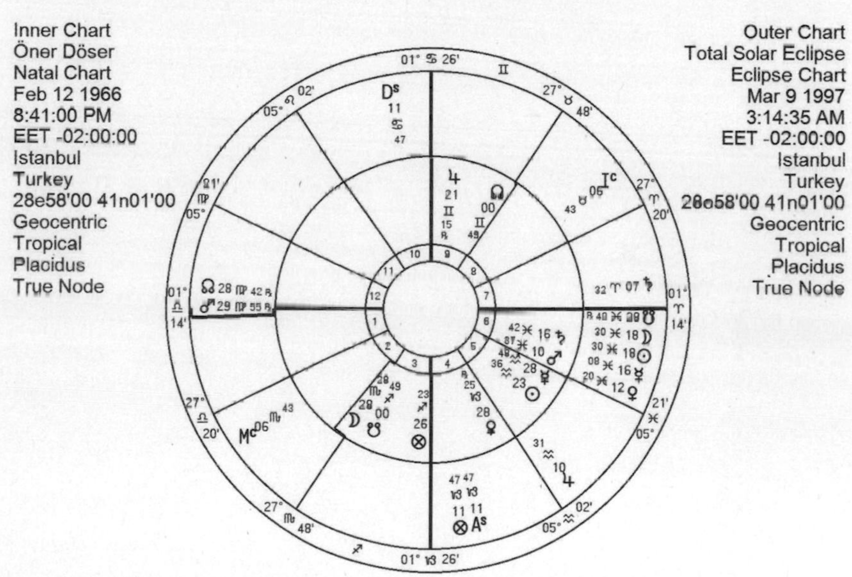

圖表 32：奧內爾．多塞，一九九七年日蝕

出生前的蝕相

出生前的蝕相發生在當事人仍然在母親子宮中時，它尤為重要。蝕相所在的星座和宮位，以及任何接近蝕相度數的行星都很重要。出生前的日蝕顯示出我們的天賦和需要學習的功課，我們與其他出生在這個組別中的人分享的社會使命。出生前的月蝕顯示出來自過去世的影響帶給我們的功課，以及我們在此生中需要平衡和修復的事物。

如果出生前的蝕相與本命行星有好的相位，那麼我們可能輕鬆地達到目標，但是如果它們之間有困難相位，就可能面對挑戰和困難。在合盤中，如果出生前的蝕相與本命行星或其他重要的敏感點形成相位，則可能說明伴侶關係是命定且帶有業力的。

讓我們再次通過我的星盤分析這個主題。我出生於一九六六年二月十二日。距離我的出生日期最近的日蝕是一九六五年十一月二十三日，月亮和太陽合相在射手座 0°[2]。現在，我必須分析這兩個問題：

1) 蝕相所在的星座是什麼？這個星座落在本命盤哪個宮位中？
2) 蝕相的度數是否與任何本命行星、月亮交點或敏感點（例如上升點或天頂）有連結？

在下面的星盤中，可以看到這次日蝕的時刻在我（未來的）本命盤中的天體位置的投影。

2 **戴克註**：注意這是一次「環（annular）」蝕，與全蝕類似，但看起來月亮比太陽稍小一點。

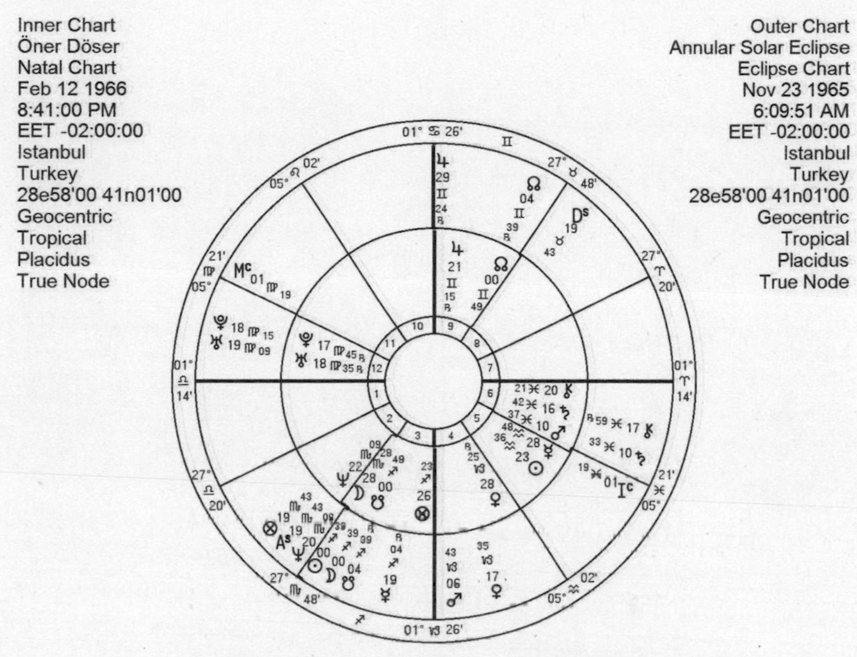

圖表 33；奧內爾・多塞，一九六五年日蝕

重申，出生前的蝕相發生在射手座。這指出射手座主題，例如教育、出版、宗教和信仰、哲學、對擴張和更大視野的熱情、接觸更多人和跨越遠距離的積極性、樂觀主義是我的精神基礎的重要特徵。蝕相發生在我的本命第三宮，意味著我必須把我的知識傳播給盡可能多的人。由於蝕相也與我的本命南交點合相，它指出了我從過去世帶來的智慧。

在下面的星盤中，你可以看到最近的出生前的蝕相，一九六五年十二月八日的月蝕在我的本命星盤上的投射[3]。

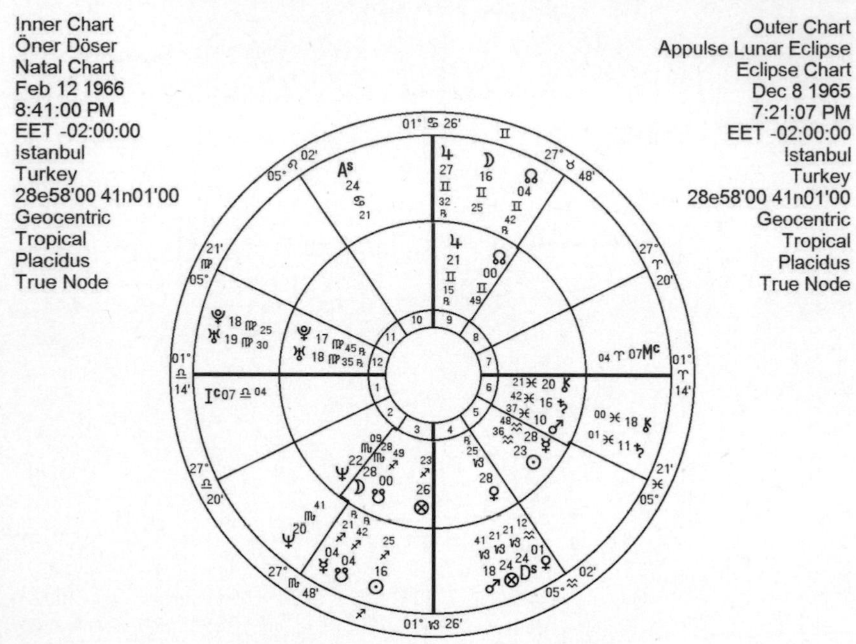

圖表 34：奧內爾．多塞，一九六五年月蝕

出生前的月蝕發生在雙子座。這意味著我必須進行修復、或完成某些與溝通、分享信息相關的義務。由於蝕相發生在我本命星盤的第九宮，這些義務與第九宮的主題有關，例如宗教、哲學、占星學、教育等等。這次蝕相接近本命第九宮中的木星：這表示我的本命星盤中的木星

3 **戴克註**：這是一次半影（「appulse」或 penumbral）月蝕，其中月亮在通過半影區時被遮擋光線，但不是由本影本身形成的月蝕。

會幫助我。由於與第六宮的本命土星成四分相，我在這條路上會需要克服某些挑戰和障礙。

總結來說：由於出生前的蝕相發生在射手座／雙子座和第三宮－第九宮軸線，那些需要為我自己實現的，以及我為了實現成功而需要修復和完成的事情，均具有這些星座和宮位的性質。

WILLIAM LILLY：威廉・里利

第十一章
太陽及月亮回歸法

回歸盤是當一顆特定行星回到其出生位置的準確時刻計算出的星盤。所有行星都可以創建回歸盤，但是在占星學中我們主要使用太陽及月亮回歸法。太陽回歸盤可當作一個年度出生星盤，用於預測年度事件的諮詢。

太陽回歸（SR）盤是以太陽回到它的出生位置時的準確時刻計算出來的：所以，本命盤和 SR 盤之間的共同參考點是太陽的度數（由於其他行星的度數通常與它們的出生位置不同）。在 SR 盤的幫助下，可以推算下一年的事件。

太陽回歸盤也被稱作年度盤，或用更傳統的說法，是當事人的「週期盤」。SR 的時刻可能出現在當事人生日的日期稍前或稍後一點。一些占星師主張即將到來的 SR 的效力開始於三個月以前，而另一些人則說效力於一個月以前開始，並且持續到這一年完成之後的一個月。

至於以何地繪制星盤，有些現代占星師將 SR 設置為當事人的出生地；許多其他人更偏好在 SR 的時間使用當事人實際所在的地點起盤——如果這是當事人的永久居住地，則可以理解此處可能會更有效。莫林和沃爾吉內（Volguine）將 SR 設置為當事人在那個時刻恰好所在的位置，但我更願意使用當事人在這一年中居住時間最長的地方。並且，我遵從莫林和沃爾吉內的做法，即不會為了歲差調整太陽回歸盤；未調整歲差的回歸盤一樣能達到很好的預測效果。

解讀太陽回歸盤的法則

在評估太陽回歸盤時，需要考慮幾個通用法則：

開始分析 SR 盤之前，需要先徹底地瞭解本命盤，看看它實際承諾哪些真正的可能性。如果本命盤或推運盤沒有證據支持，就不應做出任何預測。另一方面，如果 SR 盤沒有指出本命影響的內容是什麼，也不被主限向運法和小限法支持，那這個 SR 盤就是無甚效力的，事件可能根本不會展現出來。但是如果 SR 盤的徵象確實支持本命盤的承諾，它們就會以一種強烈的方式展現出來。

分析和描述本命盤後，可以單獨描述 SR 盤本身，然後比對兩張星盤：這就像是給兩個不同的當事人做合盤一樣。

首先，必須看一下 SR 盤中的上升位置：它落入哪個本命宮位（或者換一種說法，本命哪個宮位在 SR 的上升位置）？這個宮位的中心主題、主要議題和特徵狀況將對當事人在這一年中非常重要。例如，如果 SR 上升落入本命第二宮，財務議題和財產會凸顯在當事人的這一年中。如果本命中好的宮位在 SR 盤處於上升位置，將承諾快樂的一年；但是如果一個本命中不好的宮位在 SR 盤中處於上升位置，就會保證不幸的一年。當然，還應當看這個宮位的本命守護星和在 SR 中相同宮位的守護星的狀況。沃爾吉內說：「如果本命盤的第六宮、第七宮或第十二宮在回歸盤的上升點，不幸就在不遠的將來，如果這個宮位的主星在本命盤中倍受折磨，甚至會有許多厄運。[1]」當本命上升亦在 SR 盤上升（5° 容許度以內），這會是有重要意義的一年，有極大的潛力實現本命的承諾。

如果 SR 盤的上升點在任何星座的 29°，就意味著當事人即將結束某些事情，或者正要關閉一扇門。這一點對上升主星的度數也有效，因為 SR 上升點即代表當事人。（實際上應當考慮任何在星座最後一度的行星，因為它會顯示其掌管的主題將經歷某些重要的改變或結束。）當一個星座的初度數在上升點時，意味著當事人即將開始某些事情。這一點對上升主星也有效。並且也應當考慮任何在星座初度數的行星。

1 沃爾吉內（Volguine）文獻 15 頁。

接著應該看的是 SR 的上升星座，因為上升星座永遠是任何特定星盤的起始點；在這裡，它顯示出在 SR 期間當事人周圍的氛圍。例如，如果處女座在上升點，則顯示出當事人對物質安全、可靠性、批判性分析、分門歸類，以及注意細節、完美主義和對有條理有組織的需求會被突出。也可能出現身體或情緒健康問題、神經緊張以及令人擔心的狀況。

然後，必須聚焦於上升星座的元素和性質。例如，如果上升是火象星座，根據當事人本命盤中火象性質的強烈程度，他在這一年中會更積極，傾向於帶著更強的動機、激情、熱情和願望行事。還應當看看行星的元素分布。如果當事人的本命盤強調火象元素，在 SR 盤中也是如此，那麼他會帶著更多自發性和衝動來做事，反應迅速，他可能會冒險，勇於謀事。

下一個步驟應當觀察 SR 盤尖軸的性質，看看它們是在啟動星座、固定星座還是變動星座。啟動星座在尖軸代表新的開始，固定星座代表建立某些已經開始的事物，變動星座指出改善和 / 或調整這些事。如果 SR 盤許多行星都在啟動星座，就更容易積極開啟。啟動星座的尖軸和許多行星在啟動星座顯示出這會是充滿各種事件的忙碌的一年，很可能有個人關注和衝動的願望。如果 SR 盤許多行星在固定星座，就更容易保護已經建立的條件和結構，可能會完成某些項目。固定星座的尖軸和許多行星在固定星座顯示出這會是穩定的一年，沒有太大的變化。如果 SR 盤許多行星在變動星座，則更容易順著當前狀況的步調走。變動星座的尖軸和許多行星在變動星座顯示出這會是有很多變動、不穩定、不斷交替選擇的一年，很難保持穩定和現有的狀況。所以當事人必須保持靈活性，避免過度沮喪，為未來的事件做好準備。所有這些都是一般性的論述，很大程度取決於 SR 盤的相位和本命配置。

接下來應當看看是否有任何行星位於SR盤的第一宮中，特別是接近上升點的位置。如果有，這顆行星會根據其性質和主管的宮位，顯示出何種事件和狀況能夠輕易地來到當事人身邊（無論好壞）。如果這是一顆凶星，將代表困難和嚴酷的情況；如果是吉星，則周圍會有輕鬆和良好的狀況，別人也會給予支持。這顆行星還顯示出什麼事物或誰依賴於當事人：如果它主管第七宮，那麼他的伴侶在這一年中會依賴於他。它還顯示出當事人活動的性質——如果是火星，此年當事人的行為會更加衝動、大膽、冒險。當然他也會更易於出現困難和事故。

之後，再看SR上升主星，以及它在SR中的位置和相位。上升主星顯示了當事人在這個SR期間的生活主題，它所在的宮位給出了主題的更多跡象，指出當事人的重點會放在哪裡以及這一年中他生活的氛圍。如果它在始宮或有力的宮位中（例如第十一宮或第五宮），特別是如果它在其位置上也尊貴，那麼當事人會有能力控制這一年的事件。這個主星的相位顯示出如此為之是容易抑或困難。所以，如果主星狀態良好，當事人會從這顆行星象徵的事情中獲益，可以說，如果它自己的定位星處於良好的狀態、強大，並處於自己的尊貴位置，則這一點會更加有力。（行星的定位星在判斷行星時扮演強而有力的角色，它顯示以其自然徵象開始的資源和行動的結果。）還應當查看SR的行星與SR上升點之間的相位，以及這些相位來自何處（成相位行星的性質及其在SR的宮位位置、主管的宮位）。

再來，觀察SR第十宮主星在SR中的位置：它所在的宮位指出當事人的行動和事業的結果，並會給出他這一年中的職業和專業方面的信息。如果它在一個強大的位置（從性質和力量兩方面來看），則當事人會有能力掌控他的職業或專業，並可以從行動中實現良好的結果。十宮主星的相位會顯示出如何為之容易或困難。如果主星狀態良好，當事人會從這顆行星象徵的事物中，在他的職業或專業方面獲益，實現他的目標。如果 SR 第十宮主星的定位星狀況良好、強大，並處於自己的尊貴位置，那麼這一點就會更有力。還應當查看與第十宮宮始點形成的相位。

在此之後，觀察 SR 盤中其他的尖軸行星（如有的話），因為位於尖軸的行星特別重要。如果有許多行星位於尖軸，則最接近的最重要。根據沃爾吉內所說：「在太陽回歸盤中最先穿過尖軸的行星將它自己的個性特徵印刻在這一年的主要發展上。因此，凶星在 SR 的尖軸上特別危險。[2]」

最後，要理解這些 SR 盤中的行星、星座和宮位，借用南斯．麥卡洛（Nance McCullough）的說法，即他主張：「太陽回歸盤的行星代表當事人的環境或情況——看其行動與否。星座代表對這些行動的態度。宮位則指示了行動的領域。[3]」

比對本命盤和太陽回歸盤

絕不應當不看本命盤而單獨解讀 SR 盤。在用上面描述的方法分析 SR 盤之後，應當開始比對它與本命盤，看看本命行星都位於 SR 的哪些位置：即，對任何本命行星，都要看它們在本命盤中的位置，以及在 SR 盤中移動到了哪裡。所有本命行星都帶有其來源於本命盤的特徵，

2 沃爾吉內文獻 62 頁。

3 麥卡洛文獻 3 頁。

並將之帶到 SR 盤中，所以為了理解行星在 SR 中的角色和影響，很重要的一點就是要瞭解它們在本命盤中的角色。例如，假設水星在本命第二宮，但是移動到了 SR 第七宮，即指出這一年中透過合夥關係獲得金錢——如果本命盤中有這種可能性。

本命盤和 SR 盤配置中行星相似性的增加，意味著極有可能可以實現對當事人承諾的事情。如果行星在本命盤和 SR 盤中顯示出相同的影響，在那個時期的主限向運中也顯示相同的事情，那麼它絕對會展現它的影響。

解讀當前的 SR 盤時，還應當檢查前後年份的星盤，因為必須要考慮已經發生，或者尚未顯現其影響的主限向運和過運。如果一個良好的 SR 盤接著另一個好的，這意味著事件在好的道路上發展；反之亦然。

應當注意本命和 SR 上升點的度數。如果 SR 的上升點度數接近本命盤的上升點，這一年會承諾實現本命盤中的重要意義。如果這兩個度數的位置相對，則兩張星盤彼此對抗運作，會帶來困難；如果它們呈現四分相，很可能出現困難的結果；如果是三分相，則會帶來正面的結果。（當然，不應僅根據一個條件做出判斷。）

本命盤中每個星座的影響，與它呈現在 SR 盤中的宮位有關。如果本命宮位（及其星座）在本命盤中顯示正面的事物，在本命盤和 SR 盤中都位於良好的位置，則這一年會在這個宮位的主題方面很幸運。

另外，還應當注意 SR 盤的上升星座，以及第一宮中行星與它們所在的黃道星座（如果不是在第一個星座）的性質，因為在第一宮中的這些行星的象徵事件會極大地影響這一年。其次，還應當考慮任何位於第十宮的行星。

應當評估 SR 上升度數和本命行星之間的相位。如果這個度數接近本命凶星的度數，或本命第八宮及其主星的度數，則會顯現危險和殘酷的影響。當然，還應當根據凶星在本命盤中的位置，考慮它們是否承諾了死亡。

如果 SR 上升主星的度數接近本命凶星、本命第八宮，或本命第八宮主星的度數，也會帶來困難。根據某些權威的說法，如果本命第八宮宮始點在 SR 盤或月亮回歸（LR）盤的上升點，就預示當事人在那一年和那個月份的死亡。

還應當考慮本命上升點的度數在 SR 盤的哪個宮位。如果它在 SR 盤的第六宮或第十二宮，當事人可能面臨疾病，不應過度工作和過於努力。如果它在 SR 第五宮，可能帶來與孩子和戀愛有關的主題；如果它在 SR 第二宮，財務主題會是重點。

當行星落在 SR 盤中與它在本命星盤中不同的宮位時（常會發生這種情況），它會透過 SR 盤的宮位展現出它的本命影響——換句話說，每顆行星都將它的本命影響帶入 SR 盤中。所以在判斷 SR 盤時，即使 SR 盤中特定的主題在那一年佔主要地位，也永遠不應當忽視本命盤的承諾。但每顆本命行星每一年都試圖透過所在的 SR 宮位實現自己[4]。

本命行星的星座也很重要：如果一顆行星在兩張星盤中處於相同的星座，就會展現本命的承諾；如果它還在同樣的度數，就被稱為「完美的回歸」。

4 **戴克註**：例如，如果木星在本命第四宮，它代表家庭和不動產。如果它在 SR 第九宮，就不僅僅指示第九宮的事物，而是**透過**第九宮的主題顯現家庭和不動產主題。

亦應當考慮行星在兩張星盤中是否被同一個主星掌管：如果被同一個主星掌管，就可能發生類似性質的事件。

應當考慮行星的本命宮位：如果行星在兩張星盤中位於同一個宮位，這一年中會以更強烈的方式展現本命的影響。

如果行星在兩張星盤中位於相同的星座和相同的宮位，則此年會以最顯著的方式展現本命盤中的承諾。

如果 SR 行星的位置與本命位置成四分相或對分相，它的表現會受到限制；當接近三分相位置時，則對它展現的支持會得以保持。

應當評估本命行星和 SR 行星之間的相位，預測應當以它們的主題為基礎：行星之間的和諧相位帶來正面的結果，困難相位帶來負面的結果。困難相位可以透過廟宮或旺宮的互容緩解，它們的嚴峻影響可能被減弱，或在巨大的努力之後帶來成功。如果兩顆行星之間是合相，則應當考慮它們的性質，以及合相的宮位和它們在本命盤中的位置。

如果兩顆本命行星之間的相位在 SR 盤中重複出現，也應當納入評估。如果兩顆本命行星之間的和諧相位在 SR 盤中重現，結果會是正面的；如果兩顆本命行星之間的困難相位在 SR 盤中重現，結果會是負面的。重複的徵象說明本命盤的承諾在那一年會被展現出來。如果兩顆行星在本命盤中有良好的相位，但是在 SR 盤中形成困難相位，那麼本命相位的積極潛力會被削弱；另一方面，如果它們之間的本命相位是負面的，而 SR 相位是正面的，當事人可能會找到一種方法從這些行星的困難影響和它們主管的本命宮位的主題下脫身。

應當評估 SR 盤中上升和天頂的性質、它們主星的位置，以及太陽和月亮的位置。SR 盤中太陽的位置，LR 盤中月亮的位置都很重要：它們的位置幫助我們確定這一年或這個月的主要焦點。

包含本命星群的本命宮位幫助我們確定當事人的人生焦點。應當檢查本命配置落入 SR 和 LR 的哪個宮位，因為它們指出這一年或這一個月的主要主題。例如，我妻子（見下）在本命金牛座有一個星群：她的一九九二年 SR 盤中，這些行星落在 SR 第七宮附近，而我們在那一年結婚。

再說一次，SR 上升主星很重要。應當檢查它在 SR 盤中的位置，然後比對它的本命位置：如果在兩張星盤中都位置良好，那麼此年它就會對當事人產生積極的影響，並帶來成功。要確定這種成功來自何處，應當檢查主星在 SR 盤的位置（以及對應的本命位置），還有與它形成相位的行星的位置。除此以外，還應檢視主限向運法，確定預期的事件是否承諾發生。

還應考慮這一年的年主星（LOY）落在 SR 盤中的哪裡。如小限法章節中所說，LOY 是主管任何特定年份中小限上升點落入的宮位的行星。透過人生每年的宮位即可得出 LOY，0 歲從上升點開始：所以，無論當事人的年紀多少，主管那個年紀的宮位的行星就是 LOY。LOY 在 SR 盤中所在的宮位和星座也很重要，它提供了關於當事人那一年的狀況和生活主題的進一步信息。如果 LOY 碰巧也是 SR 上升主星，它的影響甚至會展現得更強烈。

如果 SR 上升主星被焦傷，一些限制和有害的影響可能會阻止當事人的意圖，或當事人可能生病，或不能恰當地展現自己。

如果行星的黃道位置在本命盤和 SR 盤中一致，本命盤的主題就會在這一年中實現。

在應用時，應當首先確認 SR 的上升星座，並比對本命盤和 SR 盤。

五個案例

案例一：

在這個例子中，本頁的星盤是本命盤，次頁的是二〇〇三年的 SR 盤。在 SR 盤中，上升點位於處女座 23°，本命盤的第十二宮。這意味著二〇〇三年的主題會與第十二宮有關，例如疾病、醫院、損失、不可控的因素、隱藏的敵意等等。

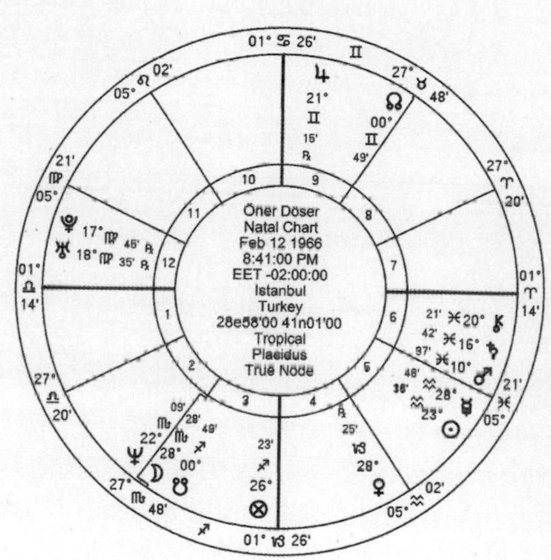

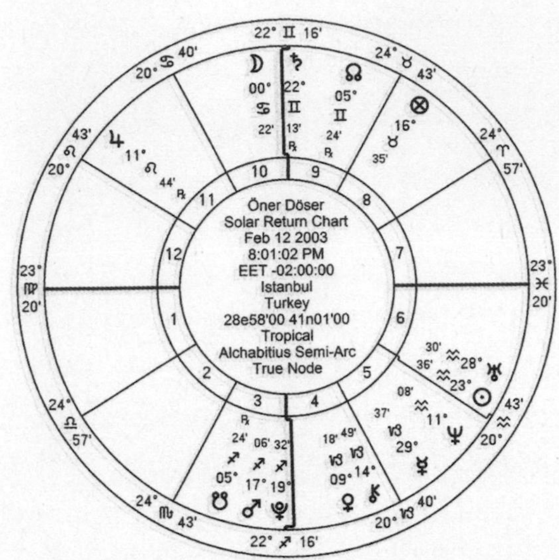

圖表 35：奧內爾・多塞，二〇〇三年太陽回歸盤

下面，讓我們看一下本命行星在 SR 盤的哪些宮位中。例如，本命月亮在第三宮，是第十宮的主星；SR 盤中它在第十宮內，是它的廟宮巨蟹座。這意味著與事業和目標有關的主題很重要。

金星在本命第四宮，在 SR 盤中也在第四宮，同時也在摩羯座：這意味著住宅和家庭事務會很重要。第四宮還指出生命中有些事情即將終結，而有些事情正在開始。

土星在本命第六宮，現在 SR 雙子座第十宮宮始點：這意味著工作的環境和條件方面有些重要改變，下屬方面也會有所變化——並會影響當事人的商業生涯。當事人必須承擔與土星所在宮位相關的責任。由於土星和天頂緊密合相，很可能出現一些分離、困難和事業上的不滿。

木星在本命第九宮，現在獅子座，SR 第十一宮：這意味著第九宮和第十一宮的主題會聯繫起來。第十一宮也代表從商業活動中獲利。

二〇〇三年的重要事件：

- 這一年的上半年充斥著疾病和探訪醫院。我的祖父母接連生病住院，他們相隔六天去世。由於我父親已經去世，我必須和我的姑姑一起照顧他們。這一整年都是第十二宮的主題。還需要強調的是，火星－土星對分發生在 SR 的第四宮和第十宮：這代表著家庭問題和死亡，因為本命火星代表我的祖父（他是第七宮的主星，即從第四宮起算的第四宮），而土星代表我的祖母，因為它是第一宮的勝利星（從第四宮起算的第十宮，我父親的母親）。我的祖父母的關係在生病之前有一些其他問題，因為我的祖父會傷害我的祖母：所以我們把他們分開，我照顧祖父，而我姑姑照顧祖母。
- 二〇〇三年六月，我作出了一個重大決定，離開我在伊斯坦堡市集的工作，向占星學的職業生涯邁進一步。我對市集的工作感到不快樂：這種環境和交易的生活不適合我，此外也沒有帶來令人滿意的收入。經過兩年培訓以後，占星學已經成為我的全部生活，我只想要實踐占星學，已經開始不顧當時的工作了。我租出了自己在市集中的商店，在保證了我的員工的工作條件後，將一切都轉給另一位雇主，也是我的一位朋友。土星在本命第六宮，SR 的第十宮，雙子座，揭示了整個劇情：我肩負著我的員工的責任，但是在保證了他們新的工作條件，成功為他們保住了穩定的工作環境後，我感覺輕鬆多了。

- 月亮在本命第三宮，是第十宮的主星，在 SR 第十宮，亦是它的廟宮巨蟹座。這強調了職業和專業目標即將改變。在開始占星學的職業生涯之前，我已經開始在一家報紙上撰寫專欄，我還在二〇〇三年夏天上了電視新聞節目（分享占星學觀點）。我對於學習和實踐占星學感到非常滿意。
- 二〇〇三年初，我被選為土耳其占星學聯盟的董事會成員。我還接受了哈坎·克勒克奧盧的培訓。木星在本命第九宮，現在 SR 第十一宮，表示活躍於與占星學相關的組織中。下半年，我開始從占星學中獲得收入，這同樣與這組配置相關。
- 我在這一年中搬了兩次家，一次在七月，另一次在十一月。在這期間，我在家中工作。我在那裡很快樂，但是長時間工作的同時，我與外界世界失去了聯繫——我曾經每天工作十四小時，而且很少參與體育活動。我對於盡快安定下來的需求感到有些恐慌。本命金星（是本命上升主星）在第四宮，摩羯座，沒有任何相位，解釋了孤僻的狀態和在家工作。

再來，看看本命太陽在哪裡（因為這是太陽回歸盤）。在下面這張圖中，你可以看到太陽在第五宮和第六宮之間，代表努力工作和對運動的興趣。

然後，把兩張星盤放在一起判斷：用這種方法可以檢查 SR 盤與本命盤在四尖軸和行星上的聯繫。我把 SR 盤放在內圈，本命盤放在外圈。

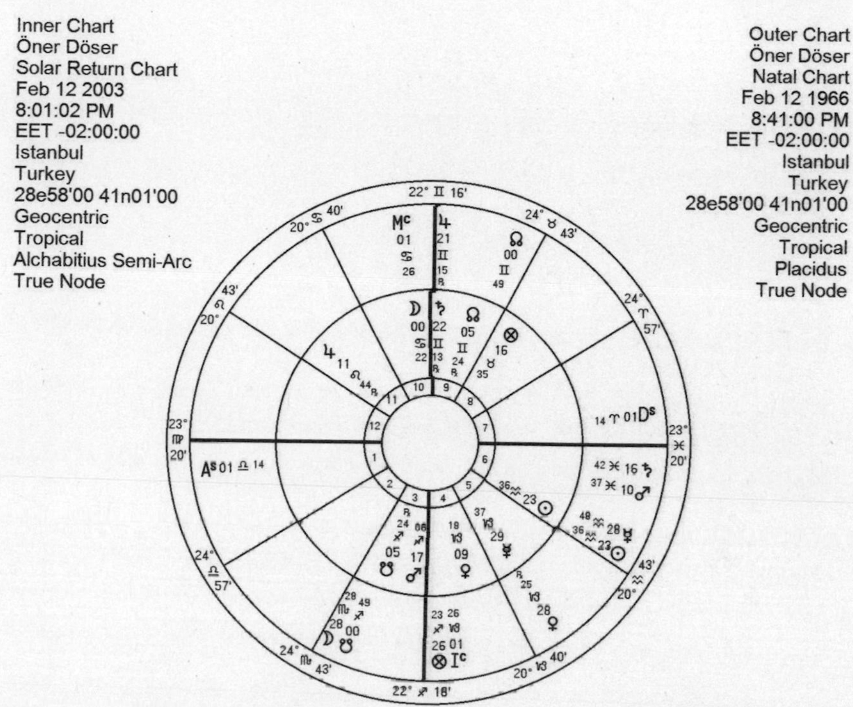

圖表 36：奧內爾．多塞，二〇〇三年太陽回歸盤比對本命盤

本命木星在 SR 天頂的度數上。這指出占星學（本命木星在第九宮）成為我的職業（天頂）。木星還與 SR 土星在一起：由於以前的工作產生的不滿，如今透過占星學解決了。本命土星四分 SR 土星！這意味著我會因為我的員工的不滿和責任而遇到難題。我的本命上升主星金星在 SR 第五宮，合相 SR 水星（SR 第十宮主星），意味著我的興趣（第五宮）現在將成為我的職業。

本命盤的北交點會合 SR 盤的南交點，所以我與占星學的關係是命中註定的。

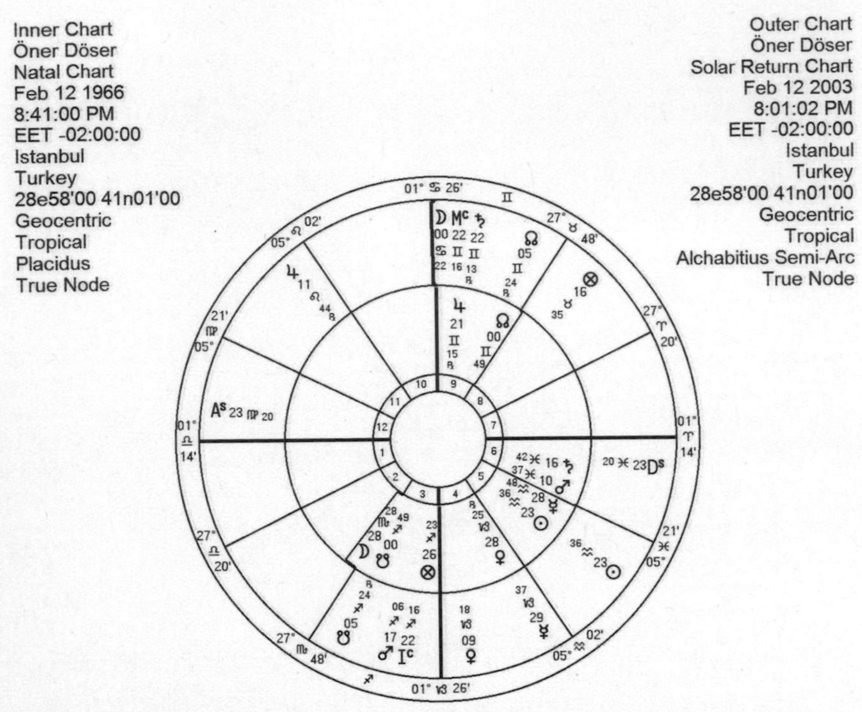

圖表 37：奧內爾．多塞，本命盤比對二〇〇三年太陽回歸盤

然後，將 SR 盤放在本命盤上比對（本命盤位於內圈），這樣可以檢查本命盤與 SR 盤的軸線和行星的聯繫。在這裡，SR 月亮在本命第十宮的宮始點，代表工作的改變和新的嘗試。另外，本命第十宮的主星（月亮）在 SR 盤上對應本命第十宮宮始點的位置，是一個非常好的配置。土星合相本命第九宮的本命木星，顯示出會有第九宮主題上的困難，我確實不得不很努力地工作。SR 木星在本命第十一宮，顯示出會有一些與第九宮主題相關的團體活動。

接下來，應當檢查兩張星盤之間行星的相位。如果兩顆本命行星之間的困難相位在 SR 盤中重複出現，特別是在凶星之間，這種負面影響就會以一種強烈的方式顯現出來（如莫林所說）[5]。下面的例子說明了這一點。

案例二：

這個例子是二〇〇五年的 SR 盤。木星在本命盤中四分土星，在 SR 盤中這個相位重複出現了。這意味著相位的負面影響會重複，本命盤承諾的困難將會顯現。

在二〇〇五年，我必須等待羅伯特・左拉占星學培訓的考試結果。這是一段極具壓力的時期。首先，我對問題用了非常長的篇幅作答，而我的老師那時正在生病。但是這個木星－土星四分相不像它在本命盤中那樣困難，因為儘管相位相同，在這一年中，土星和木星有著旺宮的互容，減輕了困難的程度。在這期間，我必須在財務上支持妻子的生意，因為她必須進行投資。土星在 SR 第五宮，也在我妻子星盤的第十一宮（與投資或從生意中獲得的利潤相關）。木星在 SR 第七宮和第八宮之間。作為 SR 上升主星，木星代表我，顯示我必須支持我的妻子。由於 SR 木星與南交點合相，並且逆行，它並不是特別有力。但是，由於它在天秤座，又是有力的，並且也是一個始宮，所以它有能力提供支持。

5 莫林 2003 年版第十八章。

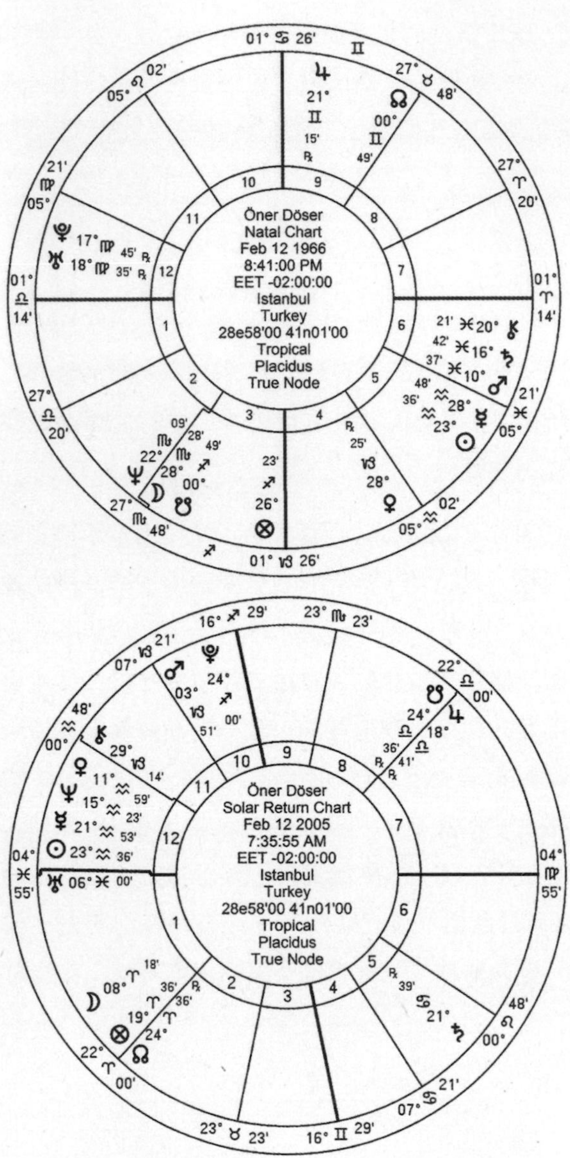

圖表 38：奧內爾・多塞，二〇〇五年太陽回歸盤

案例三：

莫林是太陽及月亮回歸法狂熱的擁護者。在他的《高盧占星學》（*Astrologia Gallica*）中，他設立了一些針對回歸盤的規則，我們在下面的幾個例子中將會說明他的規則。例如[6]，當本命上升和SR上升對分時，會帶來負面的結果，特別是精確的對分相。讓我們在另一個例子中看一下這種配置。下面是我一九九七年的SR盤。在本命盤中，上升點是天秤座1°，SR盤中的上升點是牡羊座8°。我的父親在那一年去世。當然，僅有這個對分相並不能暗示我父親的死亡。星盤中還有其他指徵。

首先，讓我們考慮一下火星（SR上升主星）和土星，在第一宮－第七宮軸線成對分相。土星是我的本命第四宮的主星，在這張星盤中它位於第十二宮和第一宮之間，與火星對分。而在本命盤中兩者是合相的。

本命土星－火星合相在本命盤中，指出我的父親（土星）會被某些惡性的影響所困擾，例如手術、事故、爭鬥等等。火星是我本命第七宮的主星，我父親自己的第四宮（衍生宮）。這顯示出他的生命可能會由於一次火星事件的結果而終結（第四宮）。在SR中這種影響甚至更為明顯。火星與土星從第四宮宮始點對分。這兩顆行星互容，但是都在自己落陷的星座中。這些因素增加了負面影響的可能性。在SR盤中，太陽在第十一宮和第十二宮之間。我父親經歷了一次事故，然後住院了幾乎一個月。我們都希望他會好轉，然而他並沒有。也許在水瓶座、第十一宮的行星放大了我們的希望。另一方面，這些行星在我父親本人的死亡宮裡（從第四宮起算的第八宮）。

6 莫林2003年版130頁。

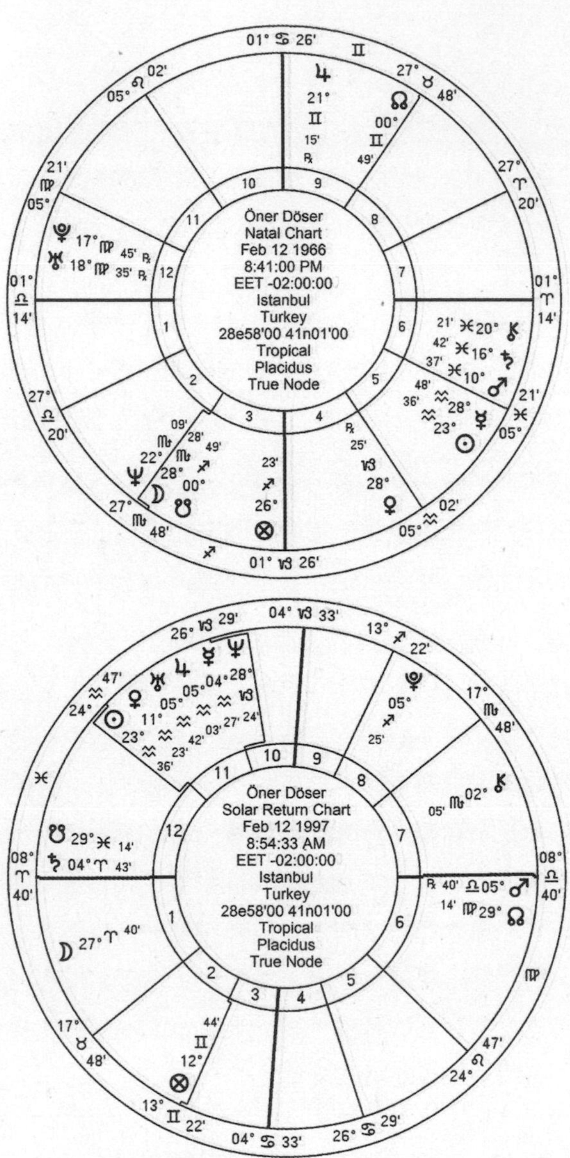

圖表 39：奧內爾．多塞，一九九七年太陽回歸盤

案例四：

回到莫林的說法[7]，他認為如果SR上升與本命上升形成三分相，這種配置在第一宮主題上是有正面意義的，但是如果是四分相，則是負面的影響。（但是，這不是判斷第一宮主題是正面或負面的唯一標準。）

讓我們看一下二〇〇四年的SR盤。比對兩張星盤時，可以看到兩者的上升點成六分相（某種程度上是正面的，但並非強而有力的相位）。我參加了我的老師在加拿大的研討會，並在那裡待了八天。我在研討會上學到了許多知識，認識了很多人。我與老師在課後進行了相當長的對話，他甚至邀請我和另一位學生去他家共進晚餐。他真的對我很熱情。但是，我卻沒能實現對這次旅行所期待的結果。SR上升主星木星在第九宮，非常接近第十宮宮始點。這是一個良好的配置，代表了我的旅程。但是，木星在處女座落陷，且在逆行。還與它的本命位置成困難相位，並準確四分本命土星，這觸發了本命木星－土星的四分相。由於我的老師生病了，他沒有接受我成為他在土耳其代表的提議。他說他不能給我足夠的支持，並告訴我，我已經具備了自己行事的潛力。他的說法很實際，但是我聽到這些時仍感到很遺憾。回到伊斯坦堡之後，我甚至有十五天沒有打開任何占星學的書籍。但是隨後我決定準備自己的培訓系統，不依賴於任何人：現在，我知道這是我做出的最好決定，但是當時我感到很失望。同時，我還感到壓力很大，因為我甚至還沒有得到甚早前就參加的考試結果。但是，我的老師是正確的：他病得如此嚴重，以至於根本不能幫助我。

7 莫林 2003 年版 131 頁。

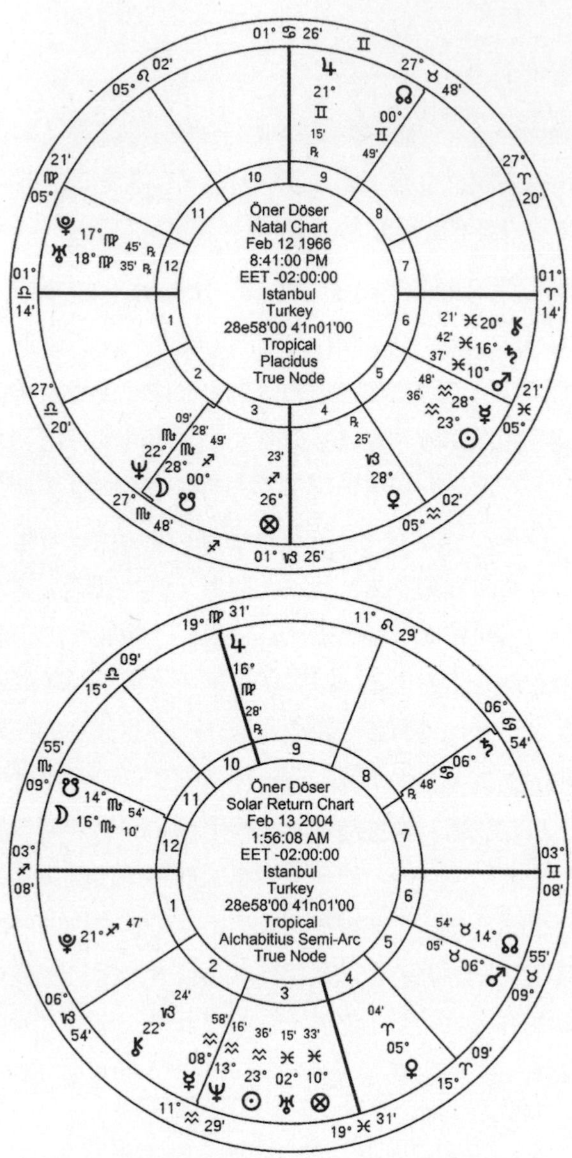

圖表 40：奧內爾・多塞，二○○四年太陽回歸盤

案例五：

現在，莫林說[8] SR 盤中的上升星座會影響本命盤第一宮象徵的主題。在下面的星盤中，你會看到我的妻子一九九二年的 SR 盤。在她的 SR 盤中，本命盤的第四宮在上升位置：我們在一九九二年結婚，而第四宮與住宅和家庭事務相關。她的本命木星非常接近 SR 上升的度數。可以預期這一年是非常幸運的。

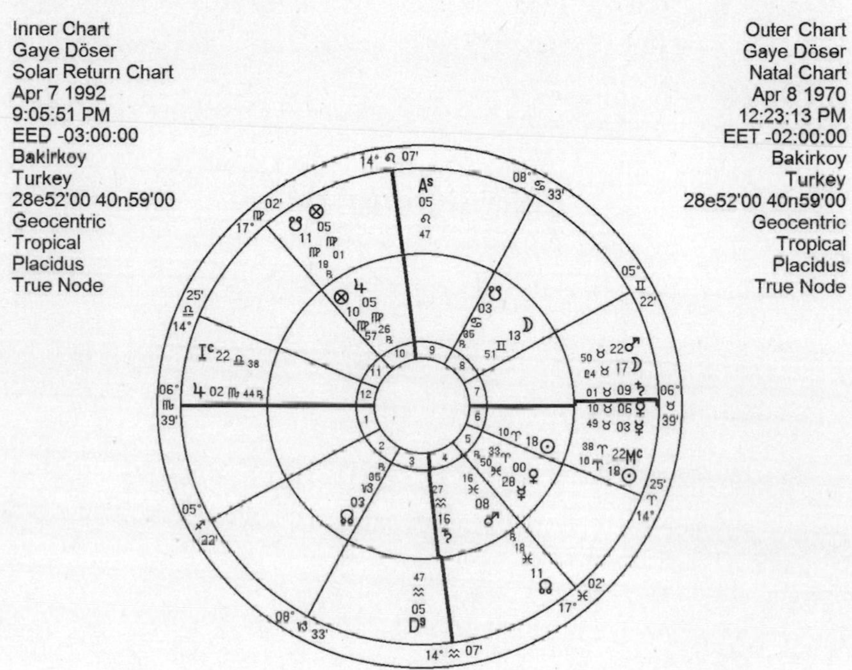

圖表 41：蓋伊．多塞，一九九二年的太陽回歸盤和本命盤

8 莫林 2003 年版 131 頁。

莫林認為[9]，如果當事人本命盤中任何宮位不僅只有一顆行星，他將經歷許多與這一宮主題有關的事情，因為每一年這些本命行星都會佔據和觸發它們所在的 SR 宮位。所以，這個宮位的承諾絕對會被實現。再看回這張星盤。許多本命行星聚集在 SR 第七宮：由於許多行星聚集在 SR 的同一個宮位代表這一年的重要主題，它意味著在一九九二年，婚姻和伴侶關係議題會佔據主要舞台。金牛座在 SR 第七宮宮始點，而本命金星（金牛座主星）也在那裡。這是婚姻的徵象。你可能會想，土星在那裡會帶來問題，但是土星由金星主管，受到它的良性品質的影響。SR 上升受到本命木星幫助而減輕了損害。所以我們結婚沒有任何延遲和問題。

太陽回歸盤中的行星

太陽回歸盤的行星代表在即將到來的一年中當事人的狀況——值得一提的是，它們也將透過宮位的配置和主管關係承擔它們的本命意義：

☉：個人問題、父親和其他權威人物、賞識。

☽：情緒問題、母親、家庭、其他女性人物、健康問題、極大的改變。

☿：溝通、教育、年輕人、遷移、學術活動。

♀：關係、女性、努力維持和諧、親密、婚姻和有趣的活動。

9 莫林 2003 年版 135 頁。

♂：聚焦於能量和耗費精力的領域、對抗、競爭、勇氣。

♃：實現擴張和進步的領域、誇大、輕鬆流暢、經濟寬鬆、學術追求、旅行、教師。

♄：限制、責任、困難、局限、財務主題、要學習的功課、死亡。

☊：關係、命定的主題、團體活動。

☋：命中註定的事件、損失和麻煩。

回顧重要的解讀原則

- 解讀 SR 盤之後，須考慮它的行星和相位與本命盤中行星和相位的呼應，來看它如何引發或阻止在那一年中產生的本命的承諾。

- 如果本命盤是輕鬆的，而 SR 盤並非如此，這一年會帶來困難和要學習的功課。但是因為本命盤有良好的配置，困難不會帶來過多壓力。如果兩張星盤都很困難，這一年會充滿要學習的功課及困難。如果本命盤顯示很困難而 SR 盤很輕鬆，當事人會有很好的一年，並會在這一年克服一些他本命盤中的困難。

- 如果本命行星之間困難相位現在在 SR 盤中轉變為和諧相位，那麼這些行星的困難在那一年會被克服。

- 如果 SR 盤和本命盤的始宮之間的相位是和諧的（例如三分相），這一年會很輕鬆。如果是負面的（例如對分相），這一年會充滿困難。

- 本命金星和 SR 金星的合相通常是新戀情、浪漫主義和幸福的徵象。

如果 SR 水星與它的本命位置形成合相，則指出教育主題、大量溝通、商業、和旅行；如果是火星，則有可能發生自我主張、勇敢開創事業、事故或手術。

- 如果大多數行星都在 SR 第一宮，當事人在那一年中會變得更積極和充滿活力。他可能採取主動。如果它們在 SR 第七宮，當事人可能屈服於他人的願望，順從行事，並較少採取主動和掌控。如果是在第四宮，相比起事業和職業生活來說，當事人必須處理房產和家庭事務。如果是在第十宮，當事人不得不處理外部環境，以及事業、職業生活。

- 如果啟動星座在 SR 的四尖軸上，這一年會更進一步，帶來一些開始，而且這會是忙碌的一年，充滿各種事件，並更容易積極主動。固定星座顯示出這一年是完成新的步驟和處理早先的變化的時期，而不是做出重大變化的時期；這段期間責任會增加，當事人現在更加明瞭他生活中的目標，他可能透過努力獲取成功。變動星座指出狀況正在變化，新的選擇將會出現：當事人可能進入他人生的新階段，所以他必須靈活面對。事件不是出現在這一年中，此時更像是一個籌備階段。很難保持穩定和現有的狀況，當事人必須為未來的事件做好準備。

- 大部分行星所在的三方（或同元素）星座很重要。

- 本命上升所落的 SR 宮位很重要，同樣 SR 上升所落的本命宮位也很重要。SR 上升透過所在的本命宮位顯示了當事人的需求：如果在本命第十宮，當事人需要他的事業和以未來為導向的目標；這暗示著第十宮的主題會來到檯面上。

- SR 上升主星所落的 SR 宮位代表了當事人在這一年會對什麼感興趣。
- SR 盤中，許多行星聚集的宮位和星座顯示了這一年的焦點，因為合相指出了當事人的主要聚焦點。
- SR 行星與它們的定位星有很強的聯繫：定位星總是代表事件的原因。
- 聚集在一個宮位中的行星透過它們所在的宮位，展現所主管宮位的能量。即，主管的宮位和所在宮位之間建立了聯繫。
- 應當將本命過運與 SR 盤一起評估。
- 應當將蝕相與 SR 盤一起評估。
- 如果 SR 行星接近 SR 上升或任何其他尖軸點，這些行星的能量會強烈地展現出來。
- SR 行星將本命盤中的能量帶到了 SR 盤中。例如，假設月亮在 SR 第十一宮，但是本命盤中它在第九宮，掌管第十宮。這意味著外國朋友和生意，或朋友與國外貿易主題會透過這些宮位連結被帶到這一年中。
- 如果 SR 上升的度數非常接近本命上升的度數，本命盤的承諾將會被展現出來。
- SR 上升主星的 SR 位置代表這一年的主要主題。例如，如果它位於第一宮，當事人會聚焦在自己和他的個人事務上；如果在第七宮，則婚姻和伴侶關係問題會佔據主要重心。
- 在星座第 29° 的 SR 行星暗示一個時期的終結，這個結束與它所在宮位和主管宮位有關。如果始宮的宮始點在星座的第 29°，將會帶來同樣的影響。

- SR 月亮的位置顯示出當事人這一年會在什麼方面經歷關鍵的改變。如果它合相另一顆行星，則這顆行星主管的宮位也代表改變的領域。
- 如果許多 SR 行星都在啟動星座或始宮，這一年會變得很積極，當事人想要有新的開始並吸引注意力。他可能還會不假思索地參與一些行動，做出突然的決定。
- 如果 SR 行星與四尖軸的主星之一成相位，它就會在星盤中較為重要。例如，火星（SR 第八宮主星）與木星（尖軸之一的主星）四分，火星就更為重要。
- 如果 SR 行星有許多相位，它會變得重要。
- 如果 SR 行星與本命上升合相，或本命行星合相 SR 上升，這顆行星會以一種強烈的方式展現它的影響。
- 在尖軸的行星會有力地展現它們的影響和特質。
- 當本命相位在 SR 盤中重複出現時，SR 行星會強調本命配置的含義。
- 如果許多行星在星盤中逆行，等待和拖延行動的主題會增加。

現在讓我們看一下確認特定主題的一些有用的法則：

太陽回歸盤中死亡的可能徵象：

- 本命上升在 SR 第八宮，或 SR 上升在本命第八宮。
- SR 上升接近本命上升，**如果**同時本命盤以**其他**一些預測技巧能夠給出死亡的承諾。

- SR 上升主星在 SR 第八宮。
- SR 第八宮主星在本命第一宮，或本命第八宮的主星在 SR 第一宮。
- SR 第八宮和 SR 上升主星之間有困難相位。

太陽回歸盤中的婚姻徵象：

- SR 月亮接近 SR 上升的度數，或在 SR 第一宮。
- 本命太陽在第七宮，但是在 SR 第一宮。
- SR 月亮在 SR 第七宮。
- SR 金星或木星在 SR 第一宮或第七宮。
- SR 金星和月亮彼此形成相位（而它們是第一宮主星或第七宮主星），或合相在 SR 第一宮或第七宮：因為這兩顆行星都與婚姻有關（月亮指示家庭，金星指婚姻本身）。
- 本命或 SR 的上升主星在 SR 第七宮。
- SR 上升和第七宮主星之間有相位，特別是互容關係。
- 本命第七宮在 SR 上升。
- SR 金星和木星形成相位，如果木星是本命或 SR 的第七宮主星。
- 新月或滿月的度數在第七宮。

在這一章中，所有 SR 盤的指導對於月亮回歸法（LR）也同樣有效，除了 LR 中指示事件僅持續一個月（確切地說是 27.3 天）。

在 SR 盤中使用確定時間的技巧：

羅伯特．左拉建議查看一年當中的所有滿月：它們所落的黃道位置和本命宮位[10]。對於要確定時間的事件，我們可以將它們疊加在 SR 宮位上，來看它們點亮的特定生活領域。

我使用新月、滿月和對 SR 盤的過運來預測那一年的重要事件。我認為太陽的過運是確定時間最應優先考慮的，特別是太陽過運到 SR 尖軸。我發現當過運的太陽和 / 或火星觸發 SR 盤中的重要相位和相位形態時，就會發生重要的事件。

左拉還建議，對於時間問題應考慮法達運程法的主運和次運[11]。在研究我的二○○三年星盤的重要事件時看到過的細節（在火星－土星法達）[12]，我發現將法達運程法和太陽回歸法一起使用很有用。可以觀察法達的主運和次運在 SR 盤中的位置，就像使用當年的年主星一樣。

我還發現考慮本命盤的次限推運也很有用。當我結束在市集二十年的職業生涯時，推運的月相是代表結束的殘月。當我開始提供職業的占星諮詢時，次限推運的月亮正在接近推運的太陽，實際的新月僅僅發生在我第一次職業諮詢之後幾天。在諮詢實務中，我看過很多次如果當事人在當前或下一個 SR 中正經歷推運的新月或滿月月相，就可以找到一個新月或滿月，確認當事人即將開始或終結他或她生命故事中非常重要的一些事情。

10 左拉 2003 年課程，第 19 課 21 頁。

11 左拉 2003 年課程，第 19 課 22 頁。

12 參見第四章。

安東尼·路易斯（Anthony Louis）稱，他發現太陽回歸之後第一次日蝕的星盤會提供特別有用的信息[13]。我同意他的觀點。實際上，我傾向於考慮當年的所有日蝕和月蝕，從距離當事人生日最近的一次開始。

現在讓我們更深入地看一下 LR 盤。

月亮回歸法

月亮回歸法計算的是當月亮回到與它在出生時相同的星座、度數和分數的準確時刻的星盤。月亮回歸大約每 27.3 天，即一個恆星月發生一次。每年有十二到十三次。本命盤和 LR 盤之間唯一共有的位置就是月亮的度數，其他行星都在不同的位置。在 LR 盤的幫助下，我們可以月復一月地觀察事件。

月亮回歸法也是確定 SR 事件時間的最佳技巧之一。莫林建議我們考慮發生在 SR 當年的所有 LR[14]。當然，也許我們沒有足夠的時間詳細看所有的 LR 盤，但是可以考慮那些與 SR 盤相似的 LR 盤。我發現考慮與 SR 盤有相同上升星座的 LR 盤很有價值，儘管上升度數不必相同。優先找出與當前 SR 盤有類似的行星配置，或接近當前的主限向運法的 LR 盤也很值得（例如，如果月亮和土星四分，並在這個時期左右的主限向運法中也成四分相時）。

為了確定已經由 SR 盤描述的事件的時間，考慮一下月亮在其中的

13 路易斯著作 11 頁。

14 參見莫林 2003 年版的案例第 67 － 69 頁。

宮位和她在 SR 盤中的宮位一致的 LR 盤是一個好主意：例如，如果月亮在 SR 第十宮，則可以特別關注一下月亮在第十宮的 LR 盤。

解讀月亮回歸盤：

在考慮 LR 盤時，最重要的一點就是尖軸。上升的星座代表我們將會如何展現個人需求和情感，而天頂的星座代表我們的目標是什麼，以及如何行動去實現它，從而得到結果。例如，上升在雙子座代表在溝通方面的成功，如此地多面化，以及應當迅速適應改變的狀況；摩羯座代表以一種控制的方式行動；獅子座代表自信和管理者的品質，以及吸引他人關注的需要求。但是天頂在水瓶座代表有新穎而現代的目標和創造力，射手座代表擴張的渴望，金牛座指出對永久性地位和財務安全的需求。

LR 上升主星是告訴我們當事人將在這個月中聚焦在哪裡，如何應對變化的狀態，以及它會在多大程度上實現成功的主要徵象。我們還應當考慮天頂主星，它指出如何行動來實現個人目標。但是，再說一次，這個影響僅僅持續一個月。

月亮回歸法中另一個重要的元素就是月亮本身的位置。通過它的宮位配置，可以理解當事人在特定月份中的基本傾向、主要主題、和情感滿足的領域（見以下列表）。

任何接近 LR 尖軸的行星都很重要。與天頂合相的行星代表這個月的情感目標，和上升合相的行星代表情感需求。例如，如果火星合相 LR 天頂，當事人會在那個月達到他的目標，或向其邁進一步。當事人對目標顯示出勇敢和直接的態度；他不會逃避接近目標的路途上的議論和競爭。火星在這裡也代表與權威人物之間的障礙，和職業生活中競爭的需要。如果金星合相 LR 上升，則當事人需要情感和諧與平和，並需要以他的關係為基礎來行動。如果金星有和諧相位，當事人可能輕鬆地達到這些目標；如果它有困難相位，當事人可能在實現願望上充滿困難。

太陽所在的 LR 宮位也很重要。我們應當檢視太陽和月亮之間的關係：兩者之間的相位可能預示重要的事件。

另一個重要的因素是行星在哪裡聚集。

在 LR 盤中，有時會看到其他行星來到它們的本命度數。這暗示著那顆行星、它所在的宮位及其主星的主題將會在那個特定的月份裡佔主要重心。

還要看一下月亮在 LR 盤中的相位。如果它的本命或 SR 相位在 LR 盤中重複出現，就是一個關鍵的徵象。例如，如果月亮和土星在 SR 盤中成四分相，同樣的相位重複出現在 LR 盤中，這個相位形態的負面影響就會在那個特定的月份中體驗到。

我們應當進一步考慮 LR 盤和本命盤或 SR 盤之間的聯繫。尖軸極其重要，例如本命上升度數在 LR 第七宮的宮始點，或 LR 天頂在本命天頂的度數上。

LR 盤中行星的宮位也很重要，本命上升主星的 LR 位置也很關鍵。

應當比對行星在 SR 盤中的宮位和它們在 LR 盤中的位置。還應檢查 SR 上升主星在 LR 盤中的狀況。

在所有這些比對中，都應當聚焦於被高度強調的宮位。

LR 盤還應與 SR 盤、過運法、推運法和向運法結合研究。

月亮回歸盤中的月亮位置

月亮在第一宮：當事人願意在情緒上展現自己。他容易在情感上受傷，因為易受他人影響。輕鬆駕馭社交互動。在男性的星盤上，當事人與女性人物（母親、妻子等等）的關係是關注的焦點。會規劃與住宅、家庭有關的事項。

月亮在第二宮：財務問題被強調。當事人需要感覺財務安全，他可能對收入感到滿意或不滿（所以，還應當檢視月亮的相位）。

月亮在第三宮：溝通問題被強調。與兄弟姊妹、其他親戚、鄰居的關係變得重要。知識的話題，例如教育、學習、閱讀和寫作，以及其他心智活動也很重要。這個配置可能代表快速地改變。

月亮在第四宮：住宅和家庭問題被強調；安全也很重要。與過去有關的問題可能暴露出來。對歸屬感的需求增強了。如果月亮有和諧相位，當事人可能由於感覺到屬於某處而覺得滿足。

月亮在第五宮：當事人需要外顯情感。社交、樂趣、戀愛和性議題被強調。會出現一些與孩子、藝術活動、愛好和體育有關的活動。

月亮在第六宮：這是充滿工作項目的一個月，當事人需要展現他的天賦，並忙碌地工作。工作使他滿足。健康問題也許是核心焦點。在做出有關這一點的確切結論之前，應當先檢視月亮的相位和星盤的整體狀態。

月亮在第七宮：關係和社交被強調了。這可能帶來認可。如果月亮的相位是和諧的，當事人會從他人那裡得到正面的反應。這個配置對所有類型的社交關係都很好。會規劃伴侶關係和婚姻的事項。

月亮在第八宮：當事人可能在情感上感到不舒服。可能產生一些財務問題，例如信用、支付和稅金。情感深沈，當事人可能因此而被深深地影響。

月亮在第九宮：旅行和可能將當事人帶離熟悉環境的事情被強調了。出現了高等教育和有助於當事人的學習和發展的其他議題、法律問題，以及與外國人相關的事物。教學和學習讓當事人滿足。他可能教授課程，參與出版項目，還有透過網路傳播信息。

月亮在第十宮：事業、職業和社會地位被強調。當事人可能受到他人認可。如果月亮的相位是和諧的，當事人會感覺他已經接近他的目標；否則，就會感到不滿足。由於月亮代表改變，當事人可能在他的職業和社會地位方面經歷變化。因為婚姻也意味著地位上的一種變化，對第十宮的強調可能指向婚姻。

月亮在第十一宮：社交生活被強調。當事人可能透過他與朋友的關係、為俱樂部和慈善事業工作而感到滿足。歸屬於組織很重要。當事人可能在他朋友的生活中經歷一些變化。他可能聚焦於理想和對未來的希望，還可能會在因事業而獲利方面有一些重要的變化。

月亮在第十二宮：當事人想要擺脫外部世界的擁擠人群，更喜歡平和安寧的狀態。建議他可以多進行冥想。他可能會經歷無法控制的狀況，或隱藏的敵人。也可能遭遇疾病和困難。這是難以做出決定的時期。這個時期更利於準備而不是行動。

月亮掌管的宮位也很重要，因為它顯示了能量的出口。例如，如果月亮在第七宮，當事人聚焦於一對一的關係；但是如果月亮主管第二宮，那麼這些關係將會是以職業為基礎的或財務方面的，而非浪漫的。月亮所在宮位始點的主星也可能帶出關於事件的原因，以及如何暴露出來。如果主星反尊貴，落陷或入弱，並且有困難相位，則可以預期負面的結果。

｜月亮回歸盤中尖軸的相位｜

靠近 LR 盤尖軸的行星也很重要。落在 LR 盤尖軸位置的本命行星，它們所在的本命宮位，和掌管的宮位兩方面尤為重要。

☉：個人事務，與父親和其他權威代表有關的主題，名譽，賞識。

☉☌上升：因為個人品格和管理技巧而被認可，需要被認可，擁有取得認可所需的自信。

☉☌天底：對控制家庭和住宅問題的需求，成為幕後的領導者，自省。

☉☌下降：吸引他人注意力，對關係和來自他人的尊敬的需求，透過共同努力的方式作出影響。

☉☌天頂：對實現目標，取得認可，吸引他人的注意和登上社交舞台的渴望。

☿：溝通交流，學習，教育，年輕人，旅行，學術活動。

☿☌上升：溝通交流，需要大量談話，心智活動，靈活性，表達情感和展現天賦。

☿☌天底：內省，家庭內的溝通，在家進行閱讀和寫作活動。

☿☌下降：一對一的溝通，協議，發表演說，參與答辯。

☿☌天頂：溝通是優先事項，公開演講，因為想法而被認可，職業生涯中的知識追求，與上司的溝通，商業議題。

♀：關係，女性，努力維持和諧，親密，婚姻和有趣的活動，社交活動，平順的生活。

♀☌上升：維持和諧與平衡，用天賦帶來團結，雙邊關係和協議，外交議題，尋求和平，懶惰，對外表做出改變，想要變好看，美麗的服裝，楚楚動人，同情心，社交和玩樂。

♀☌天底：在家庭生活中尋求安寧與平衡，閒散在家，在家社交，與朋友待在家庭環境中（例如家庭聚會），室內裝潢和新傢具。

♀☌下降：社交上積極，以關係為導向，和每個人都能成為朋友，共同行動，受歡迎，樂於接受邀請和新的提議，浪漫，在關係中尋求安寧與平衡，靈活變通，贊同女性。

♀☌天頂：吸引雇主的注意力，優雅，長相好看的優勢，和高層良好的關係，來自權威人物對事業的支持，社交機會，藝術性主題獲得認可，職場中的社交，在事業上來自女性人物的支持。

♂：聚焦於能量和耗費精力的領域，對抗，競爭，勇氣，男性形象。

♂☌上升：充滿能量的強烈表達，展現領導力特質的渴望，苛刻，好爭辯的態度，反抗，競爭，容易出現事故和暴力。

♂☌天底：家庭內部的壓力和不安寧，充當家庭領導者的需求，保護自己的房子和家庭的本能，被過去的傷痛困擾。

♂☌下降：公開的敵人，緊張的競爭，關係中的討論與爭執，難以達成協議，採取共同行動的需要。

♂☌天頂：具有社會影響力的本能，實現目標的決斷力，採取行動，與上司辯論，競爭，由於領導力和充滿能量的特性而為人所知，成功的野心，冒巨大的風險，為了社會目標而戰鬥。

火星在始宮還指出事件發生的時間已經到來了。

♃：實現擴張和進步的領域，誇張，很高的期待，輕鬆流暢，樂觀主義，經濟寬鬆，學術追求，旅行和教師，宗教人士。

♃☌上升：樂觀主義和自信的態度，容易實現個人目標，誇大其詞。高期待和高要求，歡樂的、幸運的、正面的。

♃☌天底：住宅和家庭的擴展，投資房地產，在家招待客人，擴張的計劃，與父親相關的正面狀況，感覺到內在的平和與安全，旅行。

♃☌下降：過度信賴他人，正面的關係，機會和提議，婚姻，與外國人的關係，很高的期待。

♃☌天頂：在職業和專業目標方面的正面影響，來自上級的機會和支持，以最好的為目標，要求很高，自信，社會認同，實現目標的機會。

♄：限制，責任，困難，界限，挑戰，嚴肅，現實，財務主題，與生意相關的主題，需要學習的功課，死亡。

♄☌上升：嚴肅和可靠，責任，悲觀主義，自信方面的問題，情感上不舒服，不能獲得財富和良好的健康，現實和挑剔的態度，不安全感和懷疑主義，極其遵守紀律並喜歡責任。

♄☌天底：感到內向並寡言少語，在建立與他人令人滿意的關 係上有問題，缺少自信，擔憂，孤僻，疾病，不可　和受限。

♄☌下降：關係中嚴峻的問題和責任，需要實事求是，延遲和困難，用邏輯處理所有關係。

♄☌天頂：嚴謹對待目標、與職業和專業生涯相關的責任，需要辛苦努力工作和有組織性。

如果有許多行星在尖軸或在啟動星座，則這個月會充滿動力。啟動星座位於尖軸代表需要行動。

如果本命上升在 LR 盤的上升位置，特別是如果實際度數非常接近，LR 盤的重要性和能量就會增加。如果與本命上升相對的星座在 LR 盤上升，將可預期困難與阻礙。

其他行星的回歸盤

| 水星回歸盤 |

本命水星代表溝通交流上的天賦，它的本命位置指出，如何與他人聯繫和溝通。它與我們如何交流自己的情感和體驗，以及我們如何與他人分享這些情感和經歷有關。

水星回歸盤[15]顯示出那一年的學習能力，和如何消化吸收的信息。它代表那一年會聚焦的問題。在水星回歸盤中，它所在的宮位顯示了，在這一年中心智會聚焦在哪裡，需要學習什麼，以及如何溝通交流。它在回歸盤中的相位代表那一年中事件的性質和需要學習的功課。例如，水星與木星的相位代表需要發散性思維，靈活處事，以及在教育上的發展或大膽的思考；它與土星的相位代表需要集中精神，在思想和教育問題上規劃良好。

水星回歸盤的上升代表想要如何表達想法，以及與外部世界的溝通方式。例如，如果上升點在巨蟹座，可能與眼下的問題有情感連結，或以接納的方式表達自我。

水星回歸盤的天頂代表願意展現的溝通類型，以及如何實現它。它顯示了投入哪些主題以取得成功，還有前進的方向。例如，如果牡羊座在天頂，可能傾向於直截了當的溝通，想法更積極主動，更有決斷性。

15 如果水星與本命位置不止一次產生連結（例如，如果它逆行後再次經過），則第一次的連結較重要，但是也要考慮逆行時和再次順行時產生的連結。

水星在水星回歸盤的宮位中

水星在第一宮：溝通交流處於生活的最前線。在這一年中，可以開放的心態學習更多。這是演講、學習和結交新的關係的時期。好奇心很明顯。

水星在第二宮：當事人投注在財務問題上。他的想法可以帶來金錢。他可能有關於財務問題的新計劃。

水星在第三宮：當事人在心智上極度活躍；他持續閱讀和學習。兄弟姊妹和他親密的小團體是生活的中心。信息交換和新的研究領域都會吸引他的注意力。

水星在第四宮：與家庭和房屋問題有關的交流會增加。當事人可能搬家。與父親的關係變得很重要。當事人可能學習涉及個人生活和過去之事的新事物。家裡的溝通和活動會增加。

水星在第五宮：提升創造性思維。愛、涉及孩子和他們的教育的問題會成為中心話題。體育運動和興趣愛好令當事人的思維活躍，它們比前述的事宜更重要。

水星在第六宮：當事人的心思投入在健康和工作上。這對於任何心智工作來說都是一個很好的時期，與員工交換想法，發展關於工作的新想法或技術，注意工作中的細節；但也可能感到焦慮和緊張。

水星在第七宮：與他人的溝通交流增加了。可能會簽署關鍵性的協議。訊息的交換成為最重要的問題——諮詢師們可能有相當活躍的一年。如果當事人已婚，他的伴侶可能經歷一段忙碌且活躍的時期。

水星在第八宮：財務狀況的改變，與他人交換關於金錢問題的意見，與商業有關的開支或稅金會圍繞在當事人周圍。如果水星有良好的相位，這可能是一個借貸的好時機。

水星在第九宮：對於任何學習或教育，或與商業有關的旅行、教育，或宗教來說，這都是一個有利的位置。這是敞開接收新點子和經驗，或回顧自己的哲學觀或生活方法的時期。

水星在第十宮：當事人把心思投入職業和專業問題。他可能參與一些注重創造力的生意。公共關係、寫作和商業活動可能佔據中心舞台。當事人可能發現自己要對公眾做演講。他的活動可能計劃良好。如果水星落陷，當事人可能陷入流言八卦和臆測。

水星在第十一宮：這對於參與到任何社會組織或活動中都是有利的配置，與朋友交換想法，制定未來的計劃，談論集體理想，或參與知識團體，或與年輕人在一起。

水星在第十二宮：這對於形成關於未來計劃的想法不是有利的一年，可能最好把自己的意見藏起來。秘密的敵人可能在背後密謀。這可能是退縮的一年，並且可能習慣於獨自工作、寫作、學習或研究。

｜金星回歸盤｜

本命金星代表與他人一對一的關係，如何與他們連結，以及關於愛情生活的主題。它代表我們的所愛以及如何去愛，什麼使我們快樂，我們看重什麼，以及發現在審美上令人愉悅和有價值的東西。它代表我們希望擁有的愛情交互的類型，還有如何表達自己的愛。

金星回歸盤[16]代表在這個特定的期間朝向愛和關係的途徑，期待從關係中獲得什麼，吸引我們的人的類型，什麼會使我們快樂，是否能夠輕鬆地實現這份幸福。它在金星回歸盤中的位置顯示了我們期待從愛中得到什麼，想要處於何種類型的關係中，以及在哪裡尋求幸福。它的相位指出以上提及的狀況會被如何影響。例如，如果金星在回歸盤的第五宮，但是與土星四分，如此可能會尋找愛和幸福，但是很難找到；即使找到了，也可能只是短期的，或者我們在其中會經歷許多困難。如果金星沒有相位，當事人可能不會找到愛，受孤獨所苦。他不能建立親密關係。

金星回歸盤中的上升代表如何透過愛表達自己，以及期待的事物。如果上升點在金牛座，當事人會期待平和與安全。如果上升的度數落在任何本命行星上，本命行星的能量會變得顯著，並能表達完全的潛能。

金星回歸盤的天頂（和在那裡的行星）與金星性質的目標，以及處在關係中的人的特性相關。在天頂的強而有力的行星代表良好的關係和事業方面的支持；它們有助於確定關係的方向。

金星在金星回歸盤的宮位中

金星在第一宮：貫穿這一整年，我們可能非常重視與他人的關係，和表達出同情。會規劃婚姻和伴侶事項。這一年可能聚焦在自己的外表上，並想要看起來好看。可能在愛情中感覺更好。

16 同樣，這裡主要看金星第一次順行經過本命位置時。

金星在第二宮：財務收益和新的機會增加了，但支出也增加了，因為總有一種想要揮霍的傾向。這是進行財務談判的良好時機。能夠從藝術、珠寶、裝飾物、服飾和娛樂中獲得收入。

金星在第三宮：可以從兄弟姊妹、親戚或鄰居處得到幫助。這也是與親密的朋友們相聚的好時機。這一年中，旅行可能令人愉悅。可能對生活的快樂更感興趣。

金星在第四宮：期待平靜與安全。房子和家庭關係變得重要，想要重新設計居住的地方。如果金星位置良好，就會收穫和睦的家庭關係。

金星在第五宮：這一年應當適合樂趣和娛樂。如果本命盤中有此承諾，那麼這一年可能會有孩子或懷孕。和孩子們關係良好。能擁有用於創造性藝術或愛好的時期。很可能墜入愛河。

金星在第六宮：這對於所有與工作和職業相關的事情都是有利的配置。可以在未來工作方面進行良好的協商。很可能會有健康的體魄，以及與員工或同事之間良好的關係。

金星在第七宮：一對一的關係變得重要。我們需要被他人所愛和欣賞，渴望在關係中得到和諧；變得幸福也依賴於他人的態度。如果金星落陷，可能經歷令人失望的關係。會規劃婚姻和伴侶事項。

金星在第八宮：這是一個金錢借貸的好配置。如果在本命盤中有承諾，並且被這個時期的其他預測方法所支持，則可能獲得來自他人的財務支持或繼承遺產。伴侶或夥伴可能會經歷財務上的增長。

金星在第九宮：在這一年中，出國旅行可能非常令人愉快和滿意。能夠與外國人進行良好的協商。這是關於國外貿易的有利配置。也可能在旅途中墜入愛河或與外國人相愛。

金星在第十宮：以職業生活為基礎構建關係。可能經由他人良好的關係和他們的支持來獲得成功。成功讓我們滿意。

金星在第十一宮：這是獲得來自朋友的幫助的良好配置。能夠作為團體的一部分而得到很多樂趣，並可以從職業或交易，或朋友、社會的有利的幫助中受益。

金星在第十二宮：這對於任何關係，特別是私人和個人性質的關係都是不利的配置。如果本命盤中有此承諾，這可能是離婚或分居的時期。可能從個人或社會關係中撤退出來。

|火星回歸盤|

本命火星代表如何展示自己，為何而戰鬥，如何反應，展現能量，顯示憤怒，以及完成的使命。例如，火星在雙魚座代表為了世界的目標而奮鬥；當事人透過被動和情緒化的反應表達他的憤怒；他沒有自發的行為，而是偏向於間接的和情緒化的反應。

火星在回歸盤[17]中指出，在這段兩年的時間中，上述提及的主題如何展現。我們認識到應當如何在這期間存活下來。火星在回歸盤中所在的宮位代表了能量將會聚焦的領域，以及什麼迫使採取行動。我們需要在這個宮位的主題下戰鬥；在那裡被激發，召喚到競爭中去。它的相位說明能否在競爭中成功：例如，與土星的相位可能帶來延遲和限制。

17 同樣，這裡主要看火星順行時第一次經過本命位置。

火星回歸盤的上升代表如何展現陽性能量。在上升的星座顯示了如何對新的狀況進行反應、在挑戰中的態度，以及冒險的程度。

經由火星回歸盤的天頂顯示了目標的特性；還顯示經由行動，向世界發出的信息。

火星在火星回歸盤的宮位中

火星在第一宮：這是進步的時刻。可以輕鬆地展示真正的潛力，並為了將它展示給全世界而行動。可能喜歡爭吵辯論。希望將生活掌控在自己手中。還可能容易碰到意外事故。

火星在第二宮：這是為物質而戰鬥的時期。消費會增加。火星掌管的宮位可能說明花費之處。對於掙錢更有野心。

火星在第三宮：這是聚焦於教育的時期。可能經歷與兄弟姊妹、親密的小圈子的問題或與這些人有關的挑戰性的時期。現在將自己的能量用於學習新事物。可能會有短途旅行，但是應當小心避免發生事故。

火星在第四宮：能量聚焦在家庭和與房子相關的問題上。可能在家裡遭遇安全問題。可能將自己的家看作戰場。也可能在家中經歷負面的事件，例如疾病和事故。看上去每個人都對我們的私生活感興趣。

火星在第五宮：這是參與體育活動的一段時期，但是如果火星在SR盤和本命盤中有困難相位，則必須小心。這一年中，生理上的性愛可能更重要。必須小心與孩子的關係，因為很可能會與他們有衝突。

火星在第六宮：這是努力工作的一段時期！可能會對抗員工或同事。這段期間對健康不太有利：感染、發燒或事故都可能發生。

火星在第七宮：當事人的主要焦點和挑戰是一對一的關係。可能面對競爭或在親密關係中的問題，包括婚姻和其他合夥關係中的分離。也許不得不處理法律事務，為自己的權利而鬥爭。配偶也會面對這種困難。

火星在第八宮：這是最危險的配置之一：如果本命盤中有承諾，那麼事故、受傷或手術都可能發生。有可能出現財務問題或共同財產上的衝突。開銷也會增加。

火星在第九宮：如果火星在 SR 盤和本命盤中有困難相位，那麼出國旅行在此時並不是一個好主意。旅行可能是令人沮喪和徒勞無益的。由於不同的觀點、方法或信仰可能產生衝突。也有可能出現與外國人的法律糾紛。

火星在第十宮：在此期間可能有與目標相關的困難。可能辭職，開始新工作，與上司產生衝突，只有努力才能加薪。可能在此期間更具野心和能量。

火星在第十一宮：這個配置對於作為團體的一部分不太理想。可能會與朋友衝突。只有當火星在 SR 盤和本命盤中都有良好的相位時，才可以進行合夥創業。也只有當火星有良好的相位時，才會預先設想生意投資中的風險。

火星在第十二宮：這是需要小心應對秘密的敵人的時期，因為他們可能在背後密謀一些事。如果在本命盤中有承諾，則可能出現手術、事故、受傷和住院。這段期間可以用來獨立工作。

AL-BIRUNI：比魯尼

第十二章
生時校正

生時校正即使用各種技巧確定精確的出生時間。在校正星盤時會使用許多方法，但是通常以假定的或粗略的出生時間為基礎，從而確定和劃分已知的人生事件的時間。

「我們應當意識到，對時間的判斷是對同時發生的事件的判斷。」

阿爾伯特．愛因斯坦（Albert Einstein）

每張出生星盤如同指紋一般，都是獨特的。創造這種獨特性的主要元素就是確切的出生時間。上升和天頂，星盤上主要的兩個點，比星盤中的其他元素對於出生時間要更敏感。由於它們平均每四分鐘移動 1°，你就知道準確的出生時間有多重要。有些技巧將 1° 等同於人生的一年，因此出生時間上四分鐘的誤差可能在預測上導致一整年的偏差。

為了減小不準確的出生時間帶來的風險，占星師們使用生時校正技巧。有一些技巧專門用於直接確定出生時間，而預測技巧也可用於這個目的。

以下兩個篇章，分別以古典和現代的角度學習特定的校正技巧：

古典生時校正技巧

由於當生時未知時，不可能解讀一張星盤，因此古典占星師使用幾種方法來確定準確的出生時間。威廉．里利使用下面這些方法[1]：

1. 赫密斯（Hermes）的平衡（Trutine）生時校正法。
2. 托勒密的指示者（namūdār，或 animodar）生時校正法[2]。

1 里利，第二卷，第 502 － 523 頁。

2 **戴克註**：托勒密並未給此技巧命名，但 namūdār 這個名字曾被波斯人所用，後由阿拉伯人保存下來，傳至拉丁地區。這個詞彙的拉丁文為 animodar，波斯文的意思是「指示者」。

3. 當事人的「意外事件（Accident）」（譯註：見詞彙表），通常使用於主限向運法[3]。

在中世紀占星學中，解讀星盤之前通常要先計算當事人的壽命。但是為了這樣做，就必須要有精確的出生時間。通過使用指示者技巧或赫密斯的平衡（Trutine）校正法，占星師可以找出大致的出生時間。然後再使用主限向運法匹配多起意外事件，以便找出準確的生時。

｜赫密斯的平衡生時校正法｜

威廉．里利在其著名的《基督徒占星學》（*Christian Astrology*）中提到，校正星盤最好的方法，包括主限向運法——同時還提到赫密斯的平衡校正法。這個方法的基本原理是：受孕時刻的月亮位置與出生時刻的上升位置一致；受孕時刻的上升位置也與出生時刻的月亮位置一致。里利給出了一張計算的表格[4]，但基本概念就如前文所述。妊娠時間假定在 258 天到 288 天之間，那麼當事人的妊娠時間長度則取決於假定的出生時月亮與上升－下降軸線的關係（首先，他必須假定一個比較明確的出生時間）。如果月亮在假定的出生星盤地平線以下，而若它位於上升點或其之下，那麼妊娠期為 273 天，若距離上升越遠，離下降越近，則所指示的時間越接近 288 天（實際到達下降點或在其之下）。如果它在地平線以上，指示的時間就將在 273 天（在

3 **戴克註**：「意外事件」是標準的古典占星術語，僅指當事人經歷過的事件：是「偶然發生到」當事人身上的事情（拉丁文為意外〔accido〕）。

4 里利，第二卷，502 頁。

上升或其之上）到 258 天（在下降或其之上）之間。從上升的準確弧度，可得出準確的日、時與分。

在星歷表上倒推，找到受孕的那一天，里利指出，月亮在當天的時間實際上是在假定的出生上升。通過前後調整時間，占星師應該可以找到當兩張星盤互相呼應的那個時刻，即可產生出生時間（或大致的時間）。

| 托勒密的指示者 (Ptolemy's namūdār or indicator) 生時校正法 |

這是另一種用於找到大致出生時間的技巧[5]（然後通過主限向運法可以做到更準確）。它被用於細化已知但並不精確，只是約略（兩小時以內）的出生時間。它由出生前最接近的新月或滿月中發光體的位置而確定的：如果當事人出生在漸盈的月相中，出生前的朔望月就是最後一次新月，如果月亮是漸虧的，則考慮出生前的滿月。想知道新月的位置很簡單，只要找到兩個發光體在同一位置時就可以了；但是對於滿月，托勒密傾向於使用在月相本身的時刻，位於地平線以上的發光體位置。

因為這是**粗略估算出的本命盤**，所以找到朔望月的度數之後，找到它的主星的位置（通過三分性、旺、界，以及與行星的相對位置或其它配置）。如果某行星主管，或以前述所有的，或大多數的方式與這個度數相關聯，那麼這顆行星所在星座的度數將接近或對應上升所在星座的度數，則使用赤經上升度數或赤經上升時間來考慮。如果有兩顆行星看起來具有同等主管力量，則同樣也是用赤經上升度數，選擇自己所在星座的度數更接近假定的上升度數的行星。如果超過兩顆，則選擇與始

5 托勒密，《四書》III.2。

宮有連結，或掌管始宮，並且是在區分內的行星。但是如果相較於上升點，主星與天頂更為接近，則其度數將與天頂的度數有關[6]。

用一個例子總結一下，假定出生前的朔望月發生在雙魚座23°，在假定的出生星盤中，上升位置在金牛座末度數。再假設火星在出生星盤中位於巨蟹座25°。那麼，火星是我們想要找出的主星是合理的：它掌管月相所在位置的界和三分性，三分月相。這就意味著出生時的上升度數大致在金牛座25°：即，火星（主要的主星或勝利星）出生時，它所在星座的位置大致對應正確的上升點所在星座的度數。

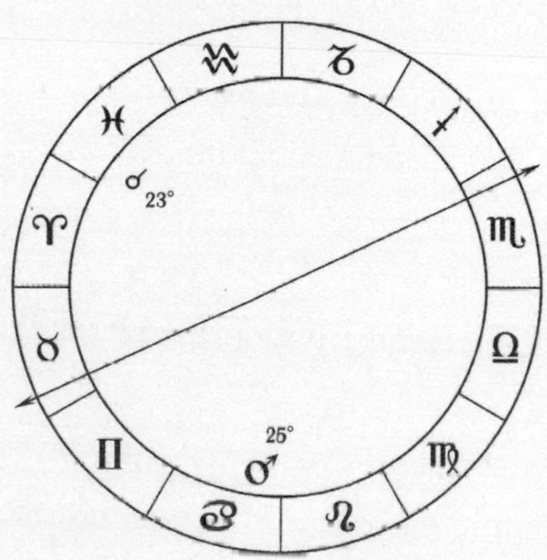

圖表42：托勒密的指示者生時校正法圖解

6 **戴克註**：托勒密的論述極為難解（這是他典型的寫作風格），有時很難知道他到底是什麼意思，特別是在使用赤經上升時間上。無論如何，托勒密的技巧被認為相對準確，但是仍然有些粗略，需要用主限向運法等這樣的方法進一步細化。

另一個例子是，想象出生前的朔望月是太陽的度數，在水瓶座 10° 22'。假定本命盤中，這個度數的勝利星是土星：所以要檢查土星在假定的出生星盤中的度數。如果土星在巨蟹座 12°，那麼我們就粗略地調整本命上升到它自己星座中的 12°：如果我們假設雙魚座是上升星座，那麼上升度數就將是雙魚座 12°。

在比魯尼（al-Bīrūnī）關於這個方法的版本中[7]，當有兩顆或更多可能成為勝利星或主要主星的選擇時，偏向使用與上升有相位，或與尖軸最接近的那顆行星。如果最佳的選擇都遠離尖軸，則去找尊貴較少，但更靠近尖軸的那顆。另一方面，他指出有些占星師不區分行星與上升更接近，還是與天頂更接近。

這個方法並沒有清晰地表明，是否應當對上升、天頂、兩者，或其它因子進行計算；我認為應當考慮與勝利星或主管行星形成緊密相位的因子。但是一旦有了這個暫定的、經過修正的上升或天頂，就應假設真實的度數與之相距 5° 以內。所以，如果調整後的上升是雙魚座 12°（像上面那個例子一樣），真實的上升應在 7° － 17°。

讓我們看另一個例子。海因里希．蘭曹（Heinrich Rantzau，1526 年－ 1599 年），是一名占星師，也是著名的路德教徒——菲利普．梅蘭克森（Philipp Melancthon）的朋友，其出生前的朔望月為發生在處女座 17° 48' 的滿月，則勝利星是水星。水星在其本命盤上的位置是雙魚座 7°。所以由於他的暫定天頂是處女座 6°[8]，我們可以將星盤校正至處女座 7°。

7 比魯尼資料 §525 （328 － 329 頁）。**戴克註**：和托勒密一樣，比魯尼對這個方法的解釋也不夠清晰。

8 **戴克註**：左拉書中提到了數名與蘭曹同時期的人，計算出他的星盤為晚上 10 時 31 分，則天頂在處女座 6° 到 7° 左右（左拉 2004 年著作，3 － 6 頁）。

然後通過他人生中已知的意外事件進行更精確的校正。

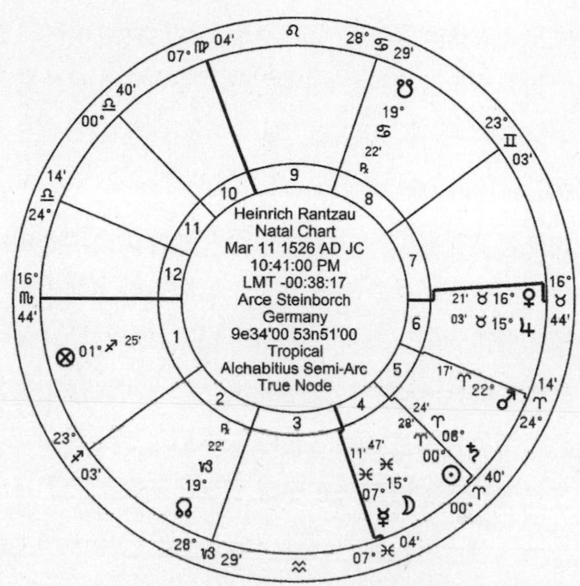

圖表 43：海因里希．蘭曹的本命盤

|當事人的意外事件|

主限向運法（見第九章）特別適於生時校正：計算的弧度應當對應相關的人生事件。確實，兄弟姐妹的出生、住所的關鍵改變、死亡、婚姻、孩子出生和人生歷程的改變，以及職業都可能藉由徵象點向運到尖軸來精確預測。

讓我們回顧一下這種方法，在主限向運法中計算兩個指示者，即徵象星和允星之間弧的長度（以天球赤道上的赤經上升度數計算）；轉化這個數值到時間的長度，即可計算何時會發生承諾的事件。檢查徵象星和允星在哪個宮位，以及它們主管的宮位，才足以判斷究竟承諾了什麼事件。然後決定要推進哪個行星，以及推進到何處。例如，如果將土星向運推進到天頂，而土星是外來的且位在第十一宮，意味著當事人常時運不濟，會經歷與職業相關的負面發展。我們可藉由對應弧度和已知事件的日期來校正星盤上的天頂。

古典占星師使用主限向運法時僅限於七顆徵象星，而在小限法中，他們為了特定的目的推進特定的點。例如，主限向運法和小限法中的上升總體上都用於尋找特別針對當事人自己和生活的意外事件，而不是特別用於確定職業的起伏。對於職業和專業生涯，可以使用天頂的向運或小限。無論幸運點是否為主要的財務因子，都可以透過幸運點的向運，獲得關於當事人財務狀況的信息。事實上，幸運點的向運指出出乎意料的和幸運的事件，這也是它被用在生時校正中的原因。特別針對財務問題，可以向運主要的財務徵象星：第二宮內的行星，或第二宮主星。簡而言之，每顆行星或特殊點都可以不同的目的而推進。黃金法則就是：「首先解讀星盤，理解何種類型的事件被承諾出現；然後通過使用向運法確定這些承諾的事件的時間。」

有時我們可以同時向運多個指示者到尖軸，通過不斷嘗試來找到可能的對應。例如，向運太陽、金星或木星的星體或相位到下降都可以指示婚姻；多個指示者到上升或天底的向運都可以代表重要的旅行或搬家，到天頂的向運代表職業的改變，到下降或天底的向運可以顯示孩子的出生，凶星到天頂、天底或下降的向運可以指示父母或孩子的死亡。

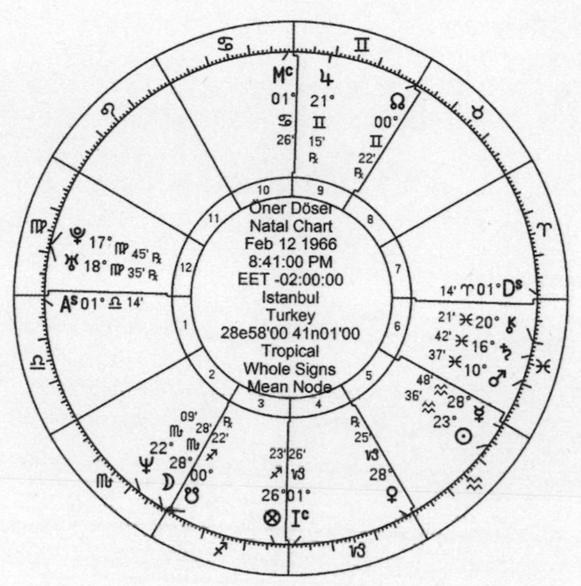

案例：向運火星找到結婚日期

作為案例，讓我們用列在我的出生證明上的出生時間（晚上 8 時 45 分），然後看看火星到下降的向運[9]能否準確地顯示我的婚姻：因為火星是下降的主星，它到那個宮位的向運直接代表婚姻。關於公式，請參考主限向運法的章節。在這個例子中，向運弧就是火星的斜赤經下降（OD）和下降的斜赤經下降之間的差[10]。

9 **戴克註**：這是「反向」向運。

10 **戴克註**：記住，**斜赤經上升**（OA）是在星盤東側上升。這張星盤中的火星和下降點都在西側，我們稱之為**斜赤經下降**（OD）。

要找到下降的 OD：

RA 天頂（來自電腦）：92° 34’ 45”

-90°

OD 下降 = **2° 34’ 45”**（或 **362° 34’ 45”**，為了減去 360°）

要找到火星的 OD：

火星的 RA（來自電腦）：342° 29’ 04”

火星的赤經下降度數：（來自電腦）：－ 08° 26’ 33”

火星的 AD：－ 07° 25’ 03”

RA + AD = 335° 04’ 01”

OD 火星 = **335° 04’ 01”**

OD 下降（362° 34’ 45”）– OD 火星（335° 04’ 01”）= 27° 30’ 44”

弧度 = **27° 30’ 44”**，或 27.5 年。

這個結果給出的日期是一九九三年八月，但是我是在一年前的一九九二年五月七日結婚的。這意味著火星和下降之間的弧一定小了大約 1°，因為 RA 的 1° 等同於一年。既然天球每四分鐘移動 1°，從出生時間中減去四分鐘（晚上 8 時 41 分），看看會發生什麼：

要找到下降的 OD：

RA 天頂（來自電腦）：91° 34’ 35”

-90°

OD 下降 = **1° 34’ 35”**（或 **361° 34’ 35”**，為了減去 360°）

要找到火星的 OD：

火星的 RA（來自電腦）：342° 28' 56"

火星的赤經下降度數：（來自電腦）：－ 08° 26' 37"

火星的 AD：－ 07° 25' 07"

RA + AD = 335° 03' 49"

OD 火星 **= 335° 03' 49"**

OD 下降（361° 34' 35"）– OD 火星（335° 03' 49"）= 26° 30' 46"

弧度 = **26° 30' 46"**，或 26.5 年。

現在的結果距離我實際的結婚日期在兩個月以內了。如我前面所說，在向運法中，不會尋求精確匹配的日期。這個日期已經足夠接近，新的時間（晚上 8 時 41 分）也對應許多其他人生事件的向運。

生時校正需要的信息

為使用此方法來確定意外事件，則需要知道當事人生活中一些重要事件的日期，例如：

- 結婚和離婚。如果可能的話，也包括與伴侶第一次相遇的日期：這可能和結婚日期同等重要。
- 家庭成員死亡或生活的重要變化，例如父母離婚，搬家，兄弟姐妹出生。
- 重大疾病、事故和手術。

- 職業改變，例如新的開始、風險投資或損失。
- 其他重要的成功和失敗。
- 孩子的出生。
- 當事人社會地位的重要變化。
- 重大的財務收益或損失。
- 搬家或搬到新的辦公室。
- 教育里程碑，例如畢業、進入大學或得到碩士學位。這可能包括特定考試的日期（以及當事人是否通過考試）。

不是所有這些點對每個人都適用或重要。例如，當事人可能沒有職業生活，可能未婚或沒有孩子。

須重點指出的是當事人對特定的事件感受如何，以及如何被影響。

太多的生活事件可能令人困惑。所以，應把精力放在已知確切時間和最佳信息的事件上。帶有確切信息的少量事件比時間不確定的大量事件更重要。如果當事人不記得任何日期，至少可以問他事件發生在那一年中的哪段期間。

知道兩小時以內的出生時間會幫助我們進行校正。如果當事人說，他可能出生在中午 12 時到下午 2 時之間，則可以根據下午 1 時這個平均出生時間建立星盤。如果當事人沒有任何關於他的生時的線索，可以根據中午 12 時的星盤或將太陽放在上升上。

完成這些向運後，繼續檢查過運法、推運法和太陽弧向運法（見下）。最關鍵的一點是確定行星和尖軸之間的相位。確定準確的尖軸極其重要：如果知道了尖軸，那就已經校正了星盤！

如果不能準確地校正星盤，我們可以用一種大致的方式確定尖軸及其主星，或在尖軸上的行星。透過過運法、推運法和太陽弧向運法與這些行星形成的相位很重要。太陽及月亮回歸法也有幫助。可以比對這些星盤和當事人告知的事件。

現代生時校正技巧

| 過運法 |

最簡單的校正方法是過運法。上升、天頂、本命行星和宮始點的過運代表重要事件：所以，如果知道事件發生的準確時間，過運的行星可以確定敏感點的位置。在人生的關鍵事件中，上升和天頂的過運特別重要。

對於更寬的時間區間來說，木星、土星和外行星，還有月亮交點都可能被運用。但是為了得到較為精確的時間，要使用火星、太陽、金星和水星。即使它們沒有對本命盤形成正相位，在重要事件期間，它們也可能在尖軸上。過運的月亮一般不會給出重要的結果。我們還可以透過衍生宮進一步解釋。

停滯的內行星可以用於同樣的目的。例如，儘管水星是快速的行星，但在停滯期時經常在相同的度數待上好幾天：所以，確認水星在什麼宮位逆行和停滯可以幫助生時校正。即透過詢問當事人關於這段期間的經歷，可以確定相關的行星在什麼宮位轉為逆行。

如果我們知道重要事件的準確日期和時間，就可以聚焦在快速行星與尖軸的準確相位或合相上。由於慢速行星在同樣的度數會停留很久，則被用於對更長的時期進行預測。

確定過運行星和尖軸之間的相位，確實對校正星盤非常重要。例如，第七宮內的行星或第七宮主星的相位使第七宮的主題浮現出來；當事人的關係、與配偶或伴侶有關的事件受到影響。

還可以考慮過運行星的自然徵象，來預測經歷的事件類型。例如，金星與婚姻和關係相關，火星與事故、手術和爭吵相關，水星與重要的對話和會議相關，土星與責任、不成功的冒險相關，木星與機會相關。

還應當回顧與重要的中點成相位的過運。

如果已知事件的準確時間，則可以單獨評估那段時間的過運盤本身，並與本命星盤比對：例如，在結婚那天和那個小時的上升可能與本命上升相同。

| 次限推運法 |

由於推運的行星移動很慢，在校正中被用於縮小較寬的時間間隔。應當檢查推運的太陽、水星、金星和火星。如果我們確定已知的出生時間已經比較準確了，則可以使用推運的月亮。要得到更準確的出生時間，還可以使用推運的上升和天頂。但是，這不應是首選的技巧。

| 太陽弧向運法 |

在這個技巧中，所有行星（除了上升、天頂和月亮）都可以被用於校正星盤，因為行星移動得非常慢。太陽弧向運法採用太陽的每日運動，平均速度是每月 5' 經度。這個技巧對於僅知道發生的年份和月份，但是不知道日子的事件特別有用。在這種情況下它會給出最佳的結果。當行星在尖軸，或尖軸在行星上時，都可以預期有重要事件發生。所用的容許度非常小。

| 太陽及月亮回歸法 |

在太陽回歸盤中，SR 上升主星或太陽所在的宮位，代表當事人在特定的這一年中的主題。SR 上升主星的宮位、黃道位置和相位指出，當事人是否能掌控情況，是否可以在聚焦的主題上成功。所以，可以藉由當年已知和重要的主題，從確定一張太陽回歸盤的正確上升開始。例如，對於當事人結婚的那一年，可能推想 SR 上升主星或勝利星，以及 SR 第七宮主星或勝利星之間有相位或互動。

同時判斷特定事件的過運盤和那一年的太陽回歸盤也會有所助益。過運行星和太陽回歸盤的尖軸及宮始點之間的相位、合相有助於確定時間。例如，如果當事人在某個時候經歷一次重要的手術，過運火星和土星可能在太陽回歸盤第八宮的宮始點位置。或者，對於當事人職業上的重要變化，過運行星可能與太陽回歸盤的天頂形成相位或合相。

同樣，月亮回歸盤中月亮或上升主星的月亮回歸宮位，也能顯示當事人在特定的月份中的生活焦點。可以像太陽回歸盤一樣評估重要事件時的過運。

| 用於上升點和天頂的一般方法 |

確定上升和天頂的星座也是一種校正工具。這些敏感點的星座與當事人的外表、態度、行為方式和自我表達有關。知道當事人的外貌特徵真的能夠幫助確定上升星座。健康問題也可以提供一些線索。

| 位在上升，或與上升成相位的行星對身體的影響 |

太陽有權威性的態度和形象。他的眼睛和強大且搶眼的容貌會吸引每個人的注意力。他的身材很好，皮膚光滑，髮色很淺。他可能很年輕就開始脫髮。他的下巴很明顯，寬闊的嘴總帶著強烈的表情。他的領導態度反映在他的外表上。約翰·列儂（John Lennon）和彼得·塞勒斯（Peter Sellers）的太陽在上升點。

月亮帶來一張圓臉，朝天鼻和扁平的臉頰。當事人對環境會過度敏感。他的心情變得很快，情緒表現在臉上。身材不算高大。手腳都很小。舉個例子，瑪丹娜（Madonna）的月亮在上升點。

水星帶來一張瓜子臉，高顴骨，尖銳的下巴，不明顯的鼻子，大嘴和精緻的五官。當事人的眼睛充滿好奇，總是在尋求新東西。這顯示出他有敏銳的思維，但是也可能焦躁不安。迷人的雙手總是動來動去。看起來比實際年齡年輕。喬治·沃克·布希和麥當娜的水星在上升點。

金星帶來柔和的個性，和藹可親的態度及溫和的聲音。當事人的鼻子恰到好處，眼睛很平和。他的眼睛通常是藍色或淺棕色的。頭髮柔軟。身材很好。他的態度溫和，善於調解。葛蕾絲·凱莉（Grace Kelly）和比爾·克林頓（Bill Clinton）的金星就在上升點。

火星帶來直接與尖銳的眼睛和寬闊的眉毛。當事人果斷強烈的表情引人注目。他的前額和顴骨高聳。有長長的鼻子和有力的下巴。身材敦實強壯，皮膚發紅。他的紅髮捲曲或像波浪般起伏。他充滿能量。臉上可能有傷疤。東尼．布萊爾（Tony Blair）、克莉絲汀．迪奧（Christian Dior）和比爾．克林頓有火星在上升點。

木星帶來貴族式的鵝蛋臉。當事人的鼻子很長，下巴明顯。他有波浪式的頭髮和新月形的眉毛。他的眼睛很顯眼，且有吸引力。男性有慈父表情。當年紀大一些以後，他的身形也會變大。克拉克．蓋博（Clark Gable）和達斯汀．霍夫曼（Dustin Hoffman）的木星在上升點。

土星帶來嚴肅和嚴厲的態度。他的下巴和嘴反映出耐力。他可能瘦骨嶙峋又高大，頭髮捲曲。他的皮膚通常是深色的。史恩．康納萊（Sean Connery）和瑪格麗特．佘契爾（Margaret Thatcher）的土星就在上升點。

天王星帶來淺色的眼睛和聰明的外表。他的鼻子既大又挺。他的下巴圓圓胖胖的，甚至可能有酒窩。他的態度尖銳，充滿原創性，但是不穩定。約翰．屈伏塔（John Travolta）、希拉蕊．克林頓（Hillary Clinton）和卡爾．路易斯（Carl Lewis）的天王星在上升點。

海王星帶來瓜子臉、小鼻子和新月形的眉毛。當事人有一雙充滿夢幻、眼神迷濛的眼睛。嘴唇很敏感。他有謎一般的魅力。他的臉龐可能由於缺乏水分很早就出現皺紋。瑪麗蓮．夢露（Marilyn Monroe）、保羅．麥卡尼（Paul McCartney）、凱特．史蒂文斯（Cat Stevens）和比爾．克林頓的海王星在上升點。

冥王星帶來深色的皮膚。當事人眼光尖銳，充滿吸引力。他的臉頰扁平，有時出現酒窩。身體強壯結實。皮膚柔軟，有時很敏感。儘管頭髮茂盛，但是他的胸毛或體毛卻不多。李奧納多・狄卡皮歐（Leonardo di Caprio）和葛倫・克蘿絲（Glenn Close）的冥王星在上升點。

如何確定上升點

確定上升星座在生時校正中是一個重要的起始點，因為星盤本身是從上升開始建立的。上升在雙子座或巨蟹座會在身體外表和態度方面產生不同的體驗。如果月亮是上升的主星，在星盤中月亮就比其他行星的影響力更大；那麼，就應當檢查月亮所在的宮位。這個宮位顯示出當事人會聚焦在什麼事情上，在他的人生中，什麼對他很重要。當事人透過它所在的宮位理解事情的先後次序。但是如果上升的主星是水星，那麼當事人能量的專注點就完全改變了。（當然這裡假設水星和月亮在不同的宮位。）因此，如果我們理解了當事人的首選時，就可以猜測上升的主星和上升星座本身。

由於上升主星的過運、推運和太陽弧在身體、個人問題上以及健康方面影響當事人，應當發現上升主星與其他行星形成困難相位的日期，詢問與那時發生的事件有關的問題：這種困難相位會帶來事故、疾病和手術。例如，需要在處女座和天秤座之間選擇作為上升星座，如果本命水星在某些不幸發生時有困難相位，那麼當事人的上升應該是處女座；如果是金星有此相位，則上升是天秤座。

與上升有緊密相位的行星對身體外貌、個性、態度和健康有重要影響。上面列出了許多典型的身體影響，但是如果金星接近上升，則當事人可能還會很平和、和諧且靈活變通；木星帶來自信、慷慨和公正；土星在同樣的位置就會帶來嚴肅、憂鬱、責任和相關的態度。

確定天頂主星和在第十宮的行星也很重要。第十宮內的行星與職業和專業相關。例如，土星在第十宮經常是與工程或金融有關的職業。但是，如果當事人工作在藝術領域、裝飾裝修或與時尚相關的行業，那應當期待金星在這裡。當然，在古典占星學中，還應考慮在第一宮的行星。

如果第一宮或第十宮內有任何行星，我們應當考慮第十宮宮始點所落星座的主星。例如，假設不確定天頂是在雙子座還是巨蟹座（即，在雙子座的最後幾度和巨蟹座的最初幾度之間）。如果是這樣，應當考慮這兩個星座的主星落在哪裡。讓我們假設水星在第九宮，月亮在第四宮。如果這個人是一位老師，那麼雙子座在天頂就更有可能，因為它的主星水星也在第九宮。他的職業可能與教育相關。

星盤中最顯著的行星的宮位也有助於校正星盤。例如，假設第九宮的木星是星盤中最顯著的行星[11]。這暗示當事人有一種對靈性和宗教主題的傾向，或聚焦於高等教育，及擴展人生視野和智慧的議題。如果木星在第十宮，當事人可能聚焦於事業；如果在第八宮，當事人會被拉到金融議題上。透過收集關於當事人人生的信息，可以鑑別出這顆行星最恰當的位置。

計算上升的度數時，應當記住 1° 等於四分鐘（平均）。所以，對出生時間十分鐘的校正會帶來上升 2.5° 的變化。總的來說，在記錄的出

11 **戴克註**：有幾種方式評估星盤中力量最強大的行星。例如，某些方法給多個位置的守護星分配一些分數，然後找出星盤的「勝利星」（參見 www.bendykes.com 關於此主題的工作坊）。還可以將具多種尊貴，和最接近尖軸，星盤的區分內等等的行星作為最強大的行星。

生時間上允許四分鐘的誤差是合理的：醫院提供的出生證明可能會有幾分鐘的偏差，應當用生時校正來進行交叉檢查。

困難相位

通常困難相位給重要事件帶來更顯著的影響。那些第四泛音的相位（四分相、對分相和合相）在這種事件中更明顯，因為它們是與尖軸有關的相位。還應當考慮 45° 倍數的困難相位（例如 45°、90°、135° 和 180°），透過過運法和太陽弧向運法與上升、天頂或其他本命行星形成的相位。儘管合相並不是嚴格定義上的相位，但也帶來最大的影響。

相位容許度

對於當事人人生中的重要事件，作為特定事件的徵象星應當和星盤中的其他行星，以及重要的敏感點在特定的度數範圍內形成相位。這個範圍對於過運法可以放寬，但是對於推運法和太陽弧向運法會窄許多。然而，也無法要求絕對的精準。例如，如果行星與尖軸形成相位，容許度可以在 2°- 3° 左右。許多占星師使用 1° 的容許度，事件在這個期間內會傾向於更顯著。對於過運中的慢速行星，則允許更寬的度數，而對快速的內行星則容許度較小。

最後，檢查當過運土星接近尖軸的時間。土星在上升－下降軸線的過運帶來更明顯的困難、問題和責任。

如果我們可以準確地確定徵象星，那就可以根據行星代表的事項，或影響當事人的領域做出更好的校正。記住，除了檢查事件本身如何發生以外，還應當檢視它們在情感和身體層面所受的影響。

人生中的重要改變

職業改變

為了驗證這些改變，應當檢查第十宮宮始點的過運和推運，以及第四宮宮始點的過運和推運。例如，推運的月亮或太陽可能與天頂形成三分相、六分相或合相。

推運的天頂可能與第十宮的主星，或其他代表職業改變的行星形成相位。與天王星形成的相位可能代表職業上突然的改變。吉星之間的相位可能代表職業生活中正面的變化：推運的天頂和木星或金星的相位（在第十一宮內）可能帶來職業上正面的變化。

第十宮主星或在其中的行星可能與第十宮宮始點有過運的相位，例如，如果金星是第十宮主星，它通過過運合相第十宮宮始點。

當第十宮內的一顆行星過運回歸到出生時的位置，可能代表職業事項上的改變時期。

當行星過運經過天頂，則會規劃職業生活相關的重要事件。過運太陽合相天頂的日子也很重要。

當行星通過第四宮，也可以預期職業生活的發展。例如，當事人可能在土星從第四宮過運時經歷困難：職業生活本身的衝突，或者是家庭環境的困難反映到職業中。

外行星對尖軸的過運也是關鍵性的校正工具。例如，天王星在第十宮宮始點的過運可能帶來職業上突然的變化。冥王星在此處的過運可能帶來根本性的改變、轉化和致命的挑戰。這是一種被迫的改變，而非自願。它可能代表社會地位的權力鬥爭。海王星對天頂的過運或與宮始點的相位可能帶來謠言、優柔寡斷、消極被動和瓦解。形成困難相位則代表艱難和辛苦。通常來說，外行星代表命中註定的變化。

土星在第十宮的過運可能帶來獎勵，但也是努力工作，責任更大的一個時期。對於升職，可以檢查土星和第十宮宮始點之間的相位。如果當事人面臨重要的職業機會，還應當檢查過運木星和第十宮宮始點之間的相位。

在孩子的星盤中，天頂代表母親和父親的職業地位。

婚姻

檢查第七宮宮始點和第一宮宮始點。第七宮主星的相位也很重要。

由於金星和月亮以一種概括性的方式告訴我們婚姻的狀況，它們與第七宮宮始點透過過運、推運和太陽弧形成的相位可能代表結婚。因為木星與幸福和擴張有關，它與第七宮宮始點和第四宮宮始點的相位也可以代表婚姻，由此擴大家庭。

婚姻的原因和狀況也很重要。所以不應期待金星在所有婚姻中都扮演重要角色。當事人可能由於愛情之外的理由結婚。所以，其他行星可能更重要。例如，如果當事人為了聲望而結婚，太陽可能是主導性的因素。同樣，木星代表財務原因，火星代表性，天王星代表反抗家庭環境，冥王星代表權力鬥爭。

在太陽弧向運法中，還可以研究伴侶們決定何時結婚，以及正式訂婚的日期。

如果第七宮的主星到達第七宮宮始點或透過過運、推運和太陽弧形成相位，也可以期待出現婚姻。

推運的第七宮宮始點和過運行星之間的相位也很重要。或者，第七宮的主星可能與作為婚姻徵象的行星[12]有相位。

第十宮也與婚姻有關。在第十宮宮始點的過運或推運可能象徵著婚姻。

還應當檢查推運的天頂的相位。推運的月亮與推運的天頂合相可能代表婚姻。推運的上升和吉星，或和第七宮主星之間的相位也可能代表婚姻。

比對盤也可以被用作生時校正。如果伴侶其中一人的星盤已經經過校正，透過星盤的疊加，檢查關鍵行星的宮位與尖軸的關係，也可以校正另一張星盤。

應當檢查比對盤的過運。例如，當疊加結婚時刻的過運星盤到比對盤上時，吉星或婚姻的徵象星可能與尖軸形成相位。

第一段婚姻對校正會更有幫助，使用這些方法的成功率大約有 95%。

太陽回歸盤中的婚姻徵象

如果在太陽回歸盤中看到結婚那一年的徵象，則可以總結生時校正是否正確。

12 **戴克註**：這是在多個婚姻徵象之上的勝利星：參見波那提《波那提本命占星》1287頁，或烏瑪．塔巴里的《本命三書》III.5（在我 2010 年出版的《波斯本命占星 II》中）。

- 月亮在下降點或在第七宮。
- 上升主星或太陽在第七宮。
- 吉星（金星和木星）在第一宮或第七宮。
- 吉星與其他行星成相位，特別是對分相。
- 月亮和金星成相位。
- 新月發生在第一宮或第七宮。
- 滿月發生在第一宮－第七宮軸線或第四宮－第十宮軸線。
- 上升主星和下降主星成相位或互容，並且如果它們合相在第一宮或第七宮。
- 上升的度數靠近本命第七宮的度數。
- 與婚姻相關的特殊點及本命盤中的婚姻徵象，或與金星、月亮和木星（一般婚姻徵象星）形成相位。

我們還可以給這個列表添加更多內容。由於第四宮和第十宮也與婚姻相關，還應檢查它們的相位和行星配置。

離婚

應檢查離婚前第七宮的狀態，因為過運此處的行星的性質，和外行星的過運會是參考點。天王星在第七宮的過運可能帶來突然和意外的分離。如果離婚給當事人的生活帶來打架和爭吵，可以預期冥王星在第七宮過運。如果分居過程是由失望引起的，或伴侶一方需要更多忠誠，則可以思考是由於海王星的過運。土星在第七宮的過運可能會考驗關係。第一宮主星和第七宮主星的困難相位可能導致分離。

當推運的月亮經過第七宮，可能會在離婚過程中與其他行星形成困難相位。推運的金星和太陽也會在同樣的影響下導致離婚。

婚姻和離婚也與當事人的社會地位有關，因此對天頂的困難相位或天頂的推運也可能代表離婚。還應當檢查與太陽弧的天頂及其主星，或類似火星和天王星這樣的行星（產生分離）形成困難相位的時間。

在太陽回歸盤中，第一宮和第七宮的對分相，以及第四宮在內的三刑會沖可能導致離婚。

如果在一張星盤中看到夫婦離婚發生在第六宮和第十二宮對分相時，那麼可以校正星盤，使對分相發生在第一宮和第七宮。如果離婚的根源是特定的衝突，則可以推斷火星和冥王星參與在這個對分相中。

死亡

太陽回歸（SR）盤中，以下情況可能顯現那一年某人的死亡。

- 本命上升的度數在 SR 第八宮。
- SR 上升接近本命上升，如果星盤在其他方面顯示出那一年中的死亡。
- 第八宮主星在上升。
- SR 第八宮主星在本命第一宮。
- 本命第八宮主星在 SR 第一宮。

・SR 第八宮主星和上升主星之間的困難相位。

・冥王星、海王星和土星在上升也可能帶來死亡。

其他人的死亡可以從他們的宮位衍生的第八宮來進行預測：例如，兄弟的死亡可以看第十宮（從第三宮起算的第八宮）。

太陽弧的行星或上升與發光體的困難相位或合相，可能帶來父親或母親的死亡。

重要的意外事件[13]和手術

上升、上升主星和月亮之間的困難相位可能帶來事故。

火星和冥王星在帶來死亡的意外事件中很明顯。第八宮在這類例子中也很顯著。在第八宮的過運代表意外事件和手術。

推運的上升和火星、冥王星、土星和天王星這類行星之間的相位也可能代表意外事件。流血和燒傷是由於火星的影響。當月亮過運到上升，並與這些行星形成相位時，就可能發生意外事件。

推運的月亮在本命第八宮的宮始點可能代表重要的手術。因為這種手術都需要長時間的休養，因此第四宮、第十二宮以及它們的主星之間的相位可以作為進一步的徵象。

在太陽回歸盤中，還可以尋找上述提及的凶星與上升的相位。例如，假設當事人有嚴重的事故，根據暫定的太陽回歸盤，火星是第八宮

13 **戴克註**：這裡所說的身體的意外事件是指一般意義上的受傷或意外。

的主星，並且在第十二宮，但是和上升的度數沒有非常接近的相位。則可以校正星盤，使火星接近太陽回歸盤的上升。

重大疾病

在上升和第一宮的行星以及月亮，都與身體健康相關。所以，上升、上升主星或在第一宮的行星的困難相位可能帶來健康問題上的負面影響。另一方面，健康問題也與第六宮和第十二宮相關。第六宮主管較輕微的疾病，而第十二宮代表更嚴重的疾病和住院。這些宮位主星的困難相位代表疾病。

由於這些原因，我們需要確定行星的位置，以及宮始點所落的星座在哪裡。例如，假設土星在暫定星盤的第十一宮。如果當事人在與土星有關的困難相位期間有重大疾病或住院，則土星應當在第十二宮，所以星盤需要被校正。

太陽和上升主星位於太陽回歸盤的第六宮和第十二宮可能帶來重大疾病。

月亮推運至第六宮或第十二宮可能帶來疾病。也應當檢查推運的第六宮和主要本命行星之間的困難相位。月亮推運到困難相位可能帶來重大疾病。

在 SR 第六宮的行星告訴我們疾病的性質。土星可能顯示持久而難以治癒的疾病，木星可能代表肝臟疾病，金星可能帶來女性的疾病或糖尿病，月亮可能帶來荷爾蒙失調和胃部問題，水星可能代表與呼吸、神經系統相關的疾病。當然，我們還需要檢查本命盤。

生子

應當考慮行星在第五宮，特別是其宮始點的過運：尤其是木星和金星。當第五宮主星在第五宮過運，它會帶來生子事件。當第五宮主星或一顆吉星過運經過上升，也可能代表生子。

如果是難產或大量出血，火星可能正在過運第五宮宮始點。流產或難產可能是由於火星或天王星與推運的第五宮，或五宮主星之間的相位導致。本命第五宮和第八宮之間的困難相位可能代表剖腹產。

其他關於生產的徵象還包括推運的月亮或金星在第五宮宮始點。推運的第五宮可能與吉星之一，或它的本命主星有相位。太陽弧的金星、木星或月亮可能在第五宮宮始點，以及它們中任意一顆可能與第五宮主星有相位。

住所的主要變化

住所的主要變化可能在推運的天底與特定行星形成相位時發生。與天王星的相位帶來分離，與冥王星的相位可能顯示更根本的改變。與月亮的相位也可能帶來住所的改變。推運的月亮可能經過第四宮，特別是在宮始點位置。太陽回歸盤中的第四宮同樣是重要的。觀察過運的行星位於天底、上升和下降時，也可能帶來住所的變化。

教育

對於這一點，應當檢查第三宮與第九宮的軸線。

|準備練習表格|

為重要事件準備練習表格對於獲得各種技巧和行星影響的概況很有幫助。下面是一張對應我人生中的重要事件，並包含不同預測技巧的事件、日期和行星配置的表格。使用的是伊斯坦堡時間：

測試表格：奧爾內·多塞 一九六六年二月十二日，8:45 PM（出生證明），伊斯坦堡，土耳其							
年份	日期	事件	過運法	推運法	太陽弧向運法	太陽回歸法	月亮回歸法
1992	5月7日 4:10 PM	結婚	☊☌天底 ♂t☌下降	♂p☌下降	♀sa☌☉		☽☌天底 ♃☌上升
1997	5月16日 3:00 PM	父親去世		天底p☌♀			♄☌天底
2003	6月21日 5:00 PM	離開在市集的工作	♄t☌天頂	☉p☌下降 ☽p☌下降	♃sa△☽	♄☌天頂	
2003	7月6日 11:00 AM	第一次職業諮詢	♀t☌天頂	☉p☌下降 ☽p☌下降	♃sa☍♀		
2003	8月27日	出現在CNN		☽p☌下降		☿t☌上升	

生時校正中最重要的因素是四尖軸和行星之間的關係，因為四尖軸會被主要事件，或過運、推運和向運中的經歷所觸發。但是，請注意不是每一顆行星對尖軸的向運都會帶來事件。從事件方面看，上升－下降軸線與重要的關係改變有關，但是它們可能被行星和天頂－天底軸線之間的相位所觸發。

未知出生時間的當事人

當你的當事人出生時間不是十分確定時，請嘗試以下步驟：

1、確定至少三個、至多六個已知準確時間的，對當事人的人生來說重要的事件。且你應知曉事件的結果以及它對當事人的影響。

2、確定一個由月亮代表的事件，例如結婚、生產、與家庭相關的問題、母親及健康。

3、選擇以下幾種方法之一：推演這個日期的四尖軸的太陽弧向運，或使月亮與太陽弧推運的行星形成相位。

假設你選擇用來確定準確出生時間的重要事件是當事人孩子的出生。基於在假定的出生星盤中行星的一般位置，找到太陽弧的木星在那個日期接近本命月亮。這種情況下，我們選擇木星作為代表孩子的太陽弧的行星，月亮的位置應當基於此來微調。

假設生子的太陽弧的木星在射手座 10° 20’，假定的本命月亮在牡羊座 15° 45’。它們有 5° 25’ 的差。由於現在假設在孩子出生時相位是精確的，因此可以用已知時間的事件來確定本命月亮應當在哪裡，才能使太陽弧度數精確。在這個例子中，我們應當把月亮拉回牡羊座 10° 20’，以便木星能在當事人有小孩的那一年精確地到達這裡。一旦知道當天本命月亮在牡羊座 10° 20’ 的時間，就可以確定上升和天頂的度數。

如果木星不在可以做這種計算的合適的度數上，應當選擇另一個事件，並用一顆不同的行星做同樣的計算。當然，我們也應當用同樣的技巧處理其他重要事件。

詞彙表

這個簡短的詞彙表由班傑明・戴克改編，參考《古典占星介紹》（*Introductions to Traditional Astrology*）（戴克，二〇一〇年）中的章節和附錄，列出了本書中的一些技術術語。

- 意外事件（Accident）：拉丁文 accidens，阿拉伯文 dith。係指「降臨到」（befalls）或「發生到」（happens）某人身上的事件，但不必然是壞事。
- 不合意（Aversion）：係指從某個星座位置起算的第二、第六、第八、第十二個星座位置。例如，由巨蟹座起算時，行星落在雙子座，為巨蟹座起算的第十二個星座，即行星落在不合意於巨蟹座的位置。這些位置之所以不合意，是因為它們無法與之形成古典**相位**（aspect）關係。詳見 III.6.1。
- 落陷（Detriment）： 或阿拉伯文「敗壞」（corruption）、「不良的」（unhealthiness）、「損害」（harm）。它泛指行星處於任何受損害或運作受到阻撓（例如受到燃燒）的狀態（如同「敗壞」一樣）。但它也特指行星落在其主管星座對面的星座（如同「損害」一樣），例如火星在天秤座為落陷。詳見 I.6 與 I.8。
- 尊貴（Dignity）：拉丁文「有價值」（worthiness）。阿拉伯文 ḥaẓẓ，代表「好運、分配」（allotment）。係指黃道上的位置以五種方式被分配給行星（有時也包含南北交點）主管與負責，通常會以以下順序排列：廟、旺、三分性、界、外觀。每項尊貴都有它自己的意義、作用及應用方式，並且其中兩種尊貴擁有對立面：與廟相對的是**陷**（Detriment），與旺相對的是**弱**（Fall）。其配置狀況詳見 I.3、I.4、I.6- 7、VII.4；類比徵象的描繪詳見 I.8；應用廟與界作推運預測的方法詳見 VIII.2.1、VIII.2.2f。

- 配置法（Distribution）：係指**釋放星**（Releaser，經常就是指上升位置〔Ascendant〕的度數）推進經過不同的界。配置的界主星稱為「配置星」（distributor），而釋放星以星體或光線遇到的任何行星則被稱為「搭檔星」（Partner）。詳見 VIII.2.2f 與《波斯本命占星 III》。

- 東方 / 西方（Eastern/Western）：係指太陽的相對位置，通常稱為「東出」（oriental）與「西入」（occidental）。主要有兩種含義：（1）行星位於太陽之前的度數從而先於太陽升起（東出），或行星位於太陽之後的度數從而晚於太陽降落（西入）。但在古代的語言當中，這些詞彙也指「升起」（arising）或「沈落」（setting/sinking），以類比太陽升起和沈落：因此有時它們指的是（2）一顆行星脫離太陽光束而出現，或是隱沒沈入太陽光束之中，無論它位於相對太陽的哪一側（在我的一些譯著當中將此稱為「與升起有關的」〔pertaining to arising〕或「與沈落有關的」〔pertaining to sinking〕）。占星作者們並不總是對它的含義加以澄清， 而且對於東西方的確切位置，不同的天文學家和占星家也有不同的定義。詳見 II.10。

- 弱（Fall）：希臘文 hupsōma，阿拉伯文 hubūṭ，拉丁文 casus、descensio。係指在行星入旺星座對面的星座；有時稱為「下降」（descension）。詳見 I.6。

- Hīlāj：「釋放星」的波斯文，同「**釋放星**」（Releaser）。

- 居所之主（House-master）：在拉丁文獻中通常稱為**壽命主**（alcochoden），來源於波斯文 kadukḫudhāh。即壽命**釋放星**（releaser）的主星之一， 最好是界主星。詳見 VIII.1.3。但這個詞的希臘文同義詞 oikodespotēs 在希臘占星文獻中有多種應用，有時指廟主星，有時指前面提到的壽命行星，也有時指整張本命盤的**勝利星**（Victor）。

- Kadukẖudhāh：係源於「居所之主」（house-master）的波斯文，在拉丁文中通常譯為壽命主（alcochoden）。詳見「**居所之主**」（House-master）。
- 當事人（Native）：係指出生星盤的所有者。
- 外來的（Peregrine）：拉丁文 peregrinus，阿拉伯文 gharīb。字面含義為「外地人」（a stranger）。係指行星在所落位置不具有五種**尊貴**（dignities）中的任何一種。詳見 I.9。
- 小限法（Profection）：拉丁文 profectio，即「前進」（advancement）、出發（set out）。為流年預測的一種方法，以星盤的某個位置（通常是上升位置）為始點，每前進一個星座或 30°，即代表人生的一年。詳見 VIII.2.1、VIII.3.2 及附錄 F。
- 釋放星（Releaser）：係為向運法的關鍵點。當判斷壽命時，會固定觀察幾個位置所具備的特性，釋放星即為其中之一（詳見 VIII.1.3）。判斷流年時，會以壽命釋放星，或特定主題的其中一個相關位置，或上升度數，作為預設的釋放星去推進或**配置**（Distribute）。許多占星師在**週期盤**（Revolution）的判斷上，係以**上升**（Ascendant）度數作為釋放星去推進。
- 區分（Sect）：係指一種將星盤、行星及星座區分為「日間」（diurnal/day）與「夜間」（nocturnal/night）的方式。若太陽在地平線上即為日間盤，反之則為夜間盤。行星的區分方法詳見 V.11。陽性星座（例如牡羊座、雙子座等）為日間區分，陰性星座（例如金牛座、巨蟹座等）為夜間區分。
- 時間主星（Time Lord）：依據一種古典預測方法，一顆行星會主管某些時間段。例如，年主星就是**小限法**（Profection）的時間主星。

- 勝利星（Victor）：阿拉伯文 mubtazz。係指在某個主題或宮位（I.18）上或是以整個星盤而言（VIII.1.4），最具權威代表性的行星。參見《心之所向》（*The Search of the Heart*）（戴克，二〇一一年）。分辨找出最具權威代表性和力量的行星的方式。這顆行星掌管著一個或多個宮位（勝利星在宮位「之上」〔over〕），或者是滿足特定條件的候選者中的一員（勝利星在宮位「之中」〔among〕）。
- 整星座宮位制（Whole signs）：係指最古老的分配人生主題的宮位系統，以及相位（Aspect）關係。以落於地平線的整個星座（即上升星座）作為第一宮，第二個星座為第二宮，以此類推。同樣，也是以整個星座的關係去判斷相位關係：例如落在牡羊座的行星會與落在雙子座的行星形成整星座相位，如果兩者之間形成緊密度數的相位影響會更強烈。詳見 I.12、III.6 及 Introduction §6。

參考書目

Abū Ma'shar al-Balhi, *The Abbreviation of the Introduction to Astrology,* ed. and trans. Charles Burnett, K. Yamamoto, and Michio Yano (Leiden: E.J. Brill, 1994)

Al-Bīrūnī, Muhammad bin Ahmad, *The Book of Instruction in the Elements of the Art of Astrology,* trans. R. Ramsay Wright (London: Luzac& Co., 1934)

Bonatti, Guido, *Bonatti on Nativities*, trans. and ed. Benjamin N. Dykes (Minneapolis,MN: The Cazimi Press, 2010)

Bonatti, Guido, *Bonatti on Basic Astrology*, trans. and ed. Benjamin N. Dykes (Minneapolis, MN: The Cazimi Press, 2010)

Brady, Bernadette, *Brady's Book of Fixed Stars* (Boston: Weiser Books, 1998)

Brady, Bernadette, *Predictive Astrology: The Eagle and the Lark* (York Beach, ME:Red Wheel/Weiser LLC, 1999)

Coley, Henry, *Clavis Astrologiae Elimata: Or, a Key to the Whole Art of Astrology* (London, 1676; reprinted by Renaissance Astrology Facsimile Editions,2004)

Crane, Joseph, *A Practical Guide to Traditional Astrology* (Reston, VA: ARHAT Publications, 1998)

Cunningham, Donna, *An Astrological Guide to Self-Awareness* (CRCS Publications, 1994)

Dorotheus of Sidon, *Carmen Astrologicum*, trans. and ed. David Pingree (Abingdon,MD: The Astrology Center of America, 2005)

Dykes, Benjamin, trans. and ed., *Works of Sahl&Māshā'allāh* (Golden Valley, MN: The Cazimi Press, 2008)

Dykes, Benjamin, trans. and ed., *Persian Nativities I: Māshā'allāh and Abū' Alī* (Minneapolis, MN: The Cazimi Press, 2009)

Dykes, Benjamin, trans. and ed., *Persian Nativities II: 'Umar al-Tabarī&AbūBakr* (Minneapolis,MN: the Cazimi Press, 2010)

Dykes, Benjamin, trans. and ed., *Persian Nativities III: On Solar Revolutions* (Minneapolis,MN: The Cazimi Press, 2010)

Dykes, Benjamin trans. and ed., *Introductions to Traditional Astrology: Abū Ma'shar& al-Qabīsī* (Minneapolis, MN: The Cazimi Press, 2010)

Hermann of Carinthia, Benjamin Dykes trans. and ed., *The Search of the Heart* (Minneapolis, MN: The Cazimi Press, 2011)

Ibn Ezra, Abraham, *The Beginning of Wisdom*, trans. Meira Epstein, ed. Robert Hand (Reston, VA:ARHAT Publications, 1998)

Gansten, Martin, *Primary Directions: Astrology's Old Master Technique* (The WessexAstrologer, 2009)

Hermes, Martien, "On Profections, a Traditional Method of Prediction," in *The Astrological Journal*, Vol. 44, No. 6 (2002), pp. 51-60, and Vol. 45, No. 1(2003), pp. 21-27.

Hermes Trismegistus, *Liber Hermetis*, ed. Robert Hand, trans. Robert Zoller (Salisbury, Australia: Spica Publications, 1998)

Hand, Robert, *Night & Day: Planetary Sect in Astrology* (Cumberland, MD: The Golden Hind Press, 1995)

Hand, Robert, *Whole Sign Houses: The Oldest House System* (Reston, VA: ARHAT Publications, 2000)

Holden, James H., *A History of Horoscopic Astrology* (Tempe, AZ: American Federation of Astrologers, Inc., 2006)

Houlding, Deborah, *The Houses: Temples of the Sky*, 2nd edition (Bournemouth, England: The Wessex Astrologer Ltd, 2006)

Al-Kindī, *On the Stellar Rays*, trans. Robert Zoller and ed. Robert Hand (Berkeley Springs, WV: The Golden Hind Press, 1993)

Lang-Wescott, Martha, *Derivative Angles* (Treehouse Mountain, 1992)

Lehman, J. Lee, *Classical Astrology for Modern Living: From Ptolemy to Psychology and Back Again* (Whitford Press: Whitford Press, 2000)

Lilly, William, *Christian Astrology* Vols. 1-2 (Abingdon, MD: Astrology Classics, 2004)

Louis, Anthony, *The Art of Forecasting using Solar Returns* (The Wessex Astrologer,Ltd., 2008)

Manilius, Marcus, *Astronomica*, trans. G.P. Goold (Cambridge and London : Harvard University Press, 1977)

Maternus, Julius Firmicus, trans. James H. Holden, *Mathesis* (Tempe, AZ : American Federationof Astrologers, Inc., 2011)

McCullough, Nance, *Solar Returns Formulas & Analysis* (Namac Publishing, 1998)

Morin, Jean-Baptiste, *Astrologia Gallica Book Twenty-Three: Revolutions* (2nd edition),trans. James H. Holden (Tempe, AZ: American Federation of Astrologers, Inc., 2003)

Morin, Jean-Baptiste, *Astrologia Gallica Book Twenty-Four: Progressions and Transits*,trans. James H. Holden (Tempe, AZ: American Federation of Astrologers, Inc., 2004)

Morin, Jean-Baptiste, *Astrologia Gallica: Book Eighteen, The Strengths of the Planets*,trans. Anthony L. LaBruzza (Tempe, AZ: American Federation of Astrologers, Inc., 2004)

Morin, Jean-Baptiste, *Astrologia Gallica: Book Twenty-One, The Morinus System of Horoscope Interpretation*, trans. Richard S. Baldwin (Tempe, AZ: American Federation of Astrologers, Inc., 2008)

Paul of Alexandria, trans. Dorian Gieseler Greenbaum, *Late Classical Astrology : Paulus Alexandrinus and Olympiodorus* (Reston, VA: ARHAT Publications, 2001)

Ptolemy, Claudius, *Tetrabiblos*, trans. F.E. Robbins (Cambridge and London : Harvard University Press, 1940)

Al-Qabīsī, *The Introduction to Astrology*, eds. Charles Burnett, Keiji Yamamoto,Michio Yano (London and Turin: The Warburg Institute, 2004)

Robson, Vivian, *The Fixed Stars & Constellations in Astrology* (Abingdon, MD:Astrology Classics, 2003)

Rochberg, Francesca, *The Heavenly Writing: Divination, Horoscopy, and Astronomy in Mesopotamian Culture* (Cambridge : Cambridge University Press, 2004)

Schoener, Johannes, *Three Books on the Judgments of Nativities* Vol. 1, trans. Robert Hand (Reston, VA: ARHAT, 2001)

Volguine, Alexandre, *The Technique of Solar Returns* (ASI Publishers, Inc., 1980)

Zoller, Robert, *The Arabic Parts in Astrology: A Lost Key to Prediction* (Rochester, VT : Inner Traditions International, 1989)

Zoller, Robert, *On the Fifth House* (Mansfield, Notts : Ascella, 1997)

Zoller, Robert, *Foundation Course in Medieval Astrology* (London : New Library Ltd., 2000)

Zoller, Robert, *Tools and Techniques of the Medieval Astrologer Book 1: Prenatal Concerns and the Calculation of the Length of Life* (London : New Library Ltd., 2001-02)

Zoller, Robert, *Diploma Course in Medieval Astrology* (London : New Library Ltd., 2002-03)

Zoller, Robert, *Tools & Techniques of the Medieval Astrologer: Book Two, Astrological Prediction by Direction and the Subdivision of the Signs* (London : New Library Ltd., 2002-03)

Zoller, Robert, *A Medieval Astrologer Looks at Rantzau's Nativity* (Privately published, 2004)

國家圖書館出版品預行編目(CIP)資料

預測占星學 ： 從星盤預視幸福的你 /
奧內爾. 多塞(Öner Döşer)著 ； 巫利(Moli), 陳萌譯.
-- 初版. -- 臺北市 ： 星空凝視文化,
2020.04 面 ； 公分
譯自 ： Astrological prediction ： a handbook of techniques
ISBN 978-986-98985-0-8(平裝)
1.占星術
292.22 109004124

預測占星學：從星盤預視幸福的你
Astrological Prediction: A Handbook of Techniques

作　　者 | 奧內爾．多塞（Öner Döşer）
翻　　譯 | 巫利 Moli、陳萌
審　　譯 | 韓琦瑩、陳紅穎
責任編輯 | 賴彩燕、李少思

版　　權 | 郜捷
行銷企劃 | 李少思
總 編 輯 | 韓琦瑩
發 行 人 | 韓琦瑩

出　　版 | 星空凝視文化事業有限公司
發　　行 | 星空凝視文化事業有限公司
銀行帳號 | 【台灣】玉山銀行 (808) 成功分行收款帳號：0510-940-159890
收款戶名：星空凝視文化事業有限公司
【大陸】招商銀行上海常德支行收款帳號：6232620213633227
收款戶名：魚上文化傳播 (上海) 有限公司
訂購服務 | skygaze.sata@gmail.com
地　　址 | 110 台北市信義區莊敬路 186 號
電　　話 | 02-88094813
服務信箱 | skygaze.sata@gmail.com

美術設計 | 舒闓設計有限公司
印　　刷 | 佳信印刷有限公司
總 經 銷 | 星空凝視文化事業有限公司

初　　版 | 2020 年 4 月
定　　價 | 630 元

ISBN 978-986-98985-0-8